로드앤로드 미니스트리

새로운 제자훈련
시리즈

서유진, 최병화, 전효성 지음

Lord&Road Ministry

성경과 문화트렌드 연구소

Lord&Road Ministry

성경과 문화트렌드 연구소

로드앤로드 미니스트리는
온라인과 오프라인에서 성경과 문화트렌드를 접목한
다양한 강의와 칼럼, 책, 교재를 개발하는 연구소입니다.

하나님의 말씀인 성경을
이 시대와 세대에 맞는 목소리로 전달하며
보다 많은 이들이 성경을 읽게 되기를 고대하며 시작하였습니다.
성경이 시대를 초월하여
모든 이에게 가장 생생하고 의미 있는 말씀으로
다가가길 기도하며 나아가는
로드앤로드 미니스트리의
순례의 여정을 함께 응원해주세요!

대표 서유진 목사
현 로드앤로드 미니스트리 대표
전 대한예수교장로회통합 총회교육자원부 교재기획 및 개발
서울대학교대학원 패션디자인전공 석사 (M.S.)
장로회신학대학원 신학과 목회학 석사 (M.Div.)
장로회신학대학원 기독교교육 석사 (M.A.)
장로회신학대학원 신약학 박사과정(Ph.D.) 코스워크 수료

연구원 최병화 목사
현 주와길교회 담임
전 영락교회, 고척교회, 거룩한빛 광성교회
장로회신학대학원 신학과 목회학 석사 (M.Div.)
장로회신학대학원 기독교와 문화 석사 (Th.M.)
장로회신학대학원 기독교와 문화 박사과정(Ph.D.)
코스워크 수료

연구원 전효성 목사
현 주안장로교회
현 소리 미니스트리 크리에이티브 디렉터
전 영락교회
장로회신학대학원 신학과 목회학 석사 (M.Div.)
장로회신학대학원 음악대학원 석사 (M.M.)
단국대학교 문화예술대학원 석사 (M.F.A.)

로드앤로드 미니스트리의
새로운 제자훈련 시리즈를 소개합니다!

로드앤로드 미니스트리의 새로운 제자훈련 시리즈는 7가지 주제의 소모임 교재를 합본 개정하여 출간한 것입니다. 이제는 [다행이다], [시작하다], [성경이다], [따라가다], [바라보다], [살아가다], [사랑하다]까지 7가지의 제자훈련 주제를 통합본으로 만나보실 수 있습니다.

로드앤로드 미니스트리의 새로운 제자훈련 시리즈는 장년, 청년, 청소년을 대상으로 하여 사용할 수 있는 교재이며 교재의 질문과 해설글을 읽고 나누기만 해도 모임을 진행할 수 있는 쉬운 교재입니다. 특별히 성경에 기초한 질문과 깊은 적용 질문을 담아내어 성경과 나눔의 균형을 맞춘 교재입니다.

2013년부터 2023년까지 약 300명 이상의 청장년과 만나온 검증된 교재이며 깊은 말씀과 뜨거운 나눔이 가득한 감동교재입니다. 교재는 7가지 모든 주제가 묶여 있는 가이드북 1종(인도자용)과 2권으로 나누어져 있는 워크북 2종(학습자용)으로 구성되어 있습니다.

가이드북에는 워크북의 내용에 더하여 추가해설, 주석과 모임인도법 등 인도자를 위한 내용이 추가되어 있고, 워크북에는 가이드북과 동일한 기본질문과 모임 시 읽을 수 있는 해설글이 담겨 있습니다.

소그룹 교재 상세 활용법은 로드앤로드 미니스트리 유튜브
(서유진 목사 유튜브) 채널에서 확인하실 수 있습니다.

목 차

C코드 well-Come 편

D코드 Direction 편

E코드 Enter the Bible 편

F코드 Follow the Lord 편

G코드 God's vision 편

A코드 Attitude 편

B코드 Be love 편

로드앤로드 미니스트리
새로운 제자훈련의 '코드' 해설

우리가 즐겨 듣는 음악에서 중요한 요소를 선택하라면 '조화'를 이야기할 수 있습니다. 음악은 수만 가지 경우의 수가 어우러져 아름다움을 추구합니다. 그 수많은 경우의 수에서 각 음들은 각자의 정체성을 지니고, 맡겨진 기능에 따라 조화롭게 역할을 수행할 때 비로소 질서 있고 아름다운 소리로 듣는 이들의 귀를 즐겁게 합니다. 음악이 조화를 이루며 아름다운 소리를 내듯이 우리 삶의 자리에서 각자의 개성에 따라 주어진 역할을 잘 감당하고 균형 있는 모습으로 삶을 살아가는 어울림이 바로 음악에서 이야기하는 '조화'라고 설명할 수 있습니다. 즉, 우리 삶의 자리를 음악으로 표현하면, 나에게 주어진 소명의 정체성을 지니고 공동체의 구성원들과 더불어 조화롭게 합력하여 선을 이룰 때 비로소 아름다운 소리를 만들어 내는 것입니다.

우리가 듣고 있는 음악들은 일정한 틀 안에서 수많은 조화로 아름다운 소리를 만들어 냅니다. 우리는 학교에서 음악 시간에 음과 음의 관계를 배웁니다. "계이름 미, 파와 시, 도 사이는 반음이고 나머지는 온음이야." 지금 생각해보면 이 이야기는 음악의 뼈대를 만드는 중요한 원리가 됩니다. 쉽게 말하면 우리가 잘 아는 '도(C), 레(D), 미(E), 파(F), 솔(G), 라(A), 시(B), 도(C)'의 계이름은 시작 음 '도(C)'로부터 시작하여 눈에 보이지 않는 규칙들이 나열된 음의 배열이고, 우리는 이것을 '장음계(Major Scale)'라고 부릅니다. 세상에는 수많은 음계들이 존재하지만 <새로운 제자훈련 시리즈>에서는 우리에게 가장 익숙한 장음계(다른 이름으로 'Major Scale')를 이용해 그리스도인의 정체성은 무엇인지, 우리 삶의 자리에서 감당해야 할 역할이 무엇인지, 우리가 처한 상황 가운데에서 어떤 울림을 내야 하는지 고민해 보고자 합니다.

장음계(Major Scale)를 이용하여 음악을 만든다는 것은 '장음계 규칙을 이용하여 그것을 구조화하고 그 구조 안에서 조화를 이루어 아름다운 울림을 만든다'라고 풀어서 이야기할 수 있습니다. 아름다운 소리를 만들기 위해서는 하나의 재료가 더 필요합니다. 그것은 바로 3화음입니다. 장음계의 규칙 안에서 3화음을 만드는 방법은 의외로 간단합니다. '도(C), 레(D), 미(E), 파(F), 솔(G), 라(A), 시(B), 도(C)' 8개 계이름 중에서 하나의 음을 정합니다. 그 정한 음으로부터 시작해서 3번째에 배치된 음과 5번째 배치된 음을 선택합니다. 만약 내가 '도(C)'음을 정했다면, '도(C)'부터 시작하여 음계의 3번째 음인 '미(E)'와 5번째 음인 '솔(G)'이 될 것입니다. 이렇게 구성된 '도(C), 미

(E), 솔(G)'을 3화음이라고 말합니다.

이것이 장음계에서 구성할 수 있는 가장 간단한 구성이지만, <새로운 제자훈련 시리즈>에서는 3화음이 아닌 자기 자신으로부터 7번째 음이 추가된 4화음(예: '도[C], 미[E], 솔[G], 시[B]')의 구성으로 아름다운 소리를 만들어 나갈 것입니다.

아름다운 소리로 우리에게 메시지를 전달하는 음악에는 신비하고 재미있는 비밀이 숨겨져 있습니다. 여기 '도(C)'라는 음이 있다고 해 봅시다. 그 음의 소리는 변하지 않습니다. 어떤 위치에 있더라도 '도(C)'는 일정한 울림으로 우리 귀를 자극합니다. 하지만, 이 '도(C)'가 어떤 위치에 놓이는지에 따라 그 기능은 다르게 나타납니다. 만약, '도(C)'로 시작하는 4화음을 만들었다면, 그 4화음에서는 가장 기본이 되는 중심음으로서 그 기능을 하지만, 만약에 '라(A)'에서 시작되는 4화음에서는 3번째 음으로서 우리가 소위 말하는 밝은 소리를 낼 것인지 어두운 소리를 낼 것인지 결정하는 중요한 역할로서 기능하고, '파(F)'에서 시작되는 4화음에서는 5번째 음으로서, 4화음에서 음악적으로 다양한 변화 가능한 상태를 만드는 기능을 하며, '레(D)'에서 시작하는 4화음에서 7번째 음으로서는 다음 코드로 연결시키거나, 울림을 풍성하게 만들어 주는 기능을 합니다. 음악이 말하는 비밀은 '도(C)'가 지니고 있는 변하지 않는 울림(정체성)은 가지고 있지만, 포지션에 따라 그 기능과 역할을 달리하며 조화 이루는 것을 이야기합니다.

우리의 삶도 음악의 비밀과 같습니다. '나'라는 변하지 않는 하나님의 형상대로 만들어진 정체성을 우리 모두는 지니고 있습니다. 하지만 그 정체성을 가지고 공동체 안에 들어가면 그 역할과 기능이 다르게 나타납니다. '나'라는 정체성은 변하지 않지만 제가 속해 있는 다양한 삶의 자리에서 해야 할 기능과 역할이 다르게 나타나는 것입니다. 그리고 그 다양한 삶의 자리에서 해야 할 기능과 역할에 최선을 다하고 공동체와 더불어 합력할 때, 우리는 이것을 '조화롭다' 또는 '균형 있다'라고 말합니다.

지금까지 이야기를 정리하면 우리는 음악의 일정한 테두리 안에서(일정한 규칙), 자신의 정체성(변하지 않는 소리)을 가지고, 각자 삶의 자리에서 각 기능과 역할을 감당하는 것을 '조화'라고 설명했고, 바로 이 '조화'의 결과가 아름다운 소리로 우리에게 다가옵니다. <새로운 제자훈련 시리즈>에서는 음악에서 이야기하는 '조화'의 원리로 신앙의 여정을 풀어 나가려 합니다. 성경의 테두리 안에서, 자신의 정체성을 확립하고, 자기 삶의 자리에서 주어진 기능과 역할을 수행하여 신앙 공동체 안에서와, 세상에서 아름다운 울림을 만드는 '조화'의 여정 속으로 여러분을 초대합니다.

✦ 추 천 사

그리스도인이란 예수 그리스도를 뒤따르는 사람입니다. 그리스도인은 예수를 주로 고백하고 그가 걸으신 길을 걷고, 그의 말씀을 지키려 하고 그를 닮고자 합니다. 우리는 이런 사람을 제자라고 말합니다. 물론 예수께서 우리와 함께 하시고 힘주셔서 이러한 제자의 길을 갈 수 있습니다. 그리스도인이라면 누구나 어떻게 제자의 길을 가야 하는지 배우고 익혀야 합니다.

로드앤로드 미니스트리의 『새로운 제자훈련 시리즈』는 새로운 세대를 위한 제자훈련 교재입니다. 그동안 한국교회에 익히 알려진 제자훈련 교재가 있었습니다. 하지만 이제 시대가 많이 변했고, 새 술은 새 부대를 요청하고 있습니다. 새 시대에 맞게 제자의 길을 배우고 익힐 수 있는 교재가 나온 것에 하나님께 감사드립니다.

『새로운 제자훈련 시리즈』는 2013년부터 청년들의 교회 정착을 위한 교재로 출발했습니다. 이후 후속 교재가 계속 간행되어 7가지 주제를 다룬 하나의 시리즈가 만들어졌습니다. 더욱이 이 교재는 10년 동안 교회 현장에서 활용되어 깊은 말씀과 뜨거운 나눔으로 그 효과를 증명했습니다. 이제 개정판을 통해 7권이 하나로 묶여 모습을 드러내니, 제자훈련의 새로운 시대를 알리는 나팔소리처럼 들립니다.

『새로운 제자훈련 시리즈』는 성경의 테두리 안에서 자기 정체성을 확립하고, 삶의 현장에서 주어진 기능과 역할을 수행하여 신앙공동체와 세상에서 아름다운 울림을 만드는 '조화'의 삶을 핵심 원리로 제시합니다. 그리스도의 제자라는 정체성과 함께 공동체 안에서 조화로운 삶을 시리즈 전체의 기초로 삼은 것은 새 시대 제자훈련의 방향을 잘 보여줍니다. 이 조화의 여정은 7가지 신앙의 코드로 표현됩니다: C코드 (well-Come, 다행이다), D코드(Direction, 시작하다), E코드(Enter the Bible, 성경이다), F코드(Follow the Lord, 따라가다), G코드(God's Vision, 바라보다), A코드(Attitude, 살아가다), B코드(Be Love, 사랑하다). 각각의 코드는 4개 음으로 화음을 이루고, 7가지 신앙 코드를 하나하나 밟아가면, 신앙공동체의 새가족이 되고, 성경의 기초를 알고, 교회 직분을 재발견하고, 비전과 진로를 깨닫고, 일상과 일터에서 역할과 기능을 수행하고, 관계 속에서 조화를 이루는 법을 습득하게 됩니다.

질문과 해설글을 읽고 나누기만 해도 모임을 진행할 수 있고, 청소년, 청년, 장년을 모두 아우를 수 있고, 성경에 대한 깊은 이해와 뜨거운 나눔의 균형을 맞춘 것은 이 교재의 또 다른 장점입니다. 더욱이 주제에 맞는 갖가지 활동과 직접 작곡하고 작사한 찬양을 수록한 것은 새 시대에 맞는 제자훈련 교재의 품격과 기준을 제시한다고 느껴집니다.

시대가 급격하게 변하고 있습니다. 앞으로 이 사회가 구체적으로 어떤 방향으로 변할지 예측하기는 어렵습니다. 하지만 분명한 것은 산업혁명 이전과 이후가 다르듯이, 앞으로 몇십 년 내에 인류는 지금과는 전혀 다른 사회 속에서 살아가리라는 것입니다. 앞으로 근본적으로 달라진 세계에서 어떻게 주님의 복음을 전하고 주님의 제자를 양육해야 할지 고민이 깊어지는 때에 『새로운 제자훈련 시리즈』를 만난 것은 큰 기쁨입니다. 이 교재는 새로운 시대를 열어가는 개척자의 사명을 지닌 듯합니다.

이 교재를 출발점으로 한국교회에 새로운 제자훈련의 열풍이 불면 좋겠습니다. 이 교재를 통해 예수를 주로 고백하고 예수를 뒤따르는 삶이 신앙공동체와 사회 안에서 아름답고 선한 울림을 만들어내는 조화의 여정이라는 것을 새롭게 확인하게 될 것입니다. 그리고 이 조화의 여정에서 삼위일체 하나님의 사랑과 평화가 충만하게 경험되고, 하나님 나라의 비전과 소망이 무르익고, 새로운 사회와 교회가 모습을 드러내기를 소망합니다. 주님이 이루어주실 것입니다.

장로회신학대학교 역사신학 서원모 교수

✦ 추 천 사

대부분 목회자들은 자신의 삶과 가르침을 통하여 성도들에게 생기가 넘치는 꿈을 꾸며 목회를 합니다. 로드앤로드 미니스트리 사역은 성도들이 살아가는 다양한 자리에서 그리스도를 알아가고, 그리스도를 깨닫는 삶의 자리가 부르심의 자리임을 알 때 누리는 단단함과 풍성함을 소망하며 제자훈련 교재를 만들었습니다. 오랫동안 자신들을 쳐서 복종하며 스스로 제자훈련의 연주자가 된 로드앤로드 미니스트리의 대표 서유진 목사님과 최병화 목사님 부부가 몸으로 쓴 제자훈련 책은 사람을 변화시키려는 것이 아니라 하나님이 주신 고유한 사람을 발견하는데 초점을 두었습니다. 이 과정은 우리를 변화시키는 것이 아니라 발견하는 기쁨으로 초대하고 있습니다. 나에게서 우리로, 우리에게서 아버지의 관계 안으로 나아가며 각자 내는 화음 소리에 맞추어 춤추게 될 것입니다. 특별히 모든 훈련과정마다 자신들이 직접 작사 작곡한 찬양으로 끝을 맺으며 하나님께 영광을 드리고 있는데, 이 또한 이 교재의 장점이라 생각됩니다. 아무쪼록 본 교재를 통해 자신의 고유함을 발견한 수많은 이들로 인하여 세상에서 그리스도의 풍성함을 맛보게 되길 소망합니다.

다드림 교회 김병년 목사

그리스도인의 삶에 있어서 공동체는 참 중요합니다. 서로를 돌보며 마음을 쏟고 함께 기도하는 공동체에 속해 있는 것과 우리가 신앙생활을 성숙하게 해내는 것은 서로 맞닿아 있는 개념과도 같기 때문입니다. 우리는 공동의 연약함 안에서 서로를 도울 수 있는 은사를 발견하고, 우리가 서로의 안으로 깊이 있게 들어갈 때 우리 안에서 참으로 내주하시는 예수 그리스도가 드러나는 순간을 경험할 수 있습니다. 저는 하나님께서 우리에게 명령하신 "네 이웃을 네 몸과 같이 사랑하라"는 말씀은 공동체 안에서 하나님의 임재를 경험한 분들만 실천할 수 있는 것이라는 생각을 종종하곤 합니다.

현대의 그리스도인 공동체를 위해서 소그룹 모임의 중요성은 아무리 강조해도 지나치지 않습니다. 팬데믹의 위기 이후에도 잘 유지된 교회의 공통점은 소그룹 모임이 활성화된 곳이라는 통계가 있을 정도입니다. 이런 점에서 새로운 제자훈련 시리즈 교재는 소그룹 모임을 진행하는 데 있어 상당히 훌륭한 교재입니다. 친근하며 쉬운 언어로 누구나 소그룹 안으로 쉽게 들어 올 수 있도록 접근하며, 질문과 대답을 통해 점진적으로 하나님 나라에 대한 소망과 은혜를 고백하게 합니다. 특별히 본 교재의 탁월한 점은 "우리가 서로를 위해 존재하고 우리 안에는 우리의 소망이신 예수 그리스도가 있다"는 사실을 일깨워 주는 것을 너무나도 훌륭하게 해낸다는 것입니다.

몇 개월 전에 교회학교 학부모들과 새로운 제자훈련 시리즈 중에서 <다행이다> 교재를 가지고 소그룹 모임을 진행했던 적이 있었습니다. 낯선 분들과의 어색한 모임으로 시작했지만 매 챕터의 말미에 은혜를 나누고 서로를 위해 기도하며 찬양했던 그 순간 시간이 영원을 향해 나아가는 것 같은 기분은 정말 세상의 언어로는 표현이 안되는 벅찬 순간이었음을 고백해봅니다.

이 교재를 가지고 소그룹 모임을 하시는 많은 분들이 저와 같은 경험을 누리시는 은혜가 있길 축복합니다.

한국GM 신우회 회장 **강성희** 집사

✦ 들어가는 말

우리는 모두 누군가에게 소중한 사람이고 싶습니다.
어디서든 필요한 사람이고 싶습니다.

그래서 사람들이 좋아할 만한 것들로 나를 치장하고,
분주히 살아갑니다.

그러나 이러한 노력에도 불구하고
정작 '다행'이란 마음보다
삶에 대한 불안과 피곤함만이 쌓여가고 있지는 않은가요?

여러분에게 '다행'을 드리고 싶습니다.
새가족을 위한 [다행이다]와 함께하는 동안,
'다행'이란 말이 안겨 주는 안도감,
예수 그리스도께서 주시는 '샬롬'이 여러분에게 가득하길 기도합니다.

다 행 이 다

로드앤로드 미니스트리 성경공부 ①

C코드 well-Come 편

첫 번째 음

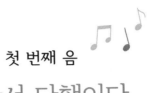

나라서 다행이다

"야곱아 너를 창조하신 여호와께서 지금 말씀하시느니라
이스라엘아 너를 지으신 이가 말씀하시느니라
너는 두려워하지 말라
내가 너를 구속하였고 내가 너를 지명하여 불렀나니
너는 내 것이라"

이사야 43:1

♪ 첫 번째 음 나라서 다행이다

본과의 목적 : 나를 생각하고, 나를 말하고, 나로 자족하기
(Key word - 자족)

1-1 '나는요' 타임 (15분)
- 자기 소개하는 시간을 통해, 나를 생각하고 표현해 봅시다.

Tip 1 _ '나는요' 타임이란? 자신의 성격, 장단점, 좋아하는 동물, 취미활동, 좋아하는 색깔, 좋아하는 음식 등 자신을 타인들에게 자연 스럽게 소개하는 시간이다.

Tip 2 _ 항목 옆에 제시된 시간은 소그룹원이 4~5명이라 가정할 때, 제안하는 운영 시간이다. 예시일 뿐 교회 상황에 맞추어 운영하도록 한다.

1-2 '나라서 다행이다' 말씀 나눔

들어가며 (15분)
우리에게는 두 마음이 있습니다. 누구에게나 있는 모습 그대로 용납 받고 싶은 마음과 누구에게도 진짜 내 모습을 보이고 싶지 않은 마음이 바로 그것입니다. 그래서 우리는 '나답게', '내 모습 그대로' 살기를 갈구하

16

면서도 동시에 타인의 평가가 두려워서 나를 포장하며 살아가려 합니다. 이 두 개의 마음은 한 가지 원인으로부터 기인합니다. 바로 나 스스로에 대해 자족하지 못하는 마음이지요. 여러분은 지금 이 순간, 내가 '나라서 다행이다'라고 고백할 수 있나요? 함께 솔직한 마음을 나누어 봅시다.

Tip _ 스스로에게 만족하지 못하는 부분을 솔직히 나누도록 한다. 이 부분을 극복하기 위해 어떤 노력을 해봤는지, 무엇이 채워지면 자신에 대해 만족감을 느낄 것 같은지도 이야기하도록 한다. 나눔 시간은 한 사람이 3분을 넘지 않게 한다.

말씀 속으로 (45분)

여기에도 나 스스로에게 만족할 수 없는 한 사람이 있습니다. 그는 조금 불만족하는 게 아니라 총체적인 낙심 가운데 살아가는 사람입니다. 본인뿐 아니라 주변 사람 그 어느 누구도 이 사람을 향하여 '다행'이라는 말을 해줄 수 없었습니다. 이 사람에게 진정 필요한 것은 무엇일까요?

*요한복음 9:1-11의 말씀을 함께 읽고 아래의 질문에 답해 보세요.

1) 오늘 말씀에 등장하는 앞을 못 보는 사람에 대한 사람들의 평가는 어떠한가요?

제자들의 평가 (2절) : 누군가의 죄로 인하여 앞을 못 보게 되었다.

이웃 사람들과 전에 그를 봤던 사람들 (8-9절) : 걸인, 앉아서 구걸하던 자

2) 앞을 보지 못하는 사람은 스스로에 대하여 어떤 평가를 내렸을 것 같나요?

답 : 정해진 답은 없다. 그 사람의 입장이 되어 자유롭게 이야기해보도록 한다.

Tip _ 자기 자신에 대한 만족은커녕, 스스로의 삶에 어떠한 소망도 기대도 없었을 것이다. 태어나면서부터 가지고 있던 장애는 그에게 낮은 자존감을 갖게 했을 것이다.

1절을 보면 앞을 보지 못하는 이 사람은 '날 때부터 맹인 된 사람'이었습니다. 그는 태어나서 단 한 번도 세상을 보지 못했지요. 자신의 부주의로 사고를 당한 것도 아니고, 병에 걸려 앓다가 불행하게 시력을 잃은 것도 아니었습니다. 이유는 알 수 없지만 태어나는 순간부터 그는 아무것도, 누구도 볼 수 없었습니다. 그는 자신이 왜 맹인으로 살아야 하는지 스스로도 이해하지 못한 채, 그저 구걸하는 것 외에는 할 것이 없는 사람이었습니다. '나는 정말 소중하고 사랑 받는 사람이야. 지금 내 모습이어서 다행이야'라고 생각할 수 없는 사람이었습니다.

그는 그동안 사람들의 평가로 자신을 이해해왔을 것입니다. 제자들의 말처럼 누군가의 죗값을 받는다는 죄책감과 수치심으로 살았을 수도 있고, 이웃 사람들의 말처럼 아무것도 할 수 없는 걸인이 바로 나라고 생각하며 무기력하게 하루하루를 보냈을 것입니다. 이 사람은 열등감에 갇혀 나 자신에 대한 자족도, 감사도, 기쁨도 가질 수 없었을 것입니다.

3) 그러나 예수님께서는 앞을 보지 못하는 이 사람을 향해 어떤 말씀을 해주시나요? (3절, 7절)

답 : 3절은 "예수께서 대답하시되 이 사람이나 그 부모의 죄로 인한 것이 아니라 그에게서 하나님이 하시는 일을 나타내고자 하심이라"라고 기록하고 있다. 앞을 보지 못하는 사람의 장애는 죄의 결과가 아니라 하나님께서 하시는 일을 나타내고자 예비된 것이었다. 예수님께서는 이 사람의 눈에 진흙을 바르시고, "실로암 못에 가서 씻으라"라고 말씀하셨다.

4) 예수님 말씀에 순종한 그에게 어떤 일이 일어났나요? (7-11절)

답 : 예수님의 말씀에 순종한 그 사람은 앞을 볼 수 있게 되었다.

Tip _ 앞을 보지 못하던 사람은 스스로 극복할 수 없는 장애에서 해방되었다. 자신에게 치명적인 상처이며 열등감의 문제가 순종한 결과로 회복된 것이다. 사람들은 모두 놀랐다. 그 사람이 구걸하던 자인지, 아닌지로 논쟁을 할 정도였다.

이 사람은 예수님과의 만남을 통해 회복의 은총을 경험했다. 그가 경험한 회복의 은총은 네 가지 측면에서 이해할 수 있다. 먼저는 자신의 아픔의 의미를 깨닫게 된 것이고(3절), 둘째로는 그 아픔에서 완전히 구원 받은 것이며(7, 11절), 세 번째로는 어떤 것도 자랑할 수 없던 그가 하나님의 일을 나타내는 영광의 통로가 된 것이다(3, 25, 30-33절). 마지막으로 그는 그를 있는 모습 그대로 용납하시고 사랑하시는 구원자 예수 그리스도를 만났다(35-38절).

우리는 우리의 아픔, 연약함, 상처, 열등감을 극복해낸다면, 스스로에게 만족하며 살아갈 수 있다고 생각합니다. 그러나 앞서 열거한 것들은 우리 스스로 극복할 수 없습니다. 때론 극복의 의지가 우리를 더욱 비참하게 만들기도 하지요. 정말 우리에게 필요한 것은 오직 "예수 그리스도와의 만남"과 예수님의 말씀에 대한 "순종" 뿐입니다. 우리는 예수님과의 만남을 통해 우리의 아픔, 연약함, 상처, 열등감의 의미를 깨달을 수 있습니다. 또한 우리는 순종을 통해 우리가 결코 해결할 수 없었던 문제로부터 구원 받을 수 있습니다. 구원의 은혜를 경험한 우리는 우리 삶이 하나님의 영광을 드러내는 통로가 된다는 놀라운 감격을 경험하게 됩니다. 그러니 예수님과 만나야만 하는 연약한 내가, 나라서 얼마나 다행입니까?

5) 오늘 말씀을 통해 받은 은혜를 나누어 봅시다. 그리고 나 스스로에게 만족하지 못하게 했던 아픔과 열등감을 서로 나누고, 이 영역이 주님을 만나는 통로가 되도록 기도합시다.

Tip _ 먼저 '오늘의 은혜'에 나눌 내용을 적게 하고, 모든 조원이 나눌 수 있을 때에 나눔을 시작한다. 적는 동안 묵상에 도움이 되는 찬양을 틀어주어도 좋다.

 오늘의 은혜

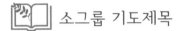 소그룹 기도제목

1-3 고백의 노래 (15분)

- 함께 이 찬양을 마음으로 고백하고, 기도로 마칩니다.

두 번째 음

너라서 다행이다

"새 계명을 너희에게 주노니 서로 사랑하라
내가 너희를 사랑한 것 같이 너희도 서로 사랑하라
너희가 서로 사랑하면 이로써 모든 사람이
너희가 내 제자인 줄 알리라"

요한복음 13:34-35

너라서 다행이다

본과의 목적: 너를 이해하고, 너를 돕고, 너를 격려하기
(Key word - 격려)

2-1 '토닥토닥' 게임 (15분)
- 요즘 나를 가장 힘들게 하는 일이 무엇인지 나누어보세요. 그리고 힘들 때에 어떤 말이 가장 듣고 싶은지도 이야기해보세요.

Tip _ 주어진 시간이 넉넉하다면, 부록에 수록된 성경인물 상황카드를 출력하여 성경이야기 속의 성경인물이 되어 본다. 비블리오 드라마처럼 역할극을 해보고, 어렵고 힘든 순간에 어떤 도움을 받고 싶은지 이야기해 보도록 한다.

2-2 '너라서 다행이다' 말씀 나눔

들어가며 (15분)
한 방송사에서 아주 흥미로운 실험을 했습니다. 두 개의 밀폐된 용기에 잘 지어진 쌀밥을 넣고 일주일 동안 한 쪽에는 격려의 말을, 한쪽에는 비난의 말을 했을 때 어떤 차이를 보이는지 알아보는 실험이었습니다. 어떤 결과가 나왔을까요? 놀랍게도 격려의 말을 들은 쌀밥은 거의 상하지도 않고 하얀색 곰팡이만 약간 피어 있었습니다.

그러나 비난의 말을 들은 쌀밥은 푸른곰팡이가 가득 피었고 악취도 심했지요. 인격체가 아니었던 쌀밥도 어떤 말을 듣느냐에 따라 이런 엄청난 차이를 보였습니다. 하물며 우리는 어떨까요? 격려의 말을 통해 회복되었던 경험과 비난의 말로 힘들었던 경험을 이야기해봅시다.

Tip _ 격려를 통해 좋은 결과를 얻었던 경험, 비난 때문에 힘들었던 경험을 균형 있게 나누도록 한다. 어느 한 쪽의 경우로만 치우치지 않게 한다. 두 가지를 비교하는 것이 이 활동의 목적이다.

말씀 속으로 (45분)

여기에도 격려가 필요한 한 사람이 있습니다. 이 사람은 스스로도 자신이 얼마나 끔찍한 일을 저질렀는지 잘 알고 있습니다. 사람들이 자신을 향해 비난을 퍼붓고 의심하는 것에 변명할 여지조차 없는 사람입니다. 어디에서도 이 사람을 끼어주려 하지 않았지요. 이 사람에게도 친구가 생길 수 있을까요?

*사도행전 9:1-30의 말씀을 함께 읽고 아래의 질문에 답해 보세요.

1) 오늘 말씀에서 등장하는 사울은 어떤 사람이었나요? (1-2, 4-5, 13-14절)

답 : 예수 그리스도를 믿는 사람을 잡으러 다니던 유대인 (1-2, 14절)

예수님을 박해한 사람 (4-5절)

주의 성도에게 해를 끼친 사람 (13절)

2) 사울은 다메섹에 가던 길에 어떤 일을 경험하게 되나요? (3-9절)

답 : 하늘로부터 빛이 비춤 (3절)

땅에 엎드러졌을 때, "사울아 네가 어찌하여 나를 박해하느냐"라는 음성을 들음 (4절)

예수 그리스도를 만남 (5절)

예수님이 시내로 들어가서 네게 행할 것을 이를 자를 만나라고 하심 (6절)

옆에 있던 사람들은 소리만 듣고 보지 못함 (7절)

땅에서 일어났으나 아무것도 볼 수 없었고, 다메섹 시내에서 사흘간 보지 못한 채 금식함(8-9절)

예수님을 믿는 성도들을 잡아서 재판에 넘기는 일을 하던 유대인 사울은 다메섹으로 가던 중이었습니다. 그는 길에서 부활하신 예수 그리스도를 만나게 되고, 그 만남으로 인해 앞을 보지 못한 채 예수님이 보내시는 사람을 만나기까지 사흘간 금식하며 지내게 되지요. 그 사흘간 사울은 어떤 생각을 하며 보냈을까요?

아마도 사울은 자신의 삶을 돌아보며 깊이 회개하는 시간을 보냈을 것입니다. 예수님을 구주라고 시인하는 사람들을 거짓말쟁이라며 괴롭히고 죽여왔는데, 부활하신 예수님을 만남으로써 자신이 무고한 사람들에게 고통을 주었음을 깨달았기 때문입니다. 또한 자신을 위해 십자가에서 돌아가신 예수님을 알지 못해 그분을 박해한 자신의 과거가 얼마나 후회되고 가슴 아팠을까요? 이처럼 죄책감과 후회로 가득한 사울에게 한 사람이 찾아옵니다. 바로 예수님의 제자 아나니아였습니다.

3) 아나니아는 사울에게 찾아가 무엇을 해주었나요? (17-19절)

답 : 아나니아는 주님의 말씀에 순종하여 원수 같았던 사울을 찾아가 안수하여 다시 보게 하고, 예수님께서 보내셨다고 말했다. 그리고 예수님께서 사울에게 성령 충만을 약속해 주셨음을 말해주었다. 아나니아의 기도를 통해 눈을 뜬 바울은 아나니아에게 세례를 받고, 그제야 음식을 먹으며 회복되었다.

Tip _ 아나니아는 환상 중에 예수님의 음성을 듣는다. 예수님께서는 아나니아에게 사울의 과거에 연연하지 말고 사울에게 찾아가서 안수하고 다시 보게 하라고 명령하신다. 아나니아는 사울이 어떤 사람인지 알았기에 예수님의 명령이 이해되지 않았다. 예수님께서는 회개한 사울을 통해 이방 자손들에게 복음을 전하게 하겠다는 주님의 계획을 말씀해 주셨다.

비난을 받아 마땅한 사울은 그리스도 안에서 아나니아와 친구가 되었습니다. 오늘 말씀을 보면 아나니아의 기도와 도움으로 사울의 영과 육이 회복되는 것을 볼 수 있습니다. 예수님께서는 오늘도 믿음의 친구를 허락하셔서 우리의 영과 육을 회복하시는 분입니다.

4) 회복된 사울은 예수님의 제자들과 친구가 되려고 예루살렘에 갔지만, 제자들의 의심과 거절을 받을 수밖에 없었습니다. 이때 등장하는 사람은 누구이며, 그는 사울을 어떻게 도와주나요? (26-27절)

답 : 아무도 사울을 믿지 않아 사울은 예루살렘 공동체 안에 들어갈 수 없었다. 이때 바나바가 사울을 사도들에게 데리고 가서 사울이 예수님을 만나게 된 경위와 예수님께서 명령하신 말씀, 사울이 다메섹에서 전도하다가 죽을 뻔한 일들을 말해주었다. 바나바를 통해 사울은 예루살렘 교회의 제자들과 친구가 되고 전도의 사명을 감당하게 됐다. 또한 사울을 죽이려는 사람들로부터 보호도 받을 수 있었다.

아나니아에 이어 바나바의 도움으로 사울은 예루살렘 교회의 일원이 되었습니다. 여기에 등장하는 바나바는 도대체 누구일까요? 사도행전 4장 36-37절과 11장 24절을 보면 바나바가 어떤 사람이었는지 알 수 있습니다. 그는 예루살렘 교회에 자신의 소유를 나눈 사람이었으며 '위로의 아들'이라 불렸습니다. 바나바는 착했으며 성령과 믿음이 충만한 사람이었습니다. 이런 연고로 그는 예루살렘 교회 안에서 신뢰와 존경을 받았던 것으로 보여집니다.

모든 사람에게 비난과 거절을 받아도 해명할 길 없는 사울에게 바나바의 도움과 격려는 얼마나 고마운 일이었을까요? 알 수는 없는 일이지만, 아마도 바나바는 사울에게 이렇게 말했을 것 같습니다. "이방민족을 향한 복음의 사도 사울아! 너라서 다행이다."

5) 오늘 말씀을 통해 받은 은혜를 나누어 봅시다. 그리고 우리도 아나니아와 바나바처럼 회복을 돕는 사람으로, 위로하는 사람으로 세워질 수 있도록 함께 기도합시다. 또한 한 주간 한 명을 정해서 "너라서 다행이야"라는 격려의 말을 건네도록 합시다.

Tip _ 조원끼리 짝을 지어 "너라서 다행이야"라는 문자를 보내도록 한다. 또한 조원 외의 가족이나 친구에게 도움과 격려의 문자를 보내도록 권면한다.

 오늘의 은혜

 소그룹 기도제목

2-3 고백의 노래 (15분)

- 함께 이 찬양을 마음으로 고백하고, 기도로 마칩니다.

다행이다 쉬어가기

[다행이다]와 함께 한지 절반의 시간이 지났습니다.
그동안 하나님께서 주셨던 은혜를 기억하며 적어봅시다.
그리고 앞으로 남은 시간을 기대하며 기도제목을 기록해봅시다.

항상 기뻐하라 쉬지 말고 기도하라

세 번째 음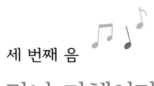

예수님 만나 다행이다

"다른 이로써는 구원을 받을 수 없나니
천하 사람 중에 구원을 받을 만한 다른 이름을
우리에게 주신 일이 없음이라 하였더라"

사도행전 4:12

♪ 세 번째 음 예수님 만나 다행이다

본과의 목적: 예수님을 만나고, 예수님으로 인하여 기뻐하기
(Key word - 기쁨)

3-1 '텐 미닛 드로잉' 게임 (15분)
1) 10분 동안, 하나님과 나의 관계를 그림으로 그려보세요.
2) 한 사람씩 돌아가며 그림에 대한 설명을 해보세요.

Tip _ 하나님과의 현재 관계가 어떤지 솔직한 나눔을 하는 것이 중요하다. 그림 그리기 작업을 통해 하나님을 믿는 지금이 행복한지, 기쁨을 누리고 있는지 나누도록 한다.

3-2 '예수님 만나 다행이다' 말씀 나눔

들어가며 (15분)
지난주에 나누었던 사울의 이야기 기억하시나요? 그리스도인들을 핍박하다가 도리어 그리스도를 증거 하게 된 사울 말입니다. 네! 바로 이 사람이 초대교회의 선교 사역을 감당했던 사도 바울입니다. 그는 신약성경 중 13권에 해당하는 서신서를 남긴 것으로도 유명한데요, 그중에서도 로마 감옥에 갇혀 쓴 빌립보서라는 서신서가 있답니다.

빌립보서는 바울이 빌립보 교회에 보내는 편지로, '기쁨'과 관련된 단어를 무려 18번이나 사용하여 "기쁨의 서신"이라고 불리기도 해요. 그런데 참 이상하지 않나요? 바울은 주님을 위해 열심히 전도하다가 도리어 감옥에 갇혔는데, 왜 계속 나는 "기쁘다"라고 말하고, "너희도 기뻐하라"라고 말했던 것일까요? 바울의 기쁨의 원천은 도대체 무엇이었을까요? 오늘 우리도 바울이 말한 기쁨을 누리며 살 수 있는 걸까요?

Tip _ 바울이 감옥에 갇힌 상황 속에서도 기뻐했던 이유가 무엇이었을지 자유롭게 이야기 나눈다. 인도자가 정답을 말하기보다, 조원들의 다양한 의견을 이끌어내도록 한다.

말씀 속으로 (45분)
여기 한 여인이 있습니다. 인생의 기쁨이라고는 조금도 느낄 수 없는 박복한 여인입니다. 무슨 사정인지는 몰라도 이미 남편은 여러 번 바뀌었고, 사는 게 팍팍하기만 합니다. 뜨거운 햇볕에 말라버린 땅보다 더 마음이 메마른 여인입니다. 이 여인에게 삶의 기쁨이 다시 회복될 수 있을까요?

*요한복음 4:3-30의 말씀을 함께 읽고 아래의 질문에 답해 보세요.

1) 오늘 말씀에서 예수님은 언제, 어디에 도착하였고, 누구를 만났나요? (3-7절)

언　제 : 유대에서 갈릴리로 올라가시던 중에(3절), 때가 여섯 시쯤(6절)
어디에 : 사마리아 수가라 하는 동네, 야곱의 우물 근처 (5-6절)
누구를 : 물을 길으러 온 사마리아 여자 한 사람을 만남 (7절)

Tip _ 성경에서 말하는 여섯 시는 정오 12시이다. 태양이 강렬한 팔레스
타인 지역에서 정오 12시에 밖에 있다는 것은 흔하지 않은 일이다. 더군
다나 그 뜨거운 시간에 굳이 물을 길으러 온다는 것도 일반적인 일이 아
니다. 그런데 지금 예수님은 사마리아의 우물 근처에 앉아 계신다. 그리
고 이 여인도 이 시간에 물을 길으러 나왔다. 참으로 이상한 만남이 아
닐 수 없다.

2) 예수님은 이 여인에게 무엇을 요청하였나요? 그리고 이 여인의 반응
은 어떠한가요? (7-9절)
예수님의 요청 (7절) : "물을 좀 달라"
여인의 반응 (9절) : "당신은 유대인으로서 어찌하여 사마리아 여자인 나
에게 물을 달라 하나이까"

Tip _ 예수님은 정오의 강렬한 태양을 맞으며 우물가에 앉아 있었다. 마
침 물을 길으러 온 이 여인을 보고 '물'을 달라고 청하는데, 땡볕에 앉아
있는 사람이 당연히 할 수 있는 말처럼 보인다. 그러나 이 여인은 예수님
의 요청에 무척 당황한다. 왜냐하면 유대인들은 사마리아 사람과는 상종
하지 않았기 때문이다.

예수님은 유대에서 갈릴리 지역으로 올라가던 중, 그 중간에 위치한 사마리아 지역에 이르셨습니다. 사마리아 지역은 앗수르에 의해 멸망한 북이스라엘 민족의 거주지로, 일반적으로 유대와 갈릴리 지역에 사는 유대인은 사마리아 지역에는 결코 들어가는 일이 없었습니다. 왜냐하면 앗수르는 포로국에 혼혈 정책을 펼침으로써 정복한 국가를 자국에 흡수했고, 유대인은 사마리아 사람을 이방민족의 피가 섞인 더러운 사람들이라고 생각하여 상종하지 않았기 때문입니다. 그런데 그런 곳에 예수님께서 들어가신 것이지요. 4절을 보면 어쩔 수 없이 간 것이 아니라 의도적으로 찾아가신 것으로 보입니다. 그리고 예수님께서는 사마리아의 수가라는 동네의 우물가에서 한 여인을 만나고, 유대인의 상식을 깨며 이 여인에게 물을 달라고 말을 건네지요. 이 여인은 자신에게 다가오는 이 남자가 누군지 모르지만, 무척 당황스러웠습니다.

3) 당황하는 여인에게 예수님은 어떤 말씀을 하시나요? 그리고 이 여인의 반응은 어떠한가요? (10-15절)

예수님의 말씀 (10절) : "네가 만일 하나님의 선물과 또 네게 물 좀 달라 하는 이가 누구인 줄 알았더라면 네가 그에게 구하였을 것이요 그가 생수를 네게 주었으리라"

여인의 반응 (11-12절) : "주여 물 길을 그릇도 없고 이 우물은 깊은데 어디서 당신이 그 생수를 얻겠사옵나이까 우리 조상 야곱이 이 우물을 우리에게 주셨고 또 여기서 자기와 자기 아들들과 짐승이 다 마셨는데 당신이 야곱보다 더 크니이까"

예수님의 말씀 (13-14절) : "이 물을 마시는 자마다 다시 목마르려니와 내가 주는 물을 마시는 자는 영원히 목마르지 아니하리니 내가 주는 물은 그 속에서 영생하도록 솟아나는 샘물이 되리라"

여인의 반응 (15절) : "주여 그런 물을 내게 주사 목마르지도 않고 또 여기 물 길으러 오지도 않게 하옵소서"

Tip _ "물을 달라"라는 요청을 했던 예수님은 도리어 "네게 물을 요청한 사람, 즉 내가 누구인지 알았다면 오히려 네가 나에게 물을 구했을 것이고 난 너에게 생수를 주었을 것이다"라고 말했다. 유대인이 사마리아 여인에게 물을 달라는 것도 이해가 안 되는데, 물을 달라던 이가 도리어 나에게 물을 구했더라면 주었을 거라는 이상한 말을 건네는 것이다. 그래서 이 여인은 "당신은 물을 길을 도구도 없고 우물도 없으면서 지금 무슨 소리를 하는 거냐"라고 되묻는다. 이 여인의 입장에서 예수님은 이상한 사람이다. 그러나 예수님은 여전히 당당히 말씀하신다. "네가 지금 길으러 온 이 물을 마시면 언젠가는 다시 목마르겠지만, 내가 주는 물은 영원히 목마르지 않고 영원히 샘솟을 것이다"라고 말이다. 대화를 진행하면 할수록 이 여인에게 예수님은 무척 이상한 사람임에는 틀림이 없지만, 문득 예수님이 말하는 '그런 물'이 자신에게 있다면 너무 좋을 것 같다는 생각이 들었다. 그래서 '그런 물'을 달라고 예수님께 요청했다. 물을 달라고 요청하던 이가 예수님에서 여인으로 전환되었다.

오늘의 말씀을 보면 동문서답이 이어지는 것 같지만, 이 여인이 다시는 이곳에 물을 길으러 오고 싶어 하지 않는다는 사실을 발견할 수 있습니다. 물을 긷는 일이 귀찮아서일까요? 아니면 여인에게 다른 사연이 있는 걸까요? 아! 그러고 보니, 이 여인은 왜 다른 여인들과 달리 해가 중천에 떠 있는 정오에 혼자 물을 길으러 온 것일까요? 왠지 이 여인에게는 사연이 있는 것 같습니다.

16절~18절을 보면 이 여인의 상황을 짐작해볼 수 있는데요, 이 여인은 과거에 5명의 남편이 있었고 지금 같이 살고 있는 사람이 있음에도 불구하고 스스로 "남편이 없다"라고 말하고 있습니다. 무슨 사정인지는 자세히 나와 있지 않지만 이 여인의 잘못이든, 그렇지 않든 이 여인이 다른 여인과는 다른 삶을 살았던 것은 분명합니다. 여러 남자와 살았지만 남편이 없다고 말하는 이 여인이 동네에서 존귀한 대접을 받았을 거라고는 생각되지 않고요. 아마도 이 여인은 인생의 깊은 굴곡 속에서 외롭게 살아온 것 같습니다. 그녀의 외로운 삶 속에 찾아온 예수님! 그분은 도대체 누구일까요?

4) 여자는 예수님을 누구라고 생각합니까? 그러나 예수님은 자신을 누구라고 말해주시나요?
여자의 생각 (19절) : 선지자
예수님의 대답 (25-26절) : "네게 말하는 내가 그라" / 메시야 곧 그리스도 (구원자)

Tip _ 여인은 자신의 상황을 이미 알고 있는 예수님을 선지자라고 생각한다. 그래서 그동안 궁금했던 '예배'에 관한 질문도 한다(20절). 예수님께서는 그녀의 궁금증에 답해주시며 '영과 진리'로 드리는 새로운 예배에 대해 말씀해주셨다. 이에 대해 여인은 "메시야 곧 그리스도라 하는 이가 오시면 그분께서 새로운 예배에 대해 알려주실 것입니다"라고 대답했다. '물을 달라'라는 일상적인 대화에서 영적인 대화로 전환되었음을 알 수 있다.

그리고 이 여인이 외로움과 상실감, 무기력에 빠져 일상을 살아갈 때에는 기억하지 못했던 그분, 메시야를 기억해 냈을 때, 예수님께서는 드디어 자신이 누구인지 말씀해주셨다. "내가 바로 네가 기다린 메시야 곧 그리스도이다!"

아무도 오지 않는 마을 어귀 우물가에서, 그동안 외롭고 많이도 아팠던 이 여인은 메시야 곧 그리스도인 예수님을 만났습니다. 하루하루 무기력하게 살아야만 했던 이 여인이 드디어 자신을 만나기 위해 사마리아까지 오신 예수님을 만난 것입니다. 우리 예수님은 그녀를 아픔과 고통의 자리에서 기쁨의 자리로 옮기려고 오셨습니다. 예수님은 하늘 보좌 버리시고 이 여인을 향한 사랑의 맘으로 이 땅에, 사마리아에, 그녀의 마음속에 찾아오셨습니다.

이 여인을 만나주셨던 주님은 오늘 우리에게도 찾아오십니다. 우리에게 마르지 않는 삶의 기쁨을 주시려고, 상황과 환경에 굴복되지 않는 기쁨을 주시려고 오늘도 우리를 만나주십니다. **"예수님을 만날 수 있어 참 다행입니다."**

5) 예수님을 만난 여인은 기쁨을 이기지 못하여 물동이를 내버려두고 동네로 들어갑니다. 그리고 자신이 만난 예수님을 증거하지요(28-30절). 우리도 예수님을 만나 삶의 기쁨이 충만해지기를, 그리고 그 기쁨을 이기지 못하여 복음을 전하는 자로 살아가도록 기도합시다.

Tip _ 말씀 속의 여인처럼 살아계신 예수님을 만나서 우리 삶의 기쁨이 회복되도록 기도한다. 예수님 때문에 행복한 삶, 그분이면 충분한 삶을 소망하는 이야기도 나누도록 하자. 예수님을 만나면 그 기쁨이 너무 커서 복음을 전하지 않고는 견딜 수 없음에 대해서도 이야기한다. 말씀 서두에 바울이 가졌던 그 기쁨이 바로 이런 것임을 다시 말해주어도 좋다. 더불어 삶의 기쁨을 예수님이 아닌 다른 것에 두었기에, 낙심하고 실패할 수밖에 없었던 경험들을 솔직히 나누고 함께 회개하는 시간을 가져도 좋다.

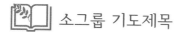 오늘의 은혜

 소그룹 기도제목

3-3 고백의 노래 (15분)

- 함께 이 찬양을 마음으로 고백하고, 기도로 마칩니다.

다행이다 **전도 미션**

당신의 주변에도 예수님을 만나야만 하는 사람이 있나요?
다음 모임 전까지, 그 사람에게 예수님에 대해 이야기해주세요.
딱딱한 교리 속 예수님이 아니라
당신이 만난 예수님, '나의 예수님'을 꼭 전해주세요.
아래에는 나의 예수님을 전하기 전에
내가 만났던 예수님과의 이야기를 적어볼까요?

나의 예수님 이야기

네 번째 음

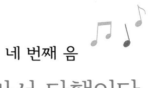

우리라서 다행이다

"믿는 사람이 다 함께 있어 모든 물건을 서로 통용하고
또 재산과 소유를 팔아 각 사람의 필요를 따라 나눠 주며
날마다 마음을 같이하여 성전에 모이기를 힘쓰고
집에서 떡을 떼며 기쁨과 순전한 마음으로 음식을 먹고
하나님을 찬미하며 또 온 백성에게 칭송을 받으니
주께서 구원 받는 사람을 날마다 더하게 하시니라"

사도행전 2:44-47

♪네 번째 음 우리라서 다행이다

본과의 목적: 새로운 가족을 만나고, 서로 사랑하기
(Key word - 사랑)

4-1 '사랑의 안경' 게임 (15분)
- 사랑의 안경을 끼고 서로의 존재를 축복해 주는 시간을 가져보자.

Tip _ 사랑이라는 안경을 끼고, 사랑의 눈으로 서로를 바라보며 축복해 주는 시간이다. 자신의 오른쪽에 있는 사람을 돌아가며 축복하도록 한다. 함께 성경공부 모임을 하며 고마웠던 것을 고백해도 좋다.

4-2 '우리라서 다행이다' 말씀 나눔

들어가며 (15분)
예수님께서 공생애를 보내실 때에, 예수님의 가족들이 예수님을 찾아왔습니다. 그래서 한 사람이 예수님께 "당신의 어머니와 동생들이 밖에 있습니다"라고 말했지요. 그러자 예수님께서는 손을 내밀어 제자들을 가리키시며, "누구든지 하늘에 계신 내 아버지의 뜻대로 하는 자가 내 형제요 자매요 어머니이니라" 하셨습니다. 육의 가족을 넘어 하나님 아버지를 함께 믿는 새로운 가족 공동체의 시대가 열렸음을 말씀해주신 것이지요.

오늘날 교회는 바로 이 예수님의 말씀이 실현된 모임이라 할 수 있습니다. 그렇다면 여러분은 교회 안에서 가족의 사랑과 친밀함을 누리고 계십니까? 여러분에게 교회는 어떤 곳인가요?

Tip _ 조원들이 가지고 있는 교회에 대한 인식을 듣는다. 교회 안에서 가족의 사랑을 느꼈던 경험들을 다양하게 나눈다. 조장은 마무리하면서, 교회가 하나님 나라의 새로운 가족 공동체의 실현임을 알게 하며, 교회를 통하여 사랑을 배우고 성장하는 일이 중요함을 설명한다.

말씀 속으로 (45분)
여러분에게 한 편지를 읽어드릴까 합니다. 이 편지는 지금으로부터 약 2,000년 전에 사도 바울이 고린도 교회에 보낸 편지입니다. 어려움에 처한 예루살렘 교회를 위하여 함께 헌금을 모았으면 한다는 내용이었는데요, 바울은 왜 고린도 교회에 이 일을 요청하는 것일까요? 단지 재정적인 도움이 필요해서일까요? 고린도 교회를 위한 하나님의 가르침에 귀를 기울여봅시다.

*고린도후서 8:1-15의 말씀을 함께 읽고 아래의 질문에 답해보세요.

1) 오늘 말씀에서 바울은 고린도 교회의 성도들을 어떻게 부르고 있나요? (1절)

답 : "형제들아" (1절)

Tip _ 바울은 고린도 교회의 성도들을 "형제"라고 칭하며 바울과 교회의 모든 성도가 하나님 아버지 안에서 가족 공동체임을 인지시키고 있다.

2) 바울은 고린도 교회에게 마게도냐 교회의 어떤 점을 칭찬하고 있나요? (2-5절) 또 왜 마게도냐 교회의 이야기를 전하는 것일까요? (6-7절)
답 : 바울은 마게도냐 교회가 환난의 많은 시련 가운데서도 기쁨이 넘치고, 극심한 가난 속에서도 도리어 풍성한 연보를 하였음을 칭찬한다. 여기에서 말하는 연보는 어려움에 처한 예루살렘 교회를 위한 헌금이었는데, 3절에 따르면 마게도냐 교회가 예루살렘 교회를 위하여 힘대로 헌금할 뿐만 아니라 힘에 지나도록 '자원'하였다고 말하고 있다. 게다가 그들은 칭찬 받기를 거절하고 하나님 아버지 안에서 가족인 예루살렘 교회를 돕는 은혜로운 일에 자신들을 참여하게 해달라며 간절히 구하였다(4절). 이런 마게도냐 교회의 모습은 하나님의 뜻을 따라 바울에게 헌금만 준 것이 아니라, 자기 자신들을 하나님께 드린 행위였다(5절).
또한 바울은 마게도냐 교회의 일을 칭찬함으로써, 고린도 교회도 마게도냐 교회를 본받아 예루살렘 교회를 돕는 일에 참여하기를 권면하고 있다(6절). 고린도 교회가 믿음과 말, 지식, 모든 열정, 바울의 사역팀을 사랑하는 일에서 풍성한 것처럼, 이 은혜로운 사역에서도 풍성해지기를 바라고 있다(7절).

Tip _ 마게도냐 교회는 오늘날 그리스 북쪽에 위치하고 있는 발칸 반도 상부 지역 일대를 지칭하는 것으로 서쪽으로는 볼로냐로부터 동쪽으로는 빌립보에 이르는 지역이다. 바울이 언급하는 마게도냐 교회는 빌립보, 데살로니가, 베뢰아 교회인 것으로 추정된다(옥스퍼드 원어성경대전 참고).

바울은 고린도 교회의 성도들을 향하여 '형제'라고 부르며 편지를 써내려 갑니다. 예수 그리스도로 말미암아 성령 안에서 하나님 아버지의 한 가족 된 고린도 교회의 정체성을 일깨우는 호칭입니다. 바울은 뒤이어 한 가족 인 마게도냐 교회가 극심한 가난에도 불구하고 예루살렘 교회를 위하여 전심으로 헌금한 일을 칭찬합니다. 바울은 마게도냐 교회의 이야기를 전함으로써, 고린도 교회 역시 예루살렘 교회를 섬기는 일에 열심을 내어주 길 바라고 있습니다.

3) 바울이 헌금하는 일을 통하여 고린도 교회에 알려주는 하나님의 가르침은 무엇입니까? (8-14절)

답 : 첫째로, 사랑은 행함으로써 그 진실함을 증명할 수 있다는 가르침 이다(8절).

이를 위한 본보기로 예수님의 이야기를 언급한다. 예수님은 부요하신 분 이었으나 우리를 위하여 가난하게 되셨고, 예수님이 가난을 자처하심으 로 지금 우리가 부요하게 되었다고 말하고 있다(9절). 예수님은 말로만 사랑한 것이 아니라, 성육신과 십자가 죽음을 감당함으로써 사랑을 확증 하셨다(롬 5:8 참조). 그러니 예수님의 몸 된 고린도 교회 역시 행함으로 써 사랑의 진실함을 증명해야 한다(약 2:14-17 참조).

둘째로, 교회는 한 가족이기 때문에 기쁨도 아픔도 함께 나누어야 한다는 가르침이다(13절). 가족은 좋은 것만 나누고, 힘든 일은 각자 해결하지 않는다. 무엇이든 함께 나누고 같은 마음을 품어야 한다. 이러한 삶을 성경에서는 "균등"이라는 단어로 표현하고 있다(13, 14절). 고린도 교회가 지금 가진 넉넉한 것으로 예루살렘 교회의 부족한 것을 보충하면, 후에 고린도 교회가 부족할 때 예루살렘 교회의 넉넉한 것으로 채울 것이다(14절). 바울은 고린도 교회가 하나님나라 가족공동체로서의 자세와 책임을 배우기를 소망하고 있다.

4) 하나님께서 위와 같은 가르침을 받은 고린도 교회에 원하시는 마음은 무엇일까요? (11-12절)
답 : 마음에 원하던 것(11절), 할 마음(12절)

Tip _ 하나님은 억지로가 아니라 자원하는 심령을 원하신다. 하나님의 가르침을 기꺼이 따르고자 하는 마음을 기뻐 받으신다(12절).

히브리 민족에게는 '고엘'이라는 제도가 있었습니다. 가족이나 친족 중에 한 사람이 빚을 지면 가족 중 다른 누군가가 그의 빚을 갚아주고 그들이 종으로 팔려 가지 않게 하는 제도였습니다. 당연히 이 제도를 지키려 하다 보면 손해를 볼 수 있지만, 이스라엘 사람에게 이 고엘 제도는 서로가 서로를 지켜주는 사랑의 약속이었으며 하나님을 섬기는 가족공동체로서의 의무였습니다. 고엘 제도는 죄인으로 죽을 수밖에 없던 우리를 구속해 주신 예수님의 사랑 안에도 녹아 있습니다. 예수님께서 먼저 죄인인 우리를 위해 고엘이 되어주신 것이지요(9절). 그리고 예수님은 이제 우리도 교회라는 새로운 가족공동체를 위하여 서로의 고엘이 되어야 한다고 가르치십니다.

요한복음 13장 34-35절을 보면, "새 계명을 너희에게 주노니 서로 사랑하라 내가 너희를 사랑한 것 같이 너희도 서로 사랑하라 너희가 서로 사랑하면 이로써 모든 사람이 너희가 내 제자인 줄 알리라"라는 예수님의 말씀이 기록되어 있습니다. 마게도냐 교회의 성도들은 많은 시련과 극심한 가난 속에서도 예수님의 이 명령을 위하여 가족으로서의 책임을 다했던 것이지요. 이제는 고린도 교회가 자원하여 사랑의 진실함을 증명할 차례가 되었습니다. 서로를 책임지는 가족으로서의 구체적인 헌신의 요청에 응답해야 하는 때가 되었습니다. 바울이 고린도 교회에게 희망하는 답신은 "주님 안의 한 가족인 너와 나, 우리라서 다행이다"가 아니었을까요?

5) 하나님 아버지 안에서 한 가족인 우리는 예수님께서 본을 보이신 것처럼 서로를 책임지고 사랑해야 합니다. 그 누구도 이 명령에서 예외가 될 수는 없습니다. 앞으로 교회와 속한 공동체에서 어떤 모습으로 사랑을 실천하고 싶은지 나누어봅시다.

Tip _ 구체적으로 공동체 안에서 섬기는 일을 결단하게 해야 합니다. 추상적인 나눔이 되지 않도록 합니다. 작은 일이라도 내가 지금 실천할 수 있는 것들을 시작해보는 것이 중요합니다.

예시멘트: "이제 자원하는 마음으로 '새가족'이 아니라, '가족'으로서의 책임을 배워가는 첫걸음을 내디뎌 볼까요?"

 오늘의 은혜

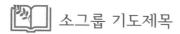 소그룹 기도제목

4-3 고백의 노래 (15분)

- 함께 이 찬양을 마음으로 고백하고, 기도로 마칩니다.

📑 부록

두 번째 음 / 너라서 다행이다.

토닥토닥 게임 - "성경인물 상황카드" 출력용 자료

변화된 사울! (vs 믿지 못하는 사람들)	요셉의 형제들! (vs 요셉)
"사울이 예루살렘에 가서 제자들을 사귀고자 하나 다 두려워하여 그가 제자 됨을 믿지 아니하니 바나바가 데리고 사도들에게 가서 그가 길에서 어떻게 주를 보았는지와 주께서 그에게 말씀하신 일과 다메섹에서 그가 어떻게 예수의 이름으로 담대히 말하였는지를 전하니라" (사도행전 9:26-27)	"요셉의 형제들이 그들의 아버지가 죽었음을 보고 말하되 요셉이 혹시 우리를 미워하여 우리가 그에게 행한 모든 악을 다 갚지 아니할까 하고 요셉에게 말을 전하여 이르되 당신의 아버지가 돌아가시기 전에 명령하여 이르시기를 너희는 이같이 요셉에게 이르라 네 형들이 네게 악을 행하였을지라도 이제 바라건대 그들의 허물과 죄를 용서하라 하셨나니 당신 아버지의 하나님의 종들인 우리 죄를 이제 용서하소서 하매 요셉이 그들이 그에게 하는 말을 들을 때에 울었더라" (창세기 50:15-17)
전쟁에서 승리한 다윗! (vs 사울의 질투)	고난 받고 있는 욥! (vs 친구 빌닷의 비난)
"무리가 돌아올 때 곧 다윗이 블레셋 사람을 죽이고 돌아올 때에 여인들이 이스라엘 모든 성읍에서 나와서 노래하며 춤추며 소고와 경쇠를 가지고 왕 사울을 환영하는데 여인들이 뛰놀며 노래하여 이르되 사울이 죽인 자는 천천이요 다윗은 만만이로다 한지라 사울이 그 말에 불쾌하여 심히 노하여 이르되 다윗에게는 만만을 돌리고 내게는 천천만 돌리니 그가 더 얻을 것이 나라 말고 무엇이냐 하고 그 날 후로 사울이 다윗을 주목하였더라" (사무엘상 18:6-9)	"수아 사람 빌닷이 대답하여 이르되 네가 어느 때까지 이런 말을 하겠으며 어느 때까지 네 입의 말이 거센 바람과 같겠는가 하나님이 어찌 정의를 굽게 하시겠으며 전능하신 이가 어찌 공의를 굽게 하시겠는가 네 자녀들이 주께 죄를 지었으므로 주께서 그들을 그 죄에 버려두셨나니 네가 만일 하나님을 찾으며 전능하신 이에게 간구하고 또 청결하고 정직하면 반드시 너를 돌보시고 네 의로운 처소를 평안하게 하실 것이라 네 시작은 미약하였으나 네 나중은 심히 창대하리라" (욥기 8:1-7)

Small-Group Leader Check List

[소그룹/ 　　　마을 　　　목장] 　　(　　년 　　월 　　주차)

점검 사항		1	2	3	4	5
준비단계	말씀 나눔(G.B.S./Q.T.)을 충분히 이해하였는가?					
	성령께서 나를 만지시도록 기도로 준비하였는가?					
	소그룹의 지체들을 위해 중보하였는가?					
	공동체의 리더십들을 위해 중보하였는가?					
	하나님을 기대하는 마음으로 모임을 준비하였는가?					
참여단계	적극적으로 질문과 대답들에 참여했는가?					
	정직하게 자신을 오픈하였는가?					
	지체들의 나눔에 공감하며 경청을 하였는가?					
	모임 중 성령의 인도하심을 계속 기도하였는가?					
	모임 중에 기도가 필요한 지체를 발견하였는가?					
적용단계	삶과 인격 변화를 위한 자신의 적용들은 구체적인가?					
	배운 내용이 삶의 상황에 분명히 적용이 되었는가?					
	소그룹 모임에 대한 만족감이 있었는가?					
	나눔과 모임을 통해 배운 내용들을 잘 소화했는가?					
	삶과 인격의 변화를 위해 기도의 자리를 지키고 있는가?					
전체 점수 (75점~50점 이상 유지)						
돌아보기	- 나에게 필요한 부분들은 무엇인가? - 나 자신을 위해 기도해야 할 내용들은 무엇인가? - 타인을 위해 중보해야 할 내용들은 무엇인가? - 공동체를 위해 중보해야 할 내용들은 무엇인가? - 한 주의 결단을 한 문장으로 기록해보자!					

다행이다 메모리

언제	누구와

다행이다를 통해 만났던 이들의 이름과 함께 했던 때를 적어보세요. :-)

언제	누구와

✦ 들어가는 말

우리는 누구에게나 꿈이 있었습니다.
아름답고 멋진 삶을 살고자 하는 꿈,
이름을 세상에 알리고 유능한 사람이 되고자 하는 꿈,
세상에 빛과 소금처럼 이바지하고자 하는 꿈.
그러나 현실의 거대한 장벽 앞에서 나의 한계를 느끼고
꿈과 소망을 잃어버린 채
하루하루 힘겹게 감내하며 무력하게 살아가고 있지는 않은가요?

여러분에게 '다시 시작'을 말하고 싶습니다.
로드앤로드 미니스트리 성경공부 교재 [시작하다]와 함께하는 동안
다시 시작하는 설렘과 소망이,
그리고 하나님께서 회복하고 부어 주시는 '부르심'이
여러분의 마음 가운데 가득하기를 기도합니다.

시 작 하 다

로드앤로드 미니스트리 성경공부 ❷

D코드 Direction 편

첫 번째 음

나로부터 시작하다

"나를 기가 막힐 웅덩이와
수렁에서 끌어올리시고
내 발을 반석 위에 두사
내 걸음을 견고하게 하셨도다"

시편 40:2

♪첫 번째 음 나로부터 시작하다

본과의 목적: 나의 한계를 인정하고 하나님과 다시 시작하기
(Key word - 다시, again)

1-1 '나의 꿈은요' 타임 (15분)

[시작하다] 첫 번째 시간입니다! 함께 모인 우리, 아직은 서로에 대해 모르는 것이 많기만 하지요. 오늘 이 시간에는 서로의 꿈이 무엇인지 나누어 봅시다.

Tip 1 _ 항목 옆에 제시된 시간은 소그룹원이 4~5명이라 가정할 때 제안하는 운영 시간이다. 예시일 뿐 교회 상황에 맞추어 운영하도록 한다.

Tip 2 _ '나의 꿈은요' 타임이란? 자신의 꿈과 그와 관련된 이야기를 자연스럽게 타인들에게 소개하는 시간이다. 어렸을 때 꾸었던 꿈에 대해서 생각해 보고 나누며, 자신의 꿈이 현실에서 지금 이뤄졌는지, 아니면 그 꿈이 지금은 어떻게 바뀌었는지 다양한 이야기를 나눠 보도록 한다.

1-2 '나로부터 시작하다' 말씀 나눔

들어가며 (15분)

우리가 잘 아는 토마스 에디슨은 백열전구를 발명할 때, 1200번이 넘는 실험을 실패했습니다. 그러나 그는 좌절하지 않고 계속해서 실험하여 마침내 백열전구를 발명하게 되었지요. 에디슨이 거듭된 실패에도 좌절하지 않고 계속해서 실험할 수 있었던 이유는 어디에 있었을까요? 그는 이렇게 말했습니다. "나는 실험에 실패할 때마다 성공을 향해 한 발짝 한 발짝 다가가고 있다고 생각했다."

이 이야기는 오늘 우리에게 생각할 거리를 건네줍니다. 실패보다 중요한 것은 '다시' 일어서는 것이라는 사실을 말입니다. 이 시간, 잃어버리거나 실패했다고 생각했던 나의 꿈에 대해 다시 생각해 봅시다. 그리고 이제는 묻어 두었던, 희미해져 버린 나의 꿈이 하나님 앞에서 어떻게 다시 시작되는지 함께 알아볼까요?

Tip _ '말씀 속으로' 들어가기 전에, 짧은 활동을 추가로 진행할 수 있다. 활동 방법은 다음과 같다. 메모지(예: 포스트잇)를 한 장씩 나누어 주고 각자 '하나님과 함께 다시 시작하고 싶은 꿈'을 적어보게 한다. 적은 종이는 말씀을 모두 나누고 난 뒤에 나누도록 한다. 이렇게 진행하는 이유는 말씀을 배우기 전과 후에 달라진 모습을 스스로 느끼게 하기 위함이다.

말씀 속으로 (45분)

여기, 자신의 힘으로 무언가를 해보려고 하는 한 사람이 있습니다. 그는 사회적 지위와 힘을 가지고 있었습니다. 또한 의지도 있었습니다. 그래서 나섰지만 결국 좌절하고 도망자의 신세가 되어 광야로 떠나게 되었습니다. 이 사람은 누구일까요? 그는 왜 실패했고, 이루고자 했던 꿈을 잃어버렸을까요?

*출애굽기 2:11-15의 말씀을 함께 읽고 아래의 질문에 답해 보세요.

1) 오늘 말씀에서 모세는 무엇을 보았나요? (11절)

① 자기 형제들이 고되게 노동하는 것을 봄.
② 어떤 애굽 사람이 한 히브리 형제를 치는 것을 봄.

Tip _ 모세는 히브리인이었지만, 여느 히브리인과 다르게 바로의 딸이 물에서 건져 왕궁에 데려옴으로 왕자의 신분으로 자라났다. 당시 모세를 건진 애굽의 공주는 모세가 히브리 아이임을 알고 있었다(출 2:6). 그러나 그를 불쌍히 여겨 거두고 히브리인 유모를 붙여주었다(출 2:9). 이때 히브리 출신의 유모는 바로 모세의 어머니 요게벳이었다. 모세의 신분은 애굽의 왕자였지만, 히브리인 어머니의 손에서 자란 것이다. 때문에 모세는 자신이 히브리 사람임을 알고 있었다. 모세는 장성한 후에 자신의 동족이 어떻게 살아가고 있는지 궁금해졌고, 그들의 삶을 보기 위해 일부러 그곳에 찾아갔을 것이다. 그런데 거기서 모세가 본 것은, 형제들이 힘들게 노동을 하고 있는 모습이었다. 심지어 그들이 힘겨워하며 고통스럽게 일할 때, 애굽 사람이 폭력을 행하는 것을 보았다.

오늘 말씀은 "모세가 장성한 후에"라는 구절로 시작됩니다. 이것은 애굽의 왕자로 살고 있던 모세가 어느덧 힘과 권세를 행사할 만한 위치에 섰음을 의미합니다. 사도행전 7장 23절에 따르면, 이때 모세의 나이는 40세였습니다. 40세라면 국정에 참여할 수 있는 자격과 지략을 충분히 갖추었을 때이지요. 그런 그가 왜 굳이 히브리 노예들이 일하는 곳에 찾아갔던 걸까요? 오늘 말씀 11절에는 모세가 그들을 "자기 형제"로 여겼다고 말하고 있습니다. 모세는 애굽의 왕자로 자랐지만, 자신이 누구인지 알고 있었습니다.

2) 그 다음, 모세는 무엇을 보았나요? 그리고 어떤 행동을 했나요? (12절)
① 본 것: 좌우를 살펴보고 사람이 없음을 봄.
② 행동: 히브리 사람을 친 애굽 사람을 쳐 죽여 모래 속에 감춤.

모세는 먼저 자신의 동족이 맞는 것을 보았고, 그 다음은 좌우 주변을 보았습니다. 모세가 주변을 본 이유는 히브리 사람을 친 애굽 사람에게 복수를 하기 위해서였습니다. 모세가 처음부터 그 사람을 죽이려는 의지를 갖고 있었는지는 알 수 없지만, 결국 그는 애굽 사람을 죽이고 말았습니다. 그리고 시체를 모래 속에 감추었습니다.

모세의 입장에서는 동족을 구하기 위함이라는 명분을 가지고 한 행동이었지만, 이것은 하나님의 방법이 아니었습니다. 모세의 방법이었습니다. 스스로 심판자가 되려고 한 성급한 행동이었으며, 명백한 살인 행위였습니다.

Tip 1 _ 사람을 죽이는 모세의 모습은 혈기가 가득해 보이지만, 한편 좌우를 살피는 모세의 행동은 그가 침착하고 용의주도한 성격임을 보여 준다. 주변을 살폈다는 것은 그가 사람들을 의식하고 있었음을 나타낸다. 그러나 정작 모세는 모든 것을 아시고 보고 계시는 하나님은 의식하지 못했다. 모세는 '동족을 위기에서 구한다'라는 명분을 가지고 있었지만, 하나님과는 전혀 상관없는 일을 벌이고 말았다.

Tip 2 _ 오늘 말씀 12절에서 사용된 '치다'라는 동사는 원어로 '와야크'이다. 이 말은 출애굽기 12장 12-13절에서 하나님께서 행하시는 심판에 사용된 동사이다. 오직 심판자 되시는 하나님만이 사용할 수 있는 말이다. 그런데 오늘 모세의 행동도 '와야크'로 표현된다는 것은, 두 가지로 해석해볼 수 있다.
첫째, 그가 스스로 심판자 또는 재판관이 되려 했음을 보여 주는 것이다. 물론 모세가 히브리 사람을 학대한 애굽 사람을 쳐 죽인 행동은 고난당하는 자기 동족의 아픔에 참여하는 것이고, 동시에 억압받는 자에 대한 의분이었을 수 있다. 그러나 이것은 하나님보다 앞서 나간 것이었다.
둘째, 지금 그의 방법은 명백히 잘못되었다. 그러나 하나님께서 동족을 향한 긍휼한 마음을 가진 모세를 통하여 애굽을 심판하시고 이스라엘을 구원하실 것을 암시하는 복선이라고 볼 수도 있다. 이렇게 볼 때, 모세가 자신의 방법으로는 실패했으나, 하나님의 때에 하나님의 방법으로 다시 일어서게 할 것을 짐작할 수 있다.

3) 이튿날 모세는 어떤 말을 들었나요? (13-14절)
답 : "누가 너를 우리를 다스리는 자와 재판관으로 삼았느냐 네가 애굽 사람을 죽인 것처럼 나도 죽이려느냐."

Tip _ 히브리인 두 사람이 싸우고 있는데, 모세는 그 싸움에 개입한다. 모세는 자신을 하나님의 사람이라 여기고(행 7:25) 그들 사이에 개입했지만, 히브리 노예의 입장에서 모세는 애굽의 왕자일 뿐이었다. 그러한 이유로 히브리인들은 모세의 개입에 "누가 너를 우리를 다스리는 재판관으로 삼았느냐"라고 물으며 빈정거림으로 말했다.
더욱이 그들은 모세가 애굽 사람을 죽인 것을 알고 있었고, 모세를 향해 그것을 폭로한 것이다. 결국 히브리인들은 모세를 애굽의 왕자, 우리와 상관없는 사람으로 여겼을 뿐이다. 자신의 재판관이나 지도자도 아닐뿐더러, 자기 민족을 도운 사람으로도 보지 않았다. 그저 분노에 못 이겨 살인을 저지른 사람으로만 보았다. 모세의 살인 행위는 동족인 히브리인들조차도 옳다고 여기지 않았다. 그리고 모세는 사람들이 자신의 살인 사실을 알게 됨으로 자기 과실이 드러나게 되고, 그로 인해 책임지고 감당해야 할 여러 상황에 두려움을 갖게 되었다.

모세는 다음 날 자신의 동족을 구한 그 곳에 다시 찾아갑니다. 비록, 자신의 행동이 과하여 의도치 않게 살인까지 저질렀지만, 그럼에도 그는 동족을 구한 구원자로서의 히브리인들의 지지와 칭송을 기대하며 찾아갔을 것입니다. 그러나 그 현장에서 본 것은 다투고 있는 히브리 사람들이었지요. 그래서 그는 다투는 히브리 사람들 사이에 끼어듭니다. 그리고 잘못한 사람을 책망하기에 이릅니다(출 2:13). 그러자 책망을 받은 히브리 사람이 모세를 향해 말합니다. "누가 너를 우리를 다스리는 자와 재판관으로 삼았느냐! 네가 애굽 사람을 죽인 것처럼 나도 죽이려느냐!"

오늘 말씀 14절을 보면, 모세는 이 말을 듣고 두려워했다고 기록하고 있습니다. 모세의 두려움은 자신이 살해한 애굽 사람을 아무도 모르게 숨겨 두었다고 생각했는데, 그것을 누군가 알고 있고 폭로함으로 인해 생긴 감정입니다. 또한 그 사실을 폭로한 사람이 애굽 사람이 아니라, 자신이 도와야 한다고 생각했던 히브리 사람이었습니다.

4) 모세는 자신이 한 일이 탄로가 났음을 알았을 때, 어떠한 행동을 했고 왜 그렇게 행동을 했나요? (15절)

행동 : 바로의 낯을 피해 미디안 땅에 머물게 되었다.

이유 : 바로가 모세를 죽이고자 찾았기 때문에

Tip _ 바로가 모세를 죽이고자 했다는 것을 통해 이미 애굽 사람을 죽인 모세에 대한 사형 선고가 이루어졌다는 것을 알 수 있다. 아마도 히브리인의 정체성을 가진 모세가 히브리인을 돕기 위해 애굽 사람을 죽인 것은 왕실에서 모세에 대해 애굽의 왕자가 아니라, 노예로서 살아가는 히브리인을 하나로 모을 수 있는 위험한 존재가 됐다고 보았을 것이다. 그러므로 모세가 자신의 의분을 드러내고, 히브리인 편에 서려는 모습을 보이자, 단순히 살인에 대한 형벌뿐만 아니라 정치적인 위협이 되는 존재로 여겨 제거하려 했다고 볼 수 있다. (카리스 종합주석 참고)

모든 일이 발각되자 바로는 모세를 죽이려 하고, 모세는 애굽에서 미디안 땅으로 도망을 칩니다. 모세의 모든 꿈과 계획은 순식간에 사라져 버렸고, 그에게 남은 것은 거친 미디안 광야에서 목자로서의 삶뿐이었습니다. 자기 인생을 돌아볼 때, 모세는 하나님에게도 버려지고, 동족에게도 버려졌다고 생각했을 것입니다. 자신이 꿈꿨던 꿈과 계획은 혼자만의 착각이었다는 수치심에 휩싸였을지도 모르겠습니다. 이제 모세에게 모세 자신은 인생의 실패자요, 어디에도 소속되지 않은 나그네 일뿐이었습니다(출 2:22).

모세처럼 우리에게도 하나님의 뜻을 위해 시작한 일이 실패로 돌아간 적이 있을 것입니다. 또는 하나님께 간절히 기도했고 분명히 이루어질 거라 믿었던 꿈과 계획이 와르르 무너졌던 경험도 있을 것입니다. 그때, 당신은 어디에 있었나요? 무엇을 하고 있었나요? 내가 옳다고 생각하는 일이 사람들에게 거절 받았을 때, 내 힘과 의지로 최선을 다했지만 결국 실패했을 때, 내가 부족하다고 사람들이 평가할까 봐 두려웠을 때, 내가 꾸었던 꿈이 나 혼자만의 착각이었다고 느껴져 수치스러웠을 때, 당신은 어디에 있었나요? 무엇을 하고 있었나요? 결국, 우리는 나의 한계 앞에서 좌절하고 절망할 수밖에 없습니다. 상처받은 마음을 깊은 곳에 묻어 두고 세상이 이끄는 대로 흘러가는 대로 살아갈 수밖에 없습니다.

그러나 하나님은 이런 우리를 절대로 포기하지 않습니다. 하나님께서는 우리가 더 이상 아무것도 할 수 없다고 인정하는 그때, 하나님의 일을 시작하십니다. 이때가, '하나님께서 시작하는 때'입니다.

하나님께서는 우리를 창조하실 때 품었던 계획, 우리를 이 땅에 보내실 때 새겨 두신 그 부르심을 밝히 보여 주기 원하십니다. 우리를 향하여 다시 일어나 나와 함께 시작하자고 말씀하십니다. 이제 그 하나님과 나의 한계로부터 날아오를 준비가 되었나요?

5) 오늘 말씀을 통해 받은 은혜를 나누어 봅시다. 성령님께서 떠올려 주신 나의 실패와 상처를 정직하게 나누어 보고, 이런 나를 회복하시고 새롭게 시작하실 하나님을 기대하며 기도제목을 나누어 봅시다.

Tip 1 _ 먼저 '오늘의 은혜'에 나눌 내용을 적게 하고, 모든 소그룹원이 나눌 수 있을 때에 나눔을 시작한다. 적는 동안 묵상에 도움이 되는 찬양을 틀어주어도 좋다.

Tip 2 _ '말씀 속으로'를 시작하기 전에 메모지 활동을 했다면 '오늘의 은혜'를 적기 전, 각자 메모지를 펴보게 한다. 그리고 나눔을 할 때 처음 적었던 메모지의 내용과 말씀을 배운 후 깨달은 점을 함께 나누도록 한다. [시작하다]의 첫 시간인 만큼 충분히 나누게 하여 자연스럽게 깊은 신뢰 관계를 형성하도록 한다.

 오늘의 은혜

 소그룹 기도제목

1-3 고백의 노래 (15분)

- 함께 이 찬양을 마음으로 고백하고, 기도로 마칩니다.

두 번째 음
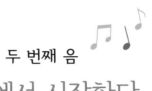
부름에서 시작하다

"야곱아 너를 창조하신 여호와께서

지금 말씀하시느니라

이스라엘아 너를 지으신 이가 말씀하시느니라

너는 두려워하지 말라

내가 너를 구속하였고

내가 너를 지명하여 불렀나니

너는 내 것이라"

이사야 43:1

♪두 번째 음 부름에서 시작하다

본과의 목적: 하나님의 부름에 순종하기

(Key word - 부름, calling)

2-1 '인생 그래프' 그리기 (15분)

- 지금까지 살아온 인생을 그래프로 그려 봅시다. 특별히 하나님을 만나고 경험했던 순간을 그래프 위에 표시해 봅시다. 다 그린 후에는 자신의 인생 그래프를 소개해 봅시다.

(긍정) +10 0	- 예시 : 인생곡선 그래프				
-10 (부정)					
나 이	Age : ( )	Age : ( )	Age : ( )	Age : ( )	Age : ( )
사건/ 스토리	예시: 여름수련회 저녁 집회에서 기도하는 중에 성령님께서 저를만나 주셨어요! 하나님께서 저를 사랑하신다는 것을 처음으로 느꼈어요.				

Tip _ 그래프를 완성한 후에는 아래의 글을 함께 읽고 나눔을 시작한다. 되도록 하나님과의 인격적인 만남이 있었던 시기를 중심으로 나눔을 진행하도록 한다. 만약 하나님과의 인격적인 만남이 없는 소그룹원이 있다면, 자신의 삶에서 긍정적/부정적 영향을 미쳤던 사건을 중심으로 이야기하도록 한다.

우리는 여러 가지 요인으로부터 영향을 받으며 살아갑니다. 제일 먼저는 태어나는 순간부터 부모님과의 만남을 통해 가장 기본적인 욕구와 정서를 형성하게 됩니다. 조금 자란 후에는 친구들과의 만남을 통해서 사회성을 배우고, 학교에 가서는 교육을 받으면서 세상을 바라보는 눈을 형성합니다. 결론적으로 우리는 누군가와의 만남을 통해 자라고 인생의 방향을 결정하게 됩니다.

여러 만남 중에서 우리에게 좋은 영향을 준 것들이 있는가 하면, 부정적인 영향을 끼친 것들도 있습니다. 지금까지 살아오면서 자신에게 가장 큰 영향을 미친 사건이 있다면, 그것이 지금의 나에게 어떤 영향을 주었는지 솔직하게 나누어 봅시다.

2-2 '부름에서 시작하다' 말씀 나눔

들어가며(15분)

4세기 신학자 어거스틴은 <고백록>이라는 책에서 자신이 경험한 놀라운 이야기를 들려줍니다. 하루는 많은 고민으로 마음이 복잡했는데, 이웃집 아이가 부르는 노랫소리가 들려왔습니다. "톨레 레게, 톨레 레게(Tolle Lege, Tolle Lege)!" 이 말은 '들고 읽어라, 들고 읽어라'라는 뜻으로, 이 노랫말이 어거스틴의 복잡한 마음 가운데 들려왔습니다. 순간 그는 성경책을 펼쳐서 읽었습니다. "낮에와 같이 단정히 행하고 방탕하거나 술 취하지 말며 음란하거나 호색하지 말며 다투거나 시기하지 말고 오직 주 예수 그리스도로 옷 입고 정욕을 위하여 육신의 일을 도모하지 말라"(롬 13:13-14). 어거스틴은 이 말씀을 읽는 순간, 하나님의 부름 앞에 엎드렸습니다. 하나님을 진실로 사랑했던 위대한 신학자가 탄생하는 순간이었습니다. 이처럼 하나님의 부름은 언제, 어디에서나, 누구에게나 찾아올 수 있는 일입니다. 이제 우리를 향한 하나님의 부름에 마음을 열고 귀를 기울여 볼까요?

말씀 속으로(45분)

지난주에 우리는 자신의 방법으로 꿈과 계획을 이루려다가 도망자 신세가 된 모세를 만났습니다. 그 후 모세는 어떻게 되었을까요? 미디안 광야의 목자가 된 모세는 어느덧 80세의 노인이 되었습니다. 새로운 꿈을 꾸고 하나님의 일을 하기엔 이미 너무 늦은 것 같은 나이입니다. 또 모세를 기억하던 사람들도 더 이상 그를 기억하지 못할 만큼 오랜 시간이 지난 후입니다.

그런데 그런 모세에게 하나님께서 찾아오십니다. 이름 없는 노인, 이름

없는 한 목자에게 위대하신 하나님은 왜 찾아오신 걸까요? 함께 말씀 속으로 들어가 볼까요?

*출애굽기 3:1-14절과 4:10-17절의 말씀을 함께 읽고 다음의 질문에 답해 보세요.

1) 하나님은 어떤 모습으로 모세에게 찾아오셨나요? 그리고 무엇을 명하셨나요? (3:2, 5, 10절)

답 : 하나님의 모습 - 호렙산 떨기나무 가운데로부터 나오는 불꽃 안에서 나타나심(2절).

명하신 것 - 네 발에서 신을 벗으라(5절), 바로에게 너를 보내어 내 백성 이스라엘을 인도하여 내리라(10절)

Tip _ 장인 이드로의 양 떼를 치던 모세는 하나님의 산 호렙 근처를 지나게 되었고, 불이 붙었으나 타지 않는 떨기나무 가운데서 "모세야 모세야"라는 음성을 듣는다(출 3:1-4). 그리고 "이리로 가까이 오지 말라 네가 선 곳은 거룩한 땅이니 네 발에서 신을 벗으라"라는 하나님의 명령을 듣게 된다. 히브리인들에게 신을 벗고 맨발로 걷는다는 것은 수치스럽고 비참한 일이었으며 노예들이나 맨발로 다녔다. 그리고 먼지가 많은 근동 지방의 특성상 신발은 더러움과 죄의 상징이었다(옥스퍼드 원어성경대전 참고).

따라서 하나님께서 모세에게 신을 벗으라고 명령하신 것은 첫째, 모세에게 하나님의 종으로써 나아오라는 말씀이고 둘째, 이제는 너의 죄와 수치를 내 앞에 내려놓으라는 말씀이다.

하나님께서는 호렙산의 떨기나무 가운데 불꽃으로 임재하십니다. 그리고 정확히 '모세'의 이름을 부르십니다. 하나님께서 찾아온 이는 다른 누구도 아닌, 오직 모세였습니다. 아무도 주목하지 않는 늙은 목자 모세에게 찾아오신 하나님께서는 두 가지를 명령하십니다.

하나는 너의 신을 벗으라는 말씀입니다(5절). 신을 벗는 행위는 종이 주인 앞에서 취하는 행동입니다. 따라서 하나님께서 모세에게 이 말씀을 하셨다는 것은 모세를 하나님의 종으로 부르신다는 것을 의미합니다. 둘째로 하나님께서는 모세에게 나의 백성 이스라엘을 애굽에서 이끌고 나오라는 명령을 하십니다(10절). 40년 전 실패했던 그 자리로 돌아가 명령한 일을 수행하라는 것입니다. 갑작스런 하나님의 부름은 모세를 혼란스럽게 하기에 충분했을 것입니다.

2) 하나님의 부름이 있고 난 뒤에, 모세와 하나님의 긴 대화가 시작됩니다. 모세와 하나님의 입장을 정리해 봅시다.
(3:11-14, 4:10-12절)

모세의 입장	하나님의 입장
3:11 모세가 하나님께 아뢰되 내가 누구이기에 바로에게 가며 이스라엘 자손을 애굽에서 인도하여 내리이까	**3:12** 하나님이 이르시되 내가 반드시 너와 함께 있으리라 네가 그 백성을 애굽에서 인도하여 낸 후에 너희가 이 산에서 하나님을 섬기리니 이것이 내가 너를 보낸 증거니라
3:13 모세가 하나님께 아뢰되 내가 이스라엘 자손에게 가서 이르기를 너희의 조상의 하나님이 나를 너희에게 보내셨다 하면 그들이 내게 묻기를 그의 이름이 무엇이냐 하리니 내가 무엇이라고 그들에게 말하리이까	**3:14** 하나님이 모세에게 이르시되 나는 스스로 있는 자이니라 또 이르시되 너는 이스라엘 자손에게 이같이 이르기를 스스로 있는 자가 나를 너희에게 보내셨다 하라
4:10 모세가 여호와께 아뢰되 오 주여 나는 본래 말을 잘 하지 못하는 자니이다 주께서 주의 종에게 명령하신 후에도 역시 그러하니 나는 입이 뻣뻣하고 혀가 둔한 자니이다	**4:11-12** 여호와께서 그에게 이르시되 누가 사람의 입을 지었느냐 누가 말 못 하는 자나 못 듣는 자나 눈 밝은 자나 맹인이 되게 하였느냐 나 여호와가 아니냐 이제 가라 내가 네 입과 함께 있어서 할 말을 가르치리라

답 : 모세는 하나님의 부름에 자신은 감당할 수 없다며 거절했다. 그 이유는 자신이 그런 일을 맡을 만한 인물이 되지 못한다고 생각하고 있었기 때문이다. 그러나 하나님께서는 두려워하는 모세를 계속 설득하셨다. 하나님께서는 모세에게 함께해 주시겠다고 약속하시며, 모세를 통하여 이 모든 일을 이루실 것을 분명하게 말씀하셨다.

Tip _ 출애굽기 3장에서 4장 사이에는 하나님과 모세의 대화가 총 5번에 걸쳐 나온다. 먼저, 3장 11-12절에서 모세의 변명과 하나님의 설득이 나타난다. 두 번째는 3장 13-22절에서, 세 번째는 4장 1-9절에서, 네 번째는 4장 10-12절에서, 마지막 다섯 번째는 4장 13-17절에 나온다. 하나님의 부름과 모세의 응답하는 과정이 매우 세세하게 기록되어 있다는 것을 알 수 있다. 이것은 우리에게 몇 가지 깨달음을 준다.

첫째, 하나님의 부름에는 결코 후회나 포기가 없다(롬 11:29). 따라서 하나님의 부름은 우리 상태와 약함에 따라 바뀌지 않는다.

둘째, 하나님께서는 부름 앞에 선 우리를 인격적으로 대해 주신다. 하나님께서는 두려워하고 좌절하는 모세를 일방적으로 몰아세우지 않으신다. 도리어 모세가 가지고 있는 연약함과 염려를 들어주시고 격려하시며, 그를 설득하신다. 더딜지라도 하나님께서 이렇게 일하시는 이유는, 우리가 온 마음을 다해 응답하길 원하시기 때문이다.

하나님과 모세 사이에서 이어진 긴 대화 속에서, 우리는 모세가 자신을 어떻게 바라보고 있는지 알 수 있습니다. 모세는 자신이 애굽으로 가서 이스라엘 백성을 데리고 나올 만한 인물이 되지 못한다고 생각했습니다. 또한 과거에 자신이 저지른 실수(살인)로 인하여 미디안 광야로 도망을 쳤습니다. 모세는 도망자의 신세로 살아가는 자신의 모습을 부끄럽게 바라봅니다. 모세의 자존감은 무너질 대로 무너져 있습니다. 그러나 하나님께서는 그러한 모세에게 다시, 또다시 말씀하십니다. 하나님께서는 하나님의 능력으로 모세를 세우시고, 사용하실 것을 말씀하십니다. 모세는 하나님의 지속적인 두드림에 심령이 요동치기 시작합니다. 하지만 선뜻 "예"라고 대답하기는 어렵기만 합니다.

3) 하나님의 끊임없는 설득에도 불구하고 모세는 어떻게 답변하나요? 그리고 이어지는 하나님의 말씀은 무엇인가요? (4:13-17절)

모세의 답변(13절) : "모세가 이르되 오 주여 보낼 만한 자를 보내소서."

모세는 마지막까지 하나님의 부름에 거절로 반응한다. 모세의 시선은 여전히 하나님이 아니라 자신에게 있다.

하나님의 말씀(14-17절) : "여호와께서 모세를 향하여 노하여 이르시되 레위 사람 네 형 아론이 있지 아니하냐 그가 말 잘 하는 것을 내가 아노라 그가 너를 만나러 나오나니 그가 너를 볼 때에 그의 마음에 기쁨이 있을 것이라 너는 그에게 말하고 그의 입에 할 말을 주라 내가 네 입과 그의 입에 함께 있어서 너희들이 행할 일을 가르치리라 그가 너를 대신하여 백성에게 말할 것이니 그는 네 입을 대신할 것이요 너는 그에게 하나님 같이 되리라 너는 이 지팡이를 손에 잡고 이것으로 이적을 행할지니라."

Tip _ 하나님께서는 모세를 향하여 노하신다. 그런데 이 노하심은 모세에게 짜증을 내시는 인간적인 분노가 아니다. 여전히 자신의 모습에 갇혀 있는 모세를 향한 사랑의 책망이다(히 12:7-8). 하나님께서는 끝까지 그에게 부족한 것들을 다 채워 주시고 돕겠다고 약속하신다. 하나님은 모세를 결코 포기하지 않으셨다.

모세는 하나님의 부름을 여러 가지 이유로 거절합니다. 모세는 자신을 '본래 말을 잘 하지 못하는 자', '입이 뻣뻣하고 혀가 둔한 자'라고 말하며, 자신의 한계를 이야기합니다. 심지어는 "보낼 만한 자를 보내소서"라고 말하며, 여전히 자격지심에 빠져 있는 모습을 보이기도 합니다. 그러나 하나님께서는 모세를 끝까지 포기하지 않았습니다. 그리고 자신의 실패 안에 갇혀 있는 모세를 책망하셨습니다. 하나님의 책망은 '이제는 너를 그만 보고, 나를 보라'라는 하나님의 사랑의 외침입니다. 히브리서 12장 8절을 보면 이런 말씀이 있습니다. "징계는 다 받는 것이거늘 너희에게 없으면 사생자요 친아들이 아니니라." 하나님께서는 혼자서 일어설 수 없는 모세를 사랑으로 부르십니다. 아비의 마음으로 부르십니다. 이제는 나를 신뢰하고, 나와 함께 나아가자고 부르십니다.

사랑하는 여러분, 모세를 부르셨던 하나님은 오늘 우리에게도 말씀하십니다. "얘야, 나와 함께 가자. 나와 함께 일어나자." 하나님의 부르심은 결코 후회하심이 없습니다. 하나님은 오늘 이 자리에 있는 우리를 통하여 새 일을 행하실 것입니다. 그리고 그분의 신실하심으로 말미암아 약속하신 모든 것을 이루실 것입니다. 이제 그 하나님의 부름에 "아멘"으로 화답하며 시작할 준비가 되었나요?

4) 오늘 말씀을 통해 받은 은혜를 나누어 봅시다. 하나님의 부름 앞에서 주저하게 되는 나의 연약함과 두려움이 있다면 솔직하게 나누어 봅시다. 그리고 그 모든 것을 초월하여 새로운 일을 행하실 하나님을 기대하며 서로를 축복하는 시간을 가져 봅시다.

Tip _ 모세는 하나님과의 대화를 통하여 자신을 향했던 부정적 자기이해와 내면의 상처, 실패감, 낮은 자존감을 버리고 새로운 마음을 가지게 되었다. 하나님과의 새로운 관계를 맺음으로써 수많은 내면의 소리들을 이기고, 결국 하나님의 부름 앞에 응답하게 된 것이다. 여기에서 중요한 것은 하나님께 우리의 시선을 두는 것이다. 마지막 나눔에서는 소그룹원들이 자신을 돌아보게 하되, 우리에게 향하던 시선을 하나님께로 바꾸고 나보다 더 크신 하나님을 기대하며 나아갈 수 있도록 격려한다.

 오늘의 은혜

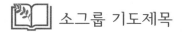 소그룹 기도제목

2-3 고백의 노래 (15분)

- 함께 이 찬양을 마음으로 고백하고, 기도로 마칩니다.

시작 Q.T.

[시작하다]와 함께 하는 동안 출애굽기를 통독하고 묵상해봅시다.
요일마다 아래의 본문을 읽고, 가장 마음에 와 닿은
단어 또는 구절을 기록해봅시다.

월요일	화요일
첫 주: 1-2장	첫 주: 3-4장
둘째 주: 11-12장	둘째 주: 13-14장
셋째 주: 21-22장	셋째 주: 23-24장
넷째 주: 31-32장	넷째 주: 33-34장
수요일	목요일
첫 주: 5-6장	첫 주: 7-8장
둘째 주: 15-16장	둘째 주: 17-18장
셋째 주: 25-26장	셋째 주: 27-28장
넷째 주: 35-36장	넷째 주: 37-38장
금요일	토요일
첫 주: 9장	첫 주: 10장
둘째 주: 19장	둘째 주: 20장
셋째 주: 29장	셋째 주: 30장
넷째 주: 39장	넷째 주: 40장

세 번째 음

같이걷기 시작하다

"사백삼십 년이 끝나는 그날에
여호와의 군대가 다
애굽 땅에서 나왔은즉"

출애굽기 12:41

♪ 세 번째 음 **같이걷기 시작하다**

본과의 목적: 공동체로 부르신 하나님의 뜻 발견하기
(Key word - 구별, 공동체)

3-1 '만약에' 타임 (15분)
- 만약에 당신이 인큐베이터 속에 누워 있는 아기라면, 어떤 기분이 들 것 같나요? 함께 나누어 봅시다.

Tip _ 오늘의 말씀에서 중요한 연상 단어인 '인큐베이터'에 대해 생각해 보게 하는 시간이다. 나눔의 시간은 각 사람마다 3분을 넘지 않도록 하고, 나눔을 한 뒤에 아래의 글을 함께 읽도록 한다.

여기에 박스만한 작은 공간이 있습니다. 이 공간에서 한 아기가 누워 잠을 자고 있습니다. 아기가 세상에 나온다는 것은 축복이지만, 모든 아이가 같은 조건과 환경에서 나오는 것은 아닙니다. 때로는 미처 성장을 마치지 못하고 세상에 나오는 미숙아나, 출생 시 면역체계 등의 문제가 있는 신생아들이 있을 수 있습니다. 이런 아이들은 어머니의 뱃속과 같은 환경을 필요로 합니다. 그것이 바로 인큐베이터입니다. 인큐베이터는 적당한 온도와 습도가 조절되고 필요에 따라 산소와 영양분이 공급됩니다. 세상으로 나오기 전까지 이 인큐베이터는 아기에게 가장 안전한 곳입니다.

그러나 아기는 평생 인큐베이터에서 살 수 없습니다. 딱 필요한 시간만큼 지내고 다시 회복되면 세상 밖으로 나와야 하지요. 오늘 말씀에도 필요했던 시간을 모두 채우고 세상 밖으로 나오려는 무리가 있습니다. 이들은 누구일까요? 함께 말씀 속으로 들어가 봅시다.

말씀 속으로 (45분)

하나님께서는 모세를 부르시고 이스라엘 백성을 애굽에서 이끌어 내고자 하십니다. 그리고 그들을 아브라함과 이삭, 야곱에게 약속하셨던 약속의 땅, 가나안 땅으로 데리고 가려 하십니다. 이 일은 야곱과 그의 가족이 애굽으로 내려간 지 430년 만에 일어난 일입니다. 하나님께서는 왜 과거에 야곱으로 하여금 가족을 데리고 애굽으로 가라고 하셨던 걸까요? 그리고 430년이 지난 지금, 왜 이스라엘 백성을 다시 애굽에서 나오게 하려는 걸까요? 이제 말씀 속으로 들어가 하나님의 위대한 계획을 발견해 봅시다.

* 창세기 46:1-47:6의 말씀을 함께 읽고 다음의 질문에 답해 보세요.
  (참고: 창 47:27; 출 1:7; 12:40-42)

Tip _ 3과의 경우, 참고구절이 많으므로 인도자가 미리 참고구절을 인쇄해서 소그룹원에게 배포하고, 모임을 인도하는 것도 좋다.

1) 430년 전 야곱과 그의 가족은 극심한 기근을 맞아 굶어 죽을 위기에 처했습니다. 그러나 그 과정에서 잃은 줄 알았던 아들 요셉이 애굽의 총리로 있음을 알게 되지요. 애굽으로 떠나기전 야곱은 하나님께 예배를 드렸습니다. 하나님께서는 야곱에게 어떤 말씀을 주셨나요? (46:3)

답 : "하나님이 이르시되 나는 하나님이라 네 아버지의 하나님이니 애굽으로 내려가기를 두려워하지 말라 내가 거기서 너로 큰 민족을 이루게 하리라."

하나님께서는 애굽으로 가는 것을 불안해하는 야곱에게 애굽으로 내려가도 괜찮다는 말씀을 주신다. 그리고 그곳에서 야곱의 가족을 큰 민족으로 번성하게 하시겠다는 약속을 주신다.

Tip _ 하나님께서는 야곱의 가족이 기근 가운데 죽지 않도록, 요셉을 택하여 애굽으로 먼저 보내셨다(창 45:5). 그리고 요셉이 야곱과 그의 가족을 돌볼 수 있는 힘을 가지게 되었을 때, 애굽으로 보내신다. 그러나 야곱은 약속의 땅을 두고 애굽으로 가는 것에 대해 두려워했다. 하나님께서는 이런 야곱을 향해 걱정하지 말라고 말씀하시고, 애굽 땅에서 너의 가족을 큰 민족이 되게 하겠노라 약속하신다. 또한 너와 함께하며 반드시 가나안 땅으로 올라오게 할 것이라 말씀하셨다(창 46:4).

하나님께서는 애굽으로 가는 야곱을 안심시킵니다. 그리고 애굽 땅에서 야곱의 가족을 큰 민족으로 번성하게 할 것이라 약속해 주십니다. 하나님의 약속을 받은 야곱은 70명의 가족과 함께 브엘세바를 출발했고, 드디어 애굽에 도착합니다(창 46:27).

2) 애굽에 도착한 야곱은 죽은 줄로만 알았던 요셉을 만납니다. 요셉은 가족들과 감격의 재회를 마치자마자, 야곱의 가족이 애굽에서 머물 수 있는 전략을 이야기합니다. 요셉의 전략은 무엇인가요? (창 46:31-34)

답 : 요셉이 먼저 바로에게 올라가 나의 가족이 왔다고 보고하기로 함(31절). 그리고 요셉이 그들은 목축하는 사람이라서 양과 소를 이끌고 왔다고 말하기로 함(32절). 바로가 가족을 불러서 직업을 묻거든(33절) 어려서부터 목축을 했고, 선조들도 목축을 해 왔다고 말하라고 함(34절). 그러면 애굽 사람들은 목축을 가증히 여기기 때문에 야곱의 가족이 목축지인 고센 땅에서 살게 될 것이라고 말함(34절).

Tip _ 요셉은 17살에 종으로 팔려 온 뒤로부터 22년 만에 가족을 만난다. (요셉이 총리가 될 때 나이가 30세이다. 지금의 배경은 총리가 된 후 풍년 7년이 지나고, 흉년이 2년 째 되던 해이므로 요셉의 나이는 39세로 추정된다.) 20년이 넘는 시간 동안 간절히 보고 싶었던 가족과의 만남이다. 잔치도 베풀고 밤새 이야기도 나누어야 하는 상황인데, 요셉은 이성적으로 가족들에게 애굽에서 머물 수 있는 전략을 설명한다. 야곱의 가족이 애굽에서 합법적으로 머물게 하는 것이 요셉에게는 가장 중요한 일이었음을 알 수 있다. 요셉은 구체적인 전략을 가족 모두에게 브리핑하고, 즉시로 바로를 찾아간다.

요셉은 그토록 보고 싶었던 가족을 만나자마자, 그들이 애굽에서 합법적으로 머물 수 있는 전략을 이야기합니다. 요셉에게는 회포를 푸는 일보다 그 가족들을 애굽 땅에 머물게 하는 일이 더 중요했기 때문입니다. 요셉은 자신의 사명이 이스라엘 민족을 살리는 하나님의 구원 계획 가운데 있음을 잘 알고 있었습니다(창 50:20). 따라서 요셉은 하나님께서 주신 지혜로 야곱과 그의 가족이 고센 땅에 머물 수 있도록 조치를 취했습니다. 고센 땅은 애굽의 국경 변두리에 있는데다가 애굽 사람들이 가증히 여기는 보잘것없는 땅이었지만, 야곱의 가족이 애굽 사람과 혼탁하게 섞이지 않을 수 있는 안전한 장소였습니다. 또한 이스라엘 민족이 번성하여 애굽을 나가고자 할 때, 출(出)애굽 하기에는 가장 좋은 최적의 장소였습니다. 무엇보다도 고센 땅은 아직 70명일뿐인 야곱의 가족이 큰 민족으로 자랄 수 있는 '하나님의 인큐베이터' 같은 곳이었습니다.

3) 하나님의 인큐베이터인 고센 땅에 살게 된 야곱의 가족은 하나님의 돌보심을 경험합니다. 하나님께서는 야곱의 가족에게 어떤 은혜를 부어 주셨나요? (창 47:27; 출 1:7 참고)
답 : 창 47:27 "이스라엘 족속이 애굽 고센 땅에 거주하며 거기서 생업을 얻어 생육하고 번성하였더라."
출 1:7 "이스라엘 자손은 생육하고 불어나 번성하고 매우 강하여 온 땅에 가득하게 되었더라."

하나님께서는 70명뿐이던 야곱의 가족을 셀 수 없이 생육하고 번성하게 하셨다. 이로써 족장 시대는 마감되고 국가 이스라엘이 세워질 것을 예측하게 한다.

Tip 1 _ 출애굽기 1장 7절에 나오는 '온 땅'은 고센 땅을 의미한다.

Tip 2 _ 고센 땅에 살게 된 야곱의 가족은 애굽의 중심부로 들어가지 못했다. 어떤 면에서는 그들이 애굽 사람들로부터 고립되고 소외된 삶을 살았다고 생각할 수 있다. 그러나 믿음의 눈으로 바라보면 야곱의 가족이 고센 땅에 구별되어 살았기 때문에, 애굽 사람들의 눈치를 보지 않고 생육하고 번성할 수 있었을 것이다.

하나님께서 구별하여 살게 하신 고센 땅에서 야곱의 가족은 번성해 갔습니다. 얼마나 많은 수로 불어났는지, 이스라엘 공동체는 애굽 사람과 바로에게 위협적인 존재가 될 만큼 큰 민족이 되었습니다(출 1:9-10). 이제 이스라엘 공동체는 애굽을 떠날 때가 되었습니다. 고센 땅을 떠나 하나님께서 말씀하시는 새로운 부름의 땅으로 나아갈 때가 된 것입니다. 그래서 하나님께서는 모세를 택하여 애굽 땅에 보내셨습니다. 앞서 살펴보았던 모세를 향한 하나님의 부름은 단순히 개인적인 차원이 아닌, 이스라엘 공동체 전체를 부르시는 하나님의 대계(大計) 가운데 포함되어 있었던 것입니다.

4) 하나님께서는 모세를 통하여 애굽을 심판하셨습니다. 그리고 이스라엘 공동체를 하나님의 나라삼기 위하여 애굽에서 이끌어 내셨습니다. 성경은 애굽에서 나온 이스라엘 공동체를 무엇이라고 부르고 있나요? (출 12:41 참고)

답 : 여호와의 군대

Tip _ 성경에서 나타나는 이름에는 많은 의미가 내포되어 있다. 그 인물의 환경, 주어진 사명 등 한 인물을 가늠해볼 수 있는 많은 정보를 제공한다. 또한 구약성경을 살펴보면 이름이 변하는 경우를 종종 볼 수 있다. 그 대표적인 인물이 아브라함일 것이다. 창세기 17:5절에 보면 "이제 후로는 네 이름을 아브람이라 하지 아니하고 아브라함이라 하리니 이는 내가 너를 여러 민족의 아버지가 되게 함이니"라고 되어 있다. 하나님께서 아브람의 이름을 바꾸신 것은 역사적인 사건이며, 이제는 열국의 아버지로서 하나님께서 주시는 이름에 걸맞은 새로운 삶을 살아야 할 것을 요구하시는 것이다.

이와 마찬가지로 애굽에서 천대를 받고 노예로 살았던 이스라엘 공동체도 "여호와의 군대"라는 새로운 이름을 수여받는다(출 6:26; 12:41). 세상의 눈으로 볼 때, 그들은 군사훈련도 받아본 적 없는 초라한 무리일 뿐이다. 그러나 하나님께서는 그들을 하나님의 나라로 세우겠노라 작정하셨고, 그들로 하여금 약속의 땅을 취하게 하시려는 계획도 갖고 계셨다. 그러므로 이제부터 이스라엘 공동체는 '애굽의 노예'가 아니라 '여호와의 군대'이다. 하나님께서 직접 군대의 사령관이 되셔서 그들을 진두지휘하며 아브라함과 이삭, 야곱에게 주셨던 약속을 성취해 가실 것이다. 오직 여호와의 군대에게 요청되는 것은 대장 되신 하나님의 뜻에 순종하는 것이다.

하나님께서는 아브라함과 이삭, 야곱을 택하여 그들과 약속하셨습니다. 그들의 자손을 번성케 하셔서 한 민족이 되게 하셨습니다. 그들은 바로 '이스라엘'입니다. 애굽에서 그들은 '노예'라 불렸으나 하나님께서는 그들을 '여호와의 군대'라고 부르셨습니다. 하나님께서는 그들이 군대가 될 때까지, 그들을 고센 땅에 구별하여 보호하고 계셨습니다. 그리고 때가 찼을 때, 여호와의 군대로서 출정하게 하셨습니다. 남들이 볼 때는 오합지졸처럼 보일지 모르나, 하나님께선 그들에게 놀라운 승리를 약속해 주셨습니다.

오늘 이 자리에 있는 우리 역시 '여호와의 군대'입니다. 나의 상황과, 교회의 형편이 어떻든지, 하나님께서는 섭리 가운데 우리를 준비하고 계셨습니다. 우리를 통하여 우리 교회를 세우고 부흥케 하시기를 고대하셨습니다. 우리는 하나님의 계획을 미처 다 알지 못해 좌절하고 두려웠을지라도, 답답함에 몸부림 쳤을지라도 하나님께서는 신실하게 우리를 준비시키고 계셨습니다.

여러분, 다시 한 번 선포합니다. 우리는 여호와의 군대입니다! 하나님께서는 직접 군대 사령관이 되셔서 우리 고리를 이끌어 가실 것입니다. 우리를 고센 땅인 이 자리에서 번성하게 하시고 신앙을 지키게 하신 하나님께서, 우리에게 확실한 승리를 허락하실 것입니다. 여호와의 군대인 여러분, 이제 하나님과 같이 걸어갈 준비가 되었습니까?

5) 오늘 말씀을 통해 받은 은혜를 나누어 봅시다. 하나님의 섭리 가운데 세움 받은 리더로서 교회를 생각하며 감사의 제목을 나누어 봅시다. 또한 우리 교회를 향한 하나님의 비전이 무엇인지 나누어 봅시다.

Tip _ 리더로 세움 받은 것이 얼마나 귀하고 감격스러운 일인지 나눌 수 있도록 한다. 우리는 다 알지 못했지만, 리더 공동체가 세워진 것은 하나님의 섭리와 은혜 가운데 이루어진 일임을 다시 한 번 상기시켜 준다. 또한 우리 교회를 향한 하나님의 비전을 나누고, 하나님께서 우리를 통해서 비전을 이루실 것임을 강력하게 선포하는 시간으로 삼아도 좋다.

 오늘의 은혜

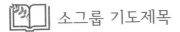 소그룹 기도제목

3-3 고백의 노래 (15분)

- 함께 이 찬양을 마음으로 고백하고, 기도로 마칩니다.

네 번째 음

일상에서 시작하다

"그러나 너희는 택하신 족속이요
왕 같은 제사장들이요 거룩한 나라요
그의 소유가 된 백성이니
이는 너희를 어두운 데서 불러내어
그의 기이한 빛에 들어가게 하신 이의
아름다운 덕을 선포하게 하려 하심이라"

베드로전서 2:9

♪ 네 번째 음 일상에서 시작하다

본과의 목적: 삶의 자리에서 하나님의 말씀대로 살기
(Key word - 거룩, 순종)

4-1 하루 시간표 그려 보기 (15분)

- 나의 하루 시간표를 그려 봅시다. 나에게 주어진 시간을 주로 어디에 쓰고 있는지, 어떤 일에 많은 에너지를 쏟고 있는지 이야기해 봅시다.

Tip _ 습관적으로 살고 있는 일상을 돌아보며, 어떻게 시간을 보내고 있는지 살펴보도록 한다. 특별히 많은 시간을 할애하는 일들을 어떤 마음가짐으로 대하고 있는지 이야기 나눔으로써, 자신의 삶을 점검하도록 한다.

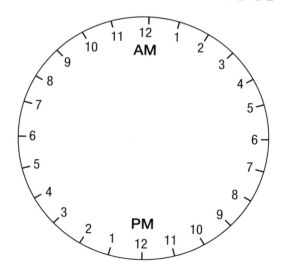

4-2 '일상에서 시작하다' 말씀 나눔

들어가며 (15분)

17세기 신학자 존 오웬은 이렇게 말했습니다. "거룩함은 천국에서 완성되는 것이지만, 그 시작은 이 땅에서 이뤄지는 것이다." 그의 말처럼, 그리스도인의 거룩한 삶은 우리가 살아가고 있는 이 땅의 삶에서부터 시작됩니다. 그리고 거룩한 삶이란 단순히 종교적 행위를 실천하는 것이 아니라 하나님께서 허락하신 매일의 삶을 하나님의 뜻대로 살아가는 것입니다. 이제 거룩한 삶을 향한 하나님의 뜻이 무엇인지 함께 알아볼까요?

Tip _ 시간이 허락된다면 '거룩' 또는 '하나님의 뜻'을 무엇이라고 생각하는지 이야기를 나누어 보도록 한다. 소그룹 원들이 가지고 있는 기존의 생각들을 먼저 나누고 성경 말씀 속으로 들어간다면, 학습자 스스로 개념을 비교하고 자신만의 신학을 정립해 나갈 수 있을 것이다.

말씀 속으로 (45분)

우리는 지금까지 모세를 부르시고, 그를 통하여 이스라엘 공동체를 새로운 삶으로 초청하시는 하나님의 역사를 살펴보았습니다. 이제 하나님께서는 하나님의 주권적인 역사 앞에서 이스라엘 백성이 삶으로 응답하길 원하십니다. 하나님의 놀라운 은혜로 새로운 삶의 길에 들어선 하나님의 백성이 하나님의 백성답게 살아갈 것을 결단하기 원하십니다. 이스라엘을 향한 하나님의 거룩하신 뜻은 무엇일까요? 함께 말씀 속으로 들어가 봅시다.

*출애굽기 19:1-6, 20:1-17절의 말씀을 함께 읽고 아래의 질문에 답해 보세요.

1) 오늘 말씀은 언제, 어디에서 시작하고 있나요? (19장 1, 2절)
언제 : 애굽 땅을 떠난 지 삼 개월 (1절)
어디에서 : 시내광야, 시내산 (1, 2절)

Tip _ 하나님께서는 이스라엘이 출애굽 한 직후, 또는 엄청난 기적을 경험한 직후에 하나님의 뜻을 보이지 않으셨다. 도리어 제법 광야 생활이 익숙해질 때쯤, 애굽을 떠난 지 삼 개월이 지난 후에 비로소 하나님의 뜻을 말씀하셨다. 하나님은 하나님의 백성이 감정적으로 흥분하거나 들뜬 상태에서 하나님의 백성으로 살 것을 결단하게 하신 것이 아니다.

하나님께서는 애굽을 떠난 지 3개월이 지난 후에야 하나님의 뜻을 보이십니다. 홍해를 가르고, 전쟁에서 승리하고, 반석에서 물이 나온 순간이 아니라 아무런 일도 일어나지 않는 것 같은 일상이 지속될 때 비로소 말씀하십니다. 왜 그런 것일까요?

생각해 보면 우리는 수련회나 예배 때 소위 '은혜를 받았다', '불을 받았다'라는 경험을 하고 하나님의 뜻대로 살겠노라 약속하지만, 일상으로 돌아왔을 때에는 그 결단대로 살지 못할 때가 허다합니다. 하나님께서는 우리에게 한 번의 결단이나 단발적인 순종을 원하시는 것이 아닙니다. 그분은 우리의 평생을 드리는 지속적인 순종을 기뻐하십니다. 그렇기 때문에 감정적으로 흥분한 때가 아닌 지극히 평범한 일상 속에서 가장 비범한 하나님의 뜻을 보이고자 하시는 것입니다.

2) 하나님께서 비로소 보이시는 하나님의 뜻은 무엇입니까? (19장 5-6절)

답 : "세계가 다 내게 속하였나니 너희가 내 말을 잘 듣고 내 언약을 지키면 너희는 모든 민족 중에서 내 소유가 되겠고 너희가 내게 대하여 제사장 나라가 되며 거룩한 백성이 되리라 너는 이 말을 이스라엘 자손에게 전할지니라."
하나님께서는 모든 세계 중에서 이스라엘을 택하셨고, 이스라엘과 함께 하나님의 말씀을 사이에 둔 언약을 맺고자 하신다. 하나님의 뜻은 이스라엘이 하나님의 소유, 제사장 나라, 거룩한 백성이 되는 것이다.

하나님께서는 이스라엘 백성이 거룩한 제사장 되기를 원하셨습니다. 제사장은 어떤 사람일까요? 제사장은 하나님께 드리는 예배를 담당하는 사람으로서, 하나님과의 친밀한 관계 안에서 거룩한 삶을 살아야 할 책임이 있는 사람입니다. 또한 하나님과 사람 사이의 관계가 화목할 수 있도록 중재하는 사람입니다. 하나님께 가까이 나아가고자 하는 이들이 회개하고 하나님의 임재를 경험하도록 돕는 자들이었지요. 따라서 제사장은 단순히 예식에 참여하는 것을 넘어 죄인과 공동체를 위해 눈물로 기도하며 하나님의 대리자로서 거룩한 삶을 살아야 했습니다. 그리고 제사장의 거룩한 삶은 누군가로 하여금 하나님에 대한 갈증과 열망을 일으키는 힘을 가져야 했습니다. 바로 이것이 제사장의 삶입니다.

그러나 훗날 이스라엘 민족은 이 말씀을 오해하기도 했습니다. 우리만 선택받았다는 선민사상으로 지나친 우월감을 가졌기 때문입니다. 그러나 이스라엘이 실패한 이 자리에서, 예수 그리스도는 제사장이 무엇인지 그의 삶으로 분명히 보여 주셨습니다. 히브리서 5장 7절을 보면, "그는 육체에 계실 때에 자기를 죽음에서 능히 구원하실 이에게 심한 통곡과 눈물로 간구와 소원을 올렸고 그의 경건하심으로 말미암아 들으심을 얻었느니라"라고 말하고 있습니다. 예수님은 우월함을 갖기 위해 거룩한 삶을 표방한 것이 아니라, 다른 이를 구원하고 회복하고자 하는 뜨거움으로 경건한 삶을 사셨습니다. 이 예수님의 모습이 진정한 제사장의 삶이라 할 수 있습니다.

3) 하나님께서는 이스라엘을 제사장 나라로 세우기 원하십니다. 그래서 그들에게 구체적인 지침을 주십니다. 오늘날 우리는 그것을 무엇이라고 부르나요? (20장 1-17절)

답 : 십계명

Tip _ 십계명은 하나님께서 하나님의 백성에게 문서화하여 주신 첫 번째 법이다. 십계명은 성경이 없던 때에 하나님의 모든 말씀을 요약하여 놓은 근원적인 지침으로써, 하나님 나라의 헌법과 같은 것이다. 십계명은 단순히 교회 안에서만 필요한 종교적인 지침이 아니다. 하나님과 바른 관계를 맺는 것으로부터 시작하여 우리가 속한 가정과 사회 속에서 살아가는 삶에 대한 가르침이 담겨 있다. 하나님께서는 교회와 세상에서 살아가는 법을 구분하지 않으셨다.

십계명을 요약하면 '하나님 사랑, 이웃 사랑'이라고 말합니다. 분명 맞는 말입니다. 그러나 하나님의 의도를 이해하지 못하고 '하나님 사랑, 이웃 사랑'을 바라보면 다분히 교회에서의 삶과 교회밖의 삶을 이분법적으로 구분할 위험이 있습니다. 또한 '이웃 사랑'을 나와 별개인 어떤 대상을 도와야 한다는 1차원적인 사고로 접근할 수도 있습니다. 그러나 나의 이웃은 결국 '내 삶 속에서 만나게 되는 모든 사람'입니다. 내 옆의 가족, 내 옆의 교회 친구, 내 옆의 직장 동료, 내 옆의 대학 동기, 내 옆에 살아가고 있는 누군가입니다.

결코 내가 속한 사회는 교회 안과 교회 밖으로만 구분될 수 없습니다. '나'라는 한 사람이 포함된 곳은 그 어디든 간에 하나님의 말씀대로 살아야 하는 순종의 자리가 되는 것입니다.

4) 출애굽기 20장 1절에서 17절 말씀을 세 번 읽으며 아래의 질문에 답해 봅시다.

① 소그룹 팀원과 함께 소리 내어 읽어 봅시다.

Tip _ 다시 한 번 십계명을 소리 내어 읽는다. 처음 성경공부를 시작하며 말씀을 읽을 때와 하나님의 뜻을 알게 된 후 말씀을 읽었을 때 어떤 점이 다르게 느껴졌는지 잠시 나누어도 좋다.

② 각자 눈으로 읽으며 하나님과의 관계에 대한 법과 우리 일상적인 삶에 대한 법을 구분하여 줄을 그어 봅시다.
답 : 1-4계명은 하나님과의 관계에 대한 법이고(3-11절), 5-10계명은 우리 삶에 대한 법이다(12-17절).

Tip 1 _ 보통 우리는 이것을 '하나님 사랑, 이웃 사랑'이라는 대주제로 구분한다. 그러나 본 성경공부에서 굳이 '하나님과의 관계에 대한 법', '우리 삶에 대한 법'이라고 언급하는 이유는 십계명에 담긴 하나님의 의도를 인식하면서 말씀을 대하기 위함이다.

제사장으로 살아가는 공동체와 한 사람에게 필요한 것은 먼저는 하나님과 친밀히 관계 맺는 것이고, 내가 속한 사회(교회를 포함한 모든 영역)에서 하나님의 말씀대로 '순종'하며 사는 것이다. 다시 말해, 하나님과의 친밀한 관계 안에서 나의 삶을 순종의 제사로 드리는 것이 바로 거룩한 삶이다.

Tip 2 _ 십계명의 핵심은 출애굽기 20장 1-2절이라고 말한다. 계명이 등장하기 전에 기록된 이 선언은 이스라엘을 구원하신 분이 바로 하나님이심을 말하고 있다. 모든 율법보다 선행하는 것은 "하나님의 구원"이다.

③ 오늘 나의 마음에 도전을 주고, 계속 생각나는 법을 두 가지 적어 봅시다(하나님과의 관계와 삶에 대한 법에서 한 가지씩).

Tip _ 특별한 답은 없다. 각자 마음에 와 닿은 말씀을 나누며 일상 속에서 거룩한 삶을 살아갈 수 있도록 결단하게 한다.

지금까지 우리는 [시작하다]를 통해 출애굽기 말씀을 살펴보았습니다. 하나님께서는 자신의 힘으로 살려다 실패한 모세를 부르셨고, 모세를 통해 애굽의 핍박 아래 신음하던 이스라엘 백성을 해방시켜 주셨습니다. 그리고 하나님의 은혜로 말미암아 여호와의 군대가 된 이스라엘 공동체가 하나님의 뜻에 합당하게 살기를 원하셨습니다. 그렇다면 이스라엘을 향한 하나님의 뜻은 무엇이었습니까? 바로 그들이 온 세계 열방 가운데 제사장 나라로 세워지는 것이었습니다.

제사장 나라가 된다는 것은 공동체(교회) 안에서만 거룩하고, 종교적 행위만 열심히 행하는 것을 의미하지 않습니다. 첫째는 우리 중심이 하나님과 친밀한 관계를 맺는 것이고, 둘째는 그 관계성을 토대로 하여 우리가 속한 모든 삶의 영역 속에서 하나님의 말씀대로 순종하며 살아가는 것을 말합니다. 그것이 거룩한 삶이요, 제사장다운 삶입니다.

하나님께서는 오늘 이 시간, 우리에게도 거룩한 삶을 요청하십니다. 우리에게 허락하신 매일의 삶에서 제사장 되어 살아가기 원하십니다. 당신은 하나님의 말씀에 순종하는 거룩한 일상을 시작할 준비가 되었나요?

5) 거룩한 삶으로 부름 받은 우리! 이제 우리 일상을 새롭게 시작할 때입니다. 교회 공동체뿐 아니라 모든 삶의 자리에서 하나님의 제사장으로 세워지기를 소망하며, 마음에 새긴 결단을 서로 나누어 봅시다.

Tip _ 보통 신입리더 훈련을 하게 되면, 교회 안에서의 충성만 강조하게 된다. 그래서 교회에선 열심을 다해 섬기지만, 막상 가족과의 관계는 깨지거나 삶의 밸런스를 잃어버린 경우를 본다. 지속적인 리더로서의 삶을 이어가기 위해서는 은혜로운 일상을 살도록 도와야 한다. 신입리더 훈련을 마무리하는 본 과에서는 인도자가 소그룹 원으로 하여금 거룩한 일상을 위한 구체적인 결단을 하게하고, 정기적으로 삶을 점검하도록 한다.

 오늘의 은혜

 소그룹 기도제목

4-3 고백의 노래 (15분)

- 함께 이 찬양을 마음으로 고백하고, 기도로 마칩니다.

신입리더(목자) 서약서

나 _____ 는(은) _____ 교회 공동체의 리더로서,

하나님과 공동체 앞에서 아래의 약속을 지키기로 서약합니다.

하나, 예수님께서 모든 일에 앞서 기도하셨듯이,
매일 아침을 말씀과 기도로 시작하겠습니다.

둘, 하나님과의 깊은 만남이 있는 예배자가 되어,
매일의 삶 속에서 하나님의 말씀에 순종하겠습니다.

셋, 담당 목회자와 리더의 권위를 인정하고,
결정된 사항이 나의 뜻과 다를지라도 순종하며 협력하겠습니다.

넷. 개인적으로 힘들고 어려운 일이 생겨도
도망치거나 회피하지 않고 공동체에 도움을 요청하겠습니다.

다섯. 소모임에서 나눈 내용은 누구에게도 발설하지 않고,
묵묵히 사랑의 마음으로 기도하겠습니다.

여섯, 리더 공동체의 신뢰를 지키기 위하여
약속 시간에 늦지 않고 연락 없이 빠지지 않겠습니다.

년   월   일

이름: (서명)

4W 소그룹 인도법

4W 소그룹 인도법은 인도자를 돕는 4가지 키워드를 중심으로 소그룹 운영팁을 제공하는 것입니다. 기존에 소개되어 온 4W 인도법을 참고하여, 로드앤로드 미니스트리의 인도법으로 수정하였습니다. 모쪼록 신입리더 분들에게 도움이 되기를 기도합니다!

Ⅰ. Welcome (환영)
1. 처음 시작할 때에는 서로 환영하고 안부를 묻도록 합니다.
2. 간단한 다과를 준비하여 함께 나눠 먹어도 좋습니다.
3. 환영 시간은 15분을 넘지 않도록 합니다.

Ⅱ. Worship (찬양)
1. 소그룹 모임 때 함께 찬양을 부르는 것은 경건한 분위기를 형성하는 데 도움을 줍니다.
2. 함께 찬양할 곡을 미리 정하여 악보를 준비해 가도록 합니다.
3. 찬양 중에 모임을 의탁하는 기도를 하고, 성령님께서 모두의 마음을 만지시길 기도합니다.

Ⅲ. Word (말씀)
1. 성경공부를 시작할 때에는 본문 말씀을 찾아 꼭 읽도록 합니다.
2. 인도자는 리더모임에서 배운 내용을 잘 정리해 두고, 중심 흐름을 놓치지 않도록 합니다.
3. 성경공부 중에 이뤄지는 나눔이 말씀에서 벗어날 경우, 인도자는 화제를 전환하여 다시 말씀에 관한 내용으로 돌아오도록 합니다.

Ⅳ. With (교제)
1. 성경공부를 마친 후에는 삶에서 실천할 수 있는 결단을 나누도록 합니다.
2. 서로의 기도제목을 나누고, 함께 기도합니다.
3. 생일 또는 축하할 일이 있다면 함께 축복하는 시간을 갖도록 합니다.

하나님께서 언제나 당신과 함께하시길 기도합니다!
하나님이 기뻐하시고, 사람을 살리는 소그룹을 경험하기를 축복합니다!

시작하다 메모리

언제	누구와

시작하다를 통해 만났던 이들의 이름과 함께 했던 때를 적어보세요. :-)

언제	누구와

✦ 들어가는 말

성경은
그리스도인에게
가장 중요한 책입니다.

그러나 오늘날 성경을 읽는 것은
희귀한 일이 되어가고 있습니다.

살아 있는 책으로서의 성경은
점차 잊혀지고
사장되어가는 성경을 보노라면
가슴이 아프고 두렵기마저 합니다.

[성경이다]는
다시 성경을 읽고자 하는 이들을
돕고 싶어 만든 책입니다.

성경을 읽고 이해하는 데 필요한
가장 기초적인 이야기들
그리고 성경 전부의 핵심이 되는 이야기들을
4개의 과에 농축하여 담아냈습니다.

특별히 구약성경의 첫 번째 책과 마지막 책,
신약성경의 첫 번째 책과 마지막 책을
이야기를 풀어가는 정류소로 삼았습니다.

준비기간만 3년이 걸린 고뇌와 눈물의 책입니다.
부족하지만 성경을 사랑하는 모든 분에게
꼭 도움이 되길 바랍니다.

성 경 이 다

로드앤로드 미니스트리 성경공부 ③

E코드 Enter the Bible 편

첫 번째 음

성경이다: 신앙의 시작

"태초에 하나님이
천지를 창조하시니라"

창세기 1:1

♪첫 번째 음 성경이다: 신앙의 시작

본과의 목적: 기독교 신앙의 시작인 창조주 하나님을 알기
(Key word - 시작, 창조주)

1-1 오프닝 토크 (15분)

[성경이다]의 첫 번째 시간입니다. 첫 모임을 시작하며 '성경'에 대하여 정의를 내려 보면 어떨까요? 여러분에게 성경은 어떤 책인가요?

"성경은 OOO이다."

Tip 1 _ 자연스럽게 서로의 생각을 나누도록 한다. '성경이다'를 시작하며, 성경에 대해 가지고 있는 생각을 확인하고 나누는 시간이다. 성경은 무엇이라는 정답을 제시해주기보다 각자가 가지고 있는 생각을 이야기해 보고, 본과가 끝날 때 성경이란 무엇인지 다시 나누어볼 수 있도록 한다.

Tip 2 _ 다음 순서로 넘어갈 때에는 "성경에 대한 여러분의 생각을 이야기 해주셔서 감사합니다. 이제는 본격적으로 오늘의 주제 속으로 들어가 볼까요?"라고 연결 멘트를 해주어도 좋다.

1-2 '성경이다: 신앙의 시작' 말씀 나눔

들어가며 (15분)

영국 옥스퍼드대학교 교수였던 리처드 도킨스(Clinton Richard Dawkins)는『도킨스의 신』,『이기적 유전자』,『만들어진 신』,『눈먼 시계공』등의 책을 저술하면서 '신'의 존재를 부정하고 또 신을 비이성적인 것, '망상'이라고까지 이야기하였습니다. 그에 영향을 받은 무신론자들은 그 책들을 탐독하며 '창조' 역시 비논리적이고, 비이성적인 것이라고 말하기 시작했죠. 그러나 이러한 시각에 대해 반론을 제기한 사람이 있었습니다. 바로 옥스퍼드대학교 교수였던 알리스터 맥그라스(Alister McGrath)였습니다. 그는『도킨스의 망상』이라는 책을 통해서 도킨스가 가지고 있는 생각은 과학이론을 설명하는 '가설'일 뿐이며, 모든 것의 시작은 신의 '창조'로밖에 설명되지 않는다고 반박했습니다. 아무것도 없는 곳에서 무언가, 우연히 시작되었다고 말하는 가설이야말로 이성과는 거리가 먼 '망상'일 뿐이라고 말이지요.

오늘날에도 창조에 관한 논쟁은 여전히 치열하게 이루어지고 있습니다. 여러분이 만약 이러한 논쟁에 참여하게 된다면 어떤 이야기를 하고 싶은가요? 여러분의 생각을 함께 나누어 보세요.

Tip 1 _ 나눔을 하다가 참여자 간에 논쟁을 하지 않도록 인도자의 진행이 필요하다. 위의 질문은 도입에 해당하는 부분이므로 너무 긴 나눔이 되지 않도록 주의한다.

Tip 2 _ 나눔을 마친 후에는, "성경에서는 창조에 대해 어떻게 말하는지 살펴볼까요?"라고 말하며, 자연스럽게 다음 순서로 넘어가도록 한다.

말씀 속으로 (45분)

성경에는 다양한 주제가 담겨 있고, 그 세계는 방대합니다. 그중에서 성경의 맨 앞에 등장하는 것은 하나님께서 천지를 '창조'하셨다는 말씀입니다(창 1:1). 성경은 이 세상이 어느 날 우연히 생겨난 것이 아니라고 말합니다. 하나님께서 계획을 가지고 온 세상과 만물을 창조하셨고, 특별히 하나님께서 당신의 형상을 닮은 사람을 창조하셨다고 말합니다. 이 시간 성경 안에 담겨 있는 하나님의 창조 이야기를 더 깊이 만나러 가볼까요?

* 창세기 1:1-31의 말씀을 함께 읽고 아래의 질문에 답해 보세요.

1) 창세기 1장 1절의 말씀을 찾아 아래에 적어 봅시다.

답 : "태초에 하나님이 천지를 창조하시니라"(창 1:1).

Tip _ 성경에서 말하는 창조는 '아무것도 없는 것'(무)에서 무언가가 '존재하는 것'(유)으로의 '창조'(creatio ex nihilo)를 의미한다.

창세기 1장 1절에 기록된 것처럼 하나님께서 온 세상과 모든 만물을 창조하셨습니다. 하나님의 계획을 따라, 그리고 모든 것에 존재의 이유와 목적을 담아 이 세상을 만드셨습니다. 하나님께서는 창조하신 세상을 보시며 "보시기에 좋았더라"라고 말씀하셨습니다(창 1:4, 10, 12, 18, 21, 25, 31). 그러므로 세상은 결코 우연히, 어쩌다 보니 생겨난 것이 아닙니다. 우리는 우주의 웅장하고도 치밀한 질서를 보면서, 작게는 들에 핀 꽃 한 송이의 정교함을 보면서 이 모든 것을 창조하신 거룩한 분의 존재를 인정할 수밖에 없습니다(롬 1:20). 성경은 첫 장의 첫 구절에서 분명히 말합니다. 이 세상을 하나님께서 창조하셨다고 말입니다.

2) 창세기 1장 26절에 따르면, 하나님께서 가장 마지막에 창조한 것은 무엇인가요? 또 하나님께서는 마지막 피조물에게 어떤 권한을 주셨나요?
답 : 사람 / 지으신 모든 것을 다스릴 수 있는 권세를 주셨음.

"하나님이 이르시되 우리의 형상을 따라 우리의 모양대로 우리가 사람을 만들고 그들로 바다의 물고기와 하늘의 새와 가축과 온 땅과 땅에 기는 모든 것을 다스리게 하자 하시고"(창 1:26).

Tip 1 _ 하나님께서는 앞에서 설명한 것처럼 무에서 유를 창조하셨다. 하늘과 땅, 바다와 동물, 식물, 천체의 모든 것을 창조하시고 마지막으로 '우리의 형상', 곧 '하나님의 형상'을 따라서 사람을 만드셨다. 여기에서 '하나님의 형상'은 하나님을 닮은 성품 또는 사람 안에 담겨진 하나님의 모상을 의미한다. 창세기 1장 31절에서 하나님께서는 만물을 창조하신 후에 "보시기에 '심히' 좋았다"라고 말씀하셨다.

Tip 2 _ 창세기 2장 7절을 보면, 하나님께서 사람에게 '생기'를 불어 넣으시고, '생령'이 되게 하셨다. 여기서 '생기'는 '생명의 영'이신 성령을 의미한다. 따라서 '생령'은 성령을 통하여 살아 있는 존재가 되었음을 말한다.

Tip 3 _ 사람은 하나님이 지으신 모든 세상을 다스릴 권한을 받았다. 사람은 하나님께서 위임하신 청지기로서, 이 세상 속에서 하나님의 통치를 나타낼 대리자로 부름 받은 것이다. 하나님께서 사람에게 맡기신 사명은 '생육하라, 번성하라, 충만하라, 정복하라, 다스리라'는 다섯 개의 동사로 나타난다. 이것은 다섯째 날 생물들을 창조하시면서, 생육(22절), 번성(20-22절), 충만(22절)을 명령하신 것에 '정복', '다스림'이라는 2가지 명령이 추가된 것이다. 하나님께서 사람으로 하여금 땅을 정복하고 모든 생물을 다스릴 수 있게 하신 것은 창조물을 마음대로 취급하고 억압하게 하려는 것이 아니다. 오히려 하나님이 지으신 창조 질서대로 이 세상을 관리하고 돌보라는 사명의 말씀이다.

하나님께서는 닷새 동안 빛과 어둠, 하늘과 땅, 바다와 강, 천체와 동물, 식물을 창조하셨습니다. 그리고 마지막 여섯 째 날에 하나님의 형상대로 사람을 창조하셨습니다. 하나님께서는 사람을 특별하게 여기셨고, 그에게 하나님이 창조하신 세상을 다스릴 권한을 주셨습니다.

그런데 여기에서 하나님께서 '다스림'의 권한을 주셨다는 것은 사람이 다른 피조물 위에 군림하고 착취해도 좋다는 의미가 아니었습니다. 사람은 하나님의 대리자(청지기)이며, 하나님의 질서를 따라 세상을 돌볼 책임을 부여 받은 존재라는 것을 의미합니다.

또한 '다스림'의 권한을 주셨다는 것은 하나님께서 사람에게 자격뿐 아니라, 하나님을 대신하여 세상을 돌볼 수 있는 '능력' 또한 주셨음을 의미합니다. 마지막으로 '다스림'의 권한을 주셨다는 것은 인간이 갖게 된 모든 권한이 본래 하나님의 것이라는 의미이며, 나아가 온 세상의 진정한 주인이 하나님이라는 것을 다시 한 번 말해 줍니다.

결국 성경이 말하는 창조의 이야기는 하나님께서 창조주이심을 가르쳐 줍니다. 그리고 사람은 그분이 지으신 피조물이며 그분께 위임 받은 청지기임을 알 수 있습니다. 성경은 이 세상이 어떻게 창조되었는지 상세한 설명을 하는 대신에, 하나님과 우리의 위치가 본질적으로 다르다는 것에 방점을 두고 있습니다.

3) 그렇다면 성경이라는 책의 '맨 앞'에 창조의 말씀, 하나님과 우리의 위치에 대하여 기록한 이유는 무엇일까요?

답 : 자유로운 생각을 나누어보게 한다.

Tip 1 _ 참여자들이 나눈 후에 인도자가 Tip 2의 내용을 참고하여 설명해 주고, 그 다음에 가이드북과 워크북에 실린 아래의 설명글을 읽도록 한다.

Tip 2 _ 창조에 관한 말씀은 앞서 말한 것처럼 하나님이 창조주이시며, 우리는 그의 지은 바 된 소유임을 보여 준다. 신앙은 결코 하나님과 나를 동등한 위치에 두고 시작할 수 없다. 우리는 하나님과 내가 본질적으로 다른 존재임을 인정함으로써, 전지전능하신 하나님에 대한 경외와 믿음으로 나아간다. 만약 하나님께서 창조주이심을 받아들일 수 없다면 인간의 죄에 대해서도(심판의 하나님), 하나님의 구원에 대해서도(구원주 하나님), 하나님의 나라와 섭리(통치자 하나님)에 대해서도 받아들일 수 없다. 그러므로 하나님께서 창조주이심을 믿는 것은 기독교 신앙의 첫 관문일 수밖에 없다. 바로 이러한 이유로 성경은 시작점에 창조의 말씀을 기록하고 있다.

성경의 첫 장, 첫 구절에서 '하나님의 창조'를 선언하는 이유는 온 세상과 모든 생명의 근원이 '하나님'께 있다는 것을 가르쳐주기 위해서입니다(골 1:16; 요 1:3). 다시 말해 하나님께서는 창조주이시고 우리는 그분이 지으신 피조물임을 말해주는 것이지요. 이를 통해 성경은 하나님과 우리가 본질적으로 다른 존재임을 분명히 말해주고 있습니다.

사실 신앙은 하나님과 내가 전혀 다른 존재라는 것, 바로 거기에서부터 시작됩니다. 하나님께서 나와 본질적으로 다른 분이라는 전제 없이 우리는 하나님을 경외할 수도, 믿을 수도 없기 때문입니다. 그저 내 수준에서 파악되고 나와 별다를 바 없는 존재를 믿고 따를 사람은 아무도 없으니까요. 하나님께서 창조주이심을 알고 믿게 된 사람만이 하나님께서 심판주요 구원자이시며, 통치자라는 것 또한 믿을 수 있습니다.

그런 의미에서 창세기 1장 1절은 신앙의 세계로 들어가게 하는 첫 번째 열쇠이며(enter the Bible) 삼위일체 하나님을 믿는 기독교 신앙의 출발점이 됩니다. 사도신경에서도 "나는 전능하신 아버지 하나님, 천지의 창조주를 믿습니다"라는 첫 문장으로 신앙을 고백하는 것은 결코 우연이 아니겠지요.

4) 하나님께서 창조주이심을 믿는 것이 기독교 신앙의 시작입니다. 그리고 성경은 바로 이 신앙의 길로 우리를 인도해 줍니다. 오늘 말씀을 기억하며 성경에 대한 정의를 다시 내려 볼까요?

"성경은 OOO이다."

Tip _ 정답은 없다. 자유로운 생각을 나누어보게 한다. 도입활동에서 진행했던 정의내리기를 다시 해 보면서 배운 내용들을 정리할 수 있도록 한다.

5) 성경은 신앙을 시작하는 사람에게 매우 소중한 책입니다. 이 시간 성경을 선물해주고 싶은 사람을 떠올려 보세요. 오늘 배운 내용을 편지에 적어서 성경을 선물해보면 어떨까요?

Tip _ 성경을 선물해주고 싶은 사람에 대해서 나누어 보도록 한다. 그리고 한 주 동안 성경책을 구입하여 선물할 수 있도록 독려한다. 재정이 부담될 경우 단권으로 이루어진 성경책 또는 쉬운 성경이나 메시지 성경 등을 선물하도록 안내한다. 성경을 선물하며 전도할 수 있는 기회로 삼을 수 있다. 또는 대한성서공회의 "선교지 성경보내기" 운동에 참여해도 좋다.

 오늘의 은혜

 소그룹 기도제목

1-3 고백의 노래 (15분)

- 함께 이 찬양을 마음으로 고백하고, 기도로 마칩니다.

미니특강 #1: 성경개관

성경은 다양한 지역에 거주하는 40여 명의 저자들이 자신의 언어(히브리어, 헬라어, 아람어 등)로 기록하였다. 그래서 성경은 100% 사람의 책이다. 그러나 성경은 100% 하나님의 책이기도 한데, 그 이유는 하나님의 영이신 "성령의 감동"으로 되었기 때문이다(딤후 3:16). 따라서 총 66권(구약성경 39권, 신약성경 27권)으로 이루어진 성경은 약 2,930명의 인물과 1,550여 개의 지명이 등장하고, 1,600여 년에 걸쳐서 기록되었음에도 불구하고 하나의 통일된 주제를 담고 있다.

성경이 말하는 하나의 커다란 주제는 '하나님의 나라'이다. 그리고 하나님의 나라라는 주제를 관통하는 한 인물이 등장하는데 바로 '예수 그리스도'이다. 성경은 '예수 그리스도를 통하여 도래했고 완성되는(already, but not yet) 하나님 나라'라는 중심 주제를 일관되게 말하고 있다.

구약성경부터 신약성경까지 순서대로 나타나는 소주제를 열거하면 하나님의 창조, 인간의 타락, 하나님의 주권적인 구원 계획, 하나님의 백성으로 대표되는 이스라엘의 처절한 실패, 메시아를 통한 구원의 약속, 성육신 하신 하나님, 예수 그리스도의 십자가와 죽음, 부활과 성취, 최후의 심판과 재림, 하나님 나라의 완성으로 요약할 수 있다. 이 모든 사건과 역사 속의 주인공은 하나님이며, 하나님은 그분의 대계 속에 하나님의 사람들을 초청해 주셨다.

미니특강 #2: 성경구조

구약 (39) : 옛언약, 약속	- 율법서 (=모세오경)	⇒ 창세기, 출애굽기, 레위기, 민수기, 신명기 / 총 5권
	- 역사서	⇒ 여호수아, 사사기, 룻기, 사무엘상하, 열왕기상하, 역대상하, 에스라, 느헤미야, 에스더 / 총 12권
	- 시가서 (=성문서)	⇒ 욥기, 시편, 잠언, 전도서, 아가서 / 총 5권

	- 예언서
	(=선지서)
		⇒ 대예언서: 이사야, 예레미야, 예레미야애가,
		  에스겔, 다니엘
		  소예언서: 호세아, 요엘, 아모스, 오바댜,
		  요나, 미가, 나훔, 하박국, 스바냐,
		  학개, 스가랴, 말라기 / 총 17권

신약 (27) : 새언약, 성취	- 4복음서	⇒ 마태, 마가, 누가, 요한 / 총 4권
	- 역사서	⇒ 사도행전 / 총 1권

	- 서신서	⇒ 바울서신: 로마서, 고린도전후서, 갈라디아서,
		  에베소서, 빌립보서, 골로새서, 데살로니가
		  전후서, 디모데전후서, 디도서, 빌레몬서 /
		  총 13권
		⇒ 히브리서 / 총 1권
		⇒ 공동서신: 야고보서, 베드로전후서, 요한
		  1,2,3서, 유다서 / 총 7권

	- 예언서	⇒ 요한 계시록 / 총 1권

두 번째 음

성경이다: 죄인과 하나님

"여호와께서 이르시되
내가 너희를 사랑하였노라 하나
너희는 이르기를
주께서 어떻게 우리를 사랑하셨나이까
하는도다 ... "

말라기 1:2

♪두 번째 음 성경이다: 죄인과 하나님

본과의 목적: 성경 속 죄인의 모습과 하나님의 사랑을 깨닫기
(Key word - 죄, 관계, 사랑)

2-1 오프닝 토크 (15분)

[성경이다]의 두 번째 시간입니다. 모임을 시작하며 오늘의 주제인 '죄'(sin)에 대하여 정의를 내려 봅시다.

"죄는 OOO이다."

Tip _ 정답을 제시하기보다 서로의 생각을 나누도록 한다. 그리고 왜 그렇게 생각하는지 이야기해보도록 한다.

2-2 '성경이다: 죄인과 하나님'을 위한 말씀 나눔

들어가며(15분)

우리는 지난 시간에 사람이 하나님의 계획을 따라 창조되었음을 살펴보았습니다. 그리고 하나님께서 사람을 특별히 사랑하시어 창조하신 세상을 다스리도록 하신 것도 배웠습니다. 그러나 사람은 얼마 지나지 않아 하나님의 사랑과 부르심을 거절하고, 하나님과의 소중한 관계를 깨어 버렸습니다. 성경은 이러한 사람의 상태를 일컬어 "죄"라고 말합니다.

죄는 헬라어의 세 가지 단어로 설명할 수 있습니다. 가장 먼저 '하마르티아'라는 단어입니다. 이 단어는 '표적에서 어긋난다'라는 뜻으로 과녁에서 벗어난 상태, 곧 하나님의 뜻에서 어긋나 있는 상태를 의미합니다. 두 번째 단어는 '아노미아'입니다. 이 단어는 '불법'을 의미하는 단어로, 하나님의 법을 어긴 상태를 말합니다. 마지막으로 세 번째 단어는 '파라바시스'입니다. 이 단어는 '경계를 넘어갔다'라는 의미로, 창조주 하나님께서 설정한 경계를 피조물인 인간이 넘어간 상태를 의미합니다. 종합해 보면 죄는 사람이 하나님의 뜻에 불순종하고 하나님의 자리로 넘어간 불법의 상태를 의미합니다.

이제 여러분이 처음 생각했던 죄의 개념과 이 글을 통해 알게 된 죄의 개념이 어떻게 다른지 함께 나누어 봅시다.

말씀 속으로 (45분)

구약성경의 첫 번째 책인 창세기에는 하나님이 창조하신 이후, 하나님의 명령에 불순종함으로 죄를 짓게 된 아담과 하와의 이야기가 기록되어 있습니다. 아담과 하와로부터 시작된 죄란, 그들이 하나님의 뜻에 불순종하고 하나님처럼 되려고 한 데 있었습니다. 사람이 하나님의 자리를 탐한 것이 화근이었습니다. 죄는 사람과 하나님의 관계를 깨어 버렸습니다. 그리고 이 죄의 문제는 아담과 하와에게서 끝나지 않고 모든 사람에게 영향을 미쳤습니다(롬 3:10, 23; 5:19). 그런 의미에서 구약성경은 오랜 시간, 수많은 사람이 하나님께 범죄했던 역사를 서술해 놓은 책이라 해도 과언이 아닙니다. 구약성경의 마지막 책인 말라기에서도 여전히 인간은 하나님의 마음을 아프게 할 뿐이었습니다.

* 말라기 1:1-2절, 2:17-3:1절 말씀을 함께 읽고 아래의 질문에 답해 보세요.

1) 말라기는 죄로 인해 하나님과의 관계가 깨어진 사람들을 향한 경고의 말씀으로 시작됩니다(1:1). 하나님께서 가장 먼저 언급하시는 죄의 결과는 무엇인가요?(1:2 상반절)

답 : 하나님의 사랑을 받고도 깨닫지 못함 (영적 무지, 둔감함)

"여호와께서 이르시되 내가 너희를 사랑하였노라 하나 너희는 이르기를 주께서 어떻게 우리를 사랑하셨나이까 하는도다"(1:2).

Tip 1 _ 구약성경에는 사람의 죄에도 불구하고, 지속적으로 은혜를 베풀고 회개로 이끄는 하나님의 이야기가 기록되어 있다. 하나님은 노아, 아브라함, 이삭, 야곱, 요셉, 모세, 여호수아, 사무엘, 다윗, 이사야, 예레미야 등 하나님의 사람을 세우셔서 끊임없이 하나님의 사랑에 대해 말씀하시고, 실제로 하나님의 백성들이 그 사랑을 경험하게 하셨다. 그러나 사람들은 하나님의 사랑을 깨닫지 못했다(사 1:3; 6:9; 40:21, 28; 42:16). 구약의 마지막 책인 말라기는 구약성경 곳곳에 수없이 기록된 이 죄의 결과를 종합하고 요약하여 기록하고 있다.

Tip 2 _ 하나님께서는 하나님을 믿는 사람에게 언제나 신실하셨다. 그러나 사람은 하나님의 언약을 성실하게 이행하지 못했다. 또한 하나님의 약속을 쉽게 잊어버렸다. 사람들이 하나님과의 약속을 잊은 시점부터 사람에게는 의심과 교만이 생겨났고, 점점 자기중심적인 생각으로 변하여 도리어 하나님을 원망하게 되었다. 말라기 1:2에서 '어떻게 하나님께서 우리를 사랑하셨냐'라는 인간의 응답은 자신의 상태는 바라보지 못하고 하나님의 탓만 하는 인간의 무지와 이기심을 보여 준다.

Tip 3 _ 성경에는 하나님의 약속을 잊고 살아가는 이스라엘 백성에 대한 이야기가 많이 나온다. 그들은 하나님을 의심하고 원망했다. 출애굽기 32장 1절을 보면, 백성들은 모세가 시내 산에서 내려옴이 더딤을 보고 우상을 만들어 하나님을 거역하였다. 이는 하나님의 존재를 의심했기에 생겨난 일이었고, 자신을 스스로 위하려는 교만이었다. 또한 사사기 21장 25절에 기록된 말씀을 보면, '이스라엘에 왕이 없으므로 사람이 각기 자기의 소견에 옳은 대로 행하였더라'라고 표현되었다. 하지만 진정으로 이스라엘에 왕이 없었을까? 이스라엘의 왕은 '하나님'이셨다. 그들이 하나님의 약속을 잊고 살았기 때문에 왕이 없다고 원망하였으며, 각자가 자기의 소견대로(삿17:6; 21:25)하고 싶은 대로 살아갔다. 결국 사무엘상 8장에서는 하나님을 대신할 눈에 보이는 왕을 요구하게 된다. 하나님께서는 사무엘상 8장 7절에 '나를 버려 자기들의 왕이 되지 못하게 함이니라'라고 말씀하시며 안타까워하셨다.

관계의 단절은 소통의 문제를 가져옵니다. 마찬가지로 죄로 인해 하나님과의 관계가 깨어지면, 하나님과 사람 사이에도 소통의 문제가 생기게 됩니다. 오늘 말씀에서 하나님께서 언급하시는 첫 번째 죄의 결과도 바로 '불통'입니다. 하나님께서는 분명 말씀하십니다. "나는 너희를 사랑하였노라" 그러나 사람은 답합니다. "주께서 어떻게 우리를 사랑하셨습니까?"

하나님과 사람 사이의 불통은 쌍방 간의 잘못으로 인한 것이 아닙니다. 하나님은 진실로 사람을 사랑하셨습니다. 언제나 신실하셨습니다. 창조의 순간부터, 사람이 죄를 짓고 반복적으로 하나님을 대적할지라도 하나님은 먹이셨고, 입히셨고, 인도하셨습니다. 또한 하나님은 아브라함을 부르시고 이스라엘과 언약을 맺으심으로 모든 믿는 자를 구원할 계획을 보이기도 하셨습니다. 하나님은 사람이 죄를 지어도 선지자를 보내셔서 회개하라는 말씀하기를 멈추지 않으셨고, 끊임없이 다양한 방법을 통해 하나님의 사랑을 드러내셨습니다.

그러나 사람은 도무지 하나님의 사랑을 깨닫지 못했습니다! 엄밀히 말하면 사람은 끝까지 그 사랑을 거절하고 모른 척 했습니다. 절절한 하나님의 사랑 앞에서 눈을 감고 귀를 닫았습니다(사 43:8). 왜 그렇습니까? 하나님의 사랑보다 내가 주인 되어 사는 삶이 더 좋았기 때문입니다. 이 세상의 창조주이시며 주인이신 하나님의 통치를 받는 것보다, 내가 하나님이 되어 내 맘대로 살고 싶었기 때문입니다. 그래서 사람은 '선택한 불통' 속에서 살아가게 되었습니다. 자초한 소외감 속에서 하나님을 향한 의심과 원망을 갖게 되었습니다. 이것이 바로 죄의 결과입니다.

2) 불통으로 인하여 하나님의 사랑이 메마른 사람들은 하나님과의 인격적인 관계를 잃어버렸고(1:1-2:9), 스스로 인생의 주인이 되어 서슴없이 악을 행하며 거짓된 삶을 살게 되었습니다(2:10-16). 죄가 만연한 모습을 보고 하나님께서 뭐라고 말씀하셨나요?(2:17 상반절)

답 : "너희가 말로 여호와를 괴롭게 하고도 이르기를 우리가 어떻게 여호와를 괴롭혀 드렸나이까 하는도다"(2:17).

\- 사람들이 하나님을 괴롭게 했다고 하심. 심지어 사람들이 그 사실을 뻔뻔하게 부인했다고 말씀하심.

Tip _ '괴롭게 하고도'에 해당하는 히브리어 원형은 '야가으'라는 단어인데 본래 노동으로 말미암은 고통이나 노동에서 오는 피로를 나타내는 표현이다. 본문에서는 사역 능동형(히필형)으로 사용되어 하나님의 백성들이 하나님의 진노를 유발하는 행위를 적극적이고 지속적으로 행해 왔음을 암시한다(옥스퍼드 원어성경대전 참고).

사람의 죄로 인해 하나님은 '괴롭다'라고 말씀하셨습니다. 하나님께서 너무나 사랑하는 존재가 하나님과의 인격적인 관계를 거절하고, 형식적인 예배를 드리며 겉으로만 하나님을 믿는 척 하는 이중적인 모습을 보이는 것이 하나님께는 정말 고통스러운 일이었습니다. 또한 그들의 삶 속에서 고의적으로, 지속적으로 거짓을 말하고 스스럼없이 악을 행하면서 하나님께 언제 우리가 그랬냐는 듯 묻는 뻔뻔함은 하나님을 무시하고 없이 여기는 행동이었습니다. 이제는 하나님께서 죄인을 향한 사랑을 거두신다 해도, 그 누구도 만류하지 못할 것 같습니다. 그러나 하나님은 다른 선택을 하십니다. 그 선택은 무엇일까요?

3) 하나님께서는 구제불능인 사람들에게 약속의 말씀을 주십니다. 그 약속은 무엇인가요?(3:1)
답 : "만군의 여호와가 이르노라 보라 내가 내 사자를 보내리니 그가 내 앞에서 길을 준비할 것이요 또 너희가 구하는 바 주가 갑자기 그의 성전에 임하시리니 곧 너희가 사모하는 바 언약의 사자가 임하실 것이라"(3:1).

- 하나님께서 내 사자(길을 준비하는 자, 세례 요한)를 보내시고, 너희가 사모하는 언약의 사자(예수 그리스도)를 보내신다 약속하셨다. 하나님은 죄인들을 포기하지 않으시고 메시아를 보내셔서 구원의 길을 주신다고 약속하셨다.

Tip _ 구약성경을 보면 죄를 지은 사람들의 패턴은 반복되어 나타난다(범죄-> 하나님의 징계-> 회개-> 구원-> 망각-> 재범죄). 하나님께서는 이런 죄의 패턴을 아시면서도 사람들을 포기하지 않는다. 하나님께서는 선지자들을 보내셔서 죄인들을 향해 수없이 "돌아오라"라고 말씀하셨다. 결국 돌아오지 않는 이들을 구원하시려 하나 뿐인 아들 예수 그리스도를 보내 주셨다. 죄인이 하나님께 돌아오지 않으니, 하나님께서 그들의 자리로 내려가신 것이다(마 21:33-46). 이처럼 끝까지 구원의 길을 열어 주시는 것이 바로 하나님의 변치 않는 신실하신 사랑이다.

그러나 마지막 때에는 하나님의 분명한 심판이 있고, 죄인은 영원한 지옥의 형벌을 받게 된다. 하나님께서는 그 마지막 심판이 이르기 전에 모든 죄인이 회개하고 돌아오기를 기다리신다(딤전 2:4).

하나님께서 주신 약속의 말씀은 하나님의 사자와 언약의 사자를 보내주신다는 것이었습니다. 하나님의 사자는 예수님의 길을 예비했던 세례 요한을 의미하고, 언약의 사자는 예수 그리스도를 의미합니다. 이 말씀은 하나님께서 구제불능인 죄인들을 포기하지 않으시고 그들을 죄에서 구원할 수 있는 유일한 분, 예수 그리스도를 보내주신다는 약속이었습니다.

예수 그리스도는 누구입니까? 예수 그리스도는 하나님의 독생자이며 하나님과 동등한 분입니다. 그분은 창조의 때에 계셨던 말씀이셨고 지혜 자체입니다(잠 8:1; 요 1:1; 골 1:15-18). 무엇보다 예수님은 자기 백성을 죄에서 구원할 메시아, 곧 그리스도입니다. 말라기 3:1에서 하나님께서는 바로 이 예수 그리스도를 자격 없는 죄인들을 구원하기 위해 보내신다고 약속하시는 것입니다.

사실 하나님의 결정이 도무지 세상의 상식으로는 이해되지 않습니다. 하나님께서 배은망덕한 죄인들에게 이렇게까지 하시는 이유가 무엇일까요?

말라기뿐 아니라 구약성경 속 선지자들이 목이 터져라 외쳐도 회개치 않던 죄인들에게 왜 다시 구원의 기회를 준다고 말씀하시는 것일까요? 우리에게는 온통 의문투성이입니다. 그러나 하나님께서는 그 의문에 대해 '예수 그리스도'로 답하셨습니다. 로마서 5장 8절은 이야기합니다. "우리가 아직 죄인 되었을 때에 그리스도께서 우리를 위하여 죽으심으로 하나님께서 우리에 대한 자기의 사랑을 확증하셨느니라." 하나님께서는 예수 그리스도를 이 땅 가운데 보내심으로 이스라엘을 넘어 모든 죄인을 향한 하나님의 포기하지 않는 사랑, 변치 않는 사랑, 조건 없는 사랑을 보여 주셨습니다(요 3:16; 롬 5:1; 8:32). 하나님은 "언제 우리를 사랑하셨냐"라며 되묻던 구제불능의 죄인들마저도 끝까지 사랑하기로 결정하신 것입니다.

4) 성경에는 죄인의 모습도 기록되어 있지만, 그보다 강력한 하나님의 사랑이 기록되어 있습니다. 하나님의 사랑은 죄인들이 마음껏 죄를 짓도록 허락해 주는 면죄부가 아니라, 죄인을 구원하는 하나님의 방법입니다. 이 시간 여러분이 경험했던 죄 사함의 은혜와 하나님의 사랑에 대해 나누어 보세요.

Tip 1 _ 각자가 경험했던 하나님의 사랑을 이야기함으로써 자신이 용서받을 수 없었던 죄인인 것과 하나님께 갚을 수 없는 사랑을 이미 받았음을 깨닫도록 한다. 민감한 내용을 나눈 경우에는 반드시 비밀을 지키도록 주의를 주어야 한다.

Tip 2 _ 나눔을 마친 후에 아래의 글을 함께 읽고 마무리하도록 한다.

우리는 모두 자격 없는 죄인이지만 하나님의 다함 없는 사랑을 받은 사람들입니다. '다시'의 은혜를 얻은 사람들입니다. 그런데 자꾸 이 사실을 잊곤 하지요. 성경은 우리에게 그 사실을 날마다 기억나게 해줍니다. 다른 이를 탓하기 전에 내가 죄인이라는 것, 그리고 하나님께서 이런 나를 사랑하셔서 새로운 삶의 기회를 주셨다는 것을 말이지요. 우리는 모두 '사랑받은 죄인'입니다.

 오늘의 은혜

 소그룹 기도제목

2-3 고백의 노래 (15분)

- 함께 이 찬양을 마음으로 고백하고, 기도로 마칩니다.

미니특강 #3: 구약 시대별 구분과 흐름

구약 시대적 구분	- 원 역사	⇒ [창세기 전반부] 창조 ▶ 타락 ▶ 심판(홍수) 분산(바벨탑)
	- 족장시대 (B.C. 2000년경)	⇒ [창세기 후반부] 아브라함 ▶ 이삭 ▶ 야곱 요셉(노예, 총리)
	- 출애굽 시대 (B.C. 1500년경)	⇒ [출애굽기, 레위기, 민수기, 신명기] 출애굽 여정과 율법의 수여
	- 가나안 정복 시대 (B.C. 1200년경)	⇒ [여호수아] 가나안 정복의 역사
	- 사사시대 (B.C.1000년경)	⇒ [사사기] / [룻] 왕정기 이전
	- 왕정시대 (B.C. 1020~922년)	⇒ [사무엘 상.하] [대상] 하나님의 대리자로서 기름부음 받은 왕과 이스라엘
	- 분열왕국시대 (B.C. 1020~722/ 586년경)	⇒ [왕상.하] [대하] / [예언서] 지도자들의 타락과 회개, 이스라엘 멸망
	- 포로시대 (B.C. 550년경)	⇒ [다니엘, 에스더] 포로기에 임한 회복의 약속
	- 포로귀환 시대 (B.C. 538년경)	⇒ [느헤미야, 에스라] 회개와 영적각성
	- 포로귀환 후시대 (B.C. ~ 331년경)	⇒ [학개, 스가랴, 말라기] 메시아 예언

미니특강 #4: 신약 시대별 구분과 흐름

* Tip 1: 예수님의 탄생은 B.C. 3~4년으로 추정되기도 한다. 또한 갈라디아서와 데살로니가전서의 기록 연대 문제는 여전히 논쟁 중이다. 바울서신 중 가장 먼저 기록된 서신을 갈라디아서로 볼 것인가, 데살로니가전서로 볼 것인가에 따라서 연대는 조정될 수 있다. 아래의 시대적 구분은 각 문헌들에 기록된 사건의 연대에 따라 정리한 것이다.
* Tip 2: 오늘날 우리에게 주어진 성경은 2~4세기 교회의 정경화 과정을 통해 수집되고 확정된 정경(표준, 기준)으로 동방에서는 아타나시오스의 축일편지(A.D. 367)에서 신약성경의 정경목록이 확정되었고, 서방에서는 히포 레기우스 교회회의(A.D. 393)에서 정경목록이 결정되었으며 카르타고 교회회의(A.D. 397, 419)에서 수용되었다.

신약 시대적 구분	- A.D.1 ~ 29년경 (예수님 공생애)	⇒ 마태복음, 마가복음, 누가복음, 요한복음
	- A.D. 29 ~ 33년경 (예수님 죽음/부활/승천)	
	- A.D. 33 ~ 48년경 (교회의 형성)	⇒ 사도행전(1-12)
	- A.D. 48 ~ 50년경 (바울의 1차 전도여행)	⇒ 사도행전(13-15), 갈라디아서, 야고보서
	- A.D.50 ~ 53년경 (바울의 2차 전도여행)	⇒ 사도행전(16-18), 데살로니가전후서
	- A.D.53 ~ 57년경 (바울의 3차 전도여행)	⇒ 사도행전(19-21), 고린도전후서, 로마서
	- A.D.57 ~ 62년경	⇒ 사도행전(22-28), 에베소서, 골로새서, 빌레몬서, 빌립보서
	- A.D.62 ~ 68년경	⇒ 디모데전후서, 디도서, 베드로전후서
	- A.D.68 ~ 95년경 (후기 사도 시대)	⇒ 요한123서, 유다서, 히브리서
	- A.D. 95년경	⇒ 요한 계시록

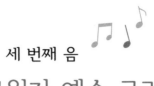

세 번째 음

성경이다: 구원자 예수 그리스도

"아들을 낳으리니
이름을 예수라 하라
이는 그가 자기 백성을
그들의 죄에서
구원할 자이심이라 하니라"

마태복음 1:21

♪세 번째 음 성경이다: 구원자 예수 그리스도

본과의 목적: 예수 그리스도가 누구시며, 무엇을 행하셨는지 깨닫기
(Key word - 예수 그리스도, 구원자)

3-1 오프닝 토크 (15분)

[성경이다]의 세 번째 시간입니다. 모임을 시작하며 '예수님'은 나에게 어떤 분인지 이야기해 봅시다. 여러분에게 예수님은 누구신가요?

"예수님은 ○○○이다."

Tip _ 여기에서는 예수님에 대한 참여자들의 생각을 가볍게 나누도록 한다. 단, 성경공부로 들어가서는 예수님의 구원사역을 강조하며 진행하게 될 것이다. 예수님은 우리의 친구이고, 치유자, 화해자, 승리자로 불리기도 하지만, 그분께서 이루신 가장 큰 사역은 죄에 대한 하나님의 진노를 제거하고 죄 씻음의 은혜를 베푸신 것이다. 죄의 문제를 간과하면 예수님의 대속적 죽음과 속죄 사역을 언급하지 않은 채 예수님을 설명하는 실수를 범하게 된다. 본 과에서는 예수의 구원자 되심을 집중하여 살펴보고자 한다.

3-2 '성경이다: 구원자 예수 그리스도'를 위한 말씀 나눔

들어가며 (5분)

예수님은 2000년 전에도 그리고 오늘날에도 매우 유명한 분입니다. 사람들은 예수님을 세계 성인 중 한 사람으로 알기도 하고, 이스라엘의 선지자였다고 말하기도 합니다. 혹자는 예수라는 사람은 실존한 적 없는 허구의 인물이라고 말하거나, 『다빈치 코드』라는 소설에서처럼 신격화 된 인간일 뿐이라 말하기도 합니다. 그러나 수많은 그리스도인은 예수님을 만났고, 예수님을 하나님의 아들이요 구원자로 믿노라고 고백합니다.

성경을 보면 예수님께서는 이 땅에 오셔서 가르치셨고, 전도하셨으며, 아픈 자들을 고치셨습니다(마 9:35). 그러나 성경이 말하는 그분의 가장 중요한 사역은 사람들의 죄의 문제를 해결하시고 구원의 길을 열어주셨다는 것입니다. 성경은 예수님이 아니고서는 죄인이 구원 받을 수 있는 길은 그 어디에도 없다고 반복하여 말합니다(행 4:12; 롬 3:24; 엡 1:7). 오직 예수님만이 우리를 죄에서 구원하시는 분이라고 강조하여 말합니다. 하나님께서 선지자들을 통하여 구약성경에 미리 약속하셨던 메시아, 그분이 바로 예수 그리스도라고 말하고 있습니다(롬 1:2).

말씀 속으로 (55분)

신약성경의 첫 번째 책, 첫 번째 장, 첫 번째 구절은 예수님이 아브라함과 다윗의 자손으로 태어나셨다고 기록합니다(마 1:1). 그분은 육으로는 다윗의 가문에 나신 완전한 사람이셨습니다(롬 1:3). 한편, 예수님은 성령으로 잉태되어 동정녀 마리아에게서 나신 하나님의 아들이기도 했습니다(마 1:18). 또한 그분은 완전한 하나님이셨습니다. 100% 인간이시면서, 100% 하나님이신 분... 우리의 머리로는 이해할 수 없는 신비 가운데 계신 분이 바로 예수님입니다.

이 시간에는 그 예수님을 좀 더 깊이 알아가기 원합니다. 예수님이 누구신지, 그리고 예수님은 어떤 일을 행하셨는지 성경말씀을 통해 하나 하나 살펴보는 시간을 가져 볼까요?

* 마태복음 1장 18-25절 말씀을 함께 읽고 아래의 질문에 답해 보세요.

1) 예수님은 다윗의 가문 요셉과 약혼한 마리아를 통하여, 성령으로 잉태되어 이 세상에 나셨습니다(1:18). 예수님이 태어나기 전에 요셉은 어떤 일을 경험했나요?(1:20-21 상반절)
답 : 주의 사자가 요셉의 꿈에 나타나 마리아가 잉태한 것이 성령에 의한 것임을 알려 주었음. 그리고 아들을 낳으면 이름을 예수라 하라고 지시함.

"이 일을 생각할 때에 주의 사자가 현몽하여 이르되 다윗의 자손 요셉아 네 아내 마리아 데려오기를 무서워하지 말라 그에게 잉태된 자는 성령으로 된 것이라 아들을 낳으리니 이름을 예수라 하라 이는 그가 자기 백성을 그들의 죄에서 구원할 자이심이라 하니라"(1:20-21).

Tip _ 마태복음 1장 19절에 따르면 요셉은 마리아가 잉태한 것을 보고 그와의 약혼을 조용히 파혼하려 하였다. 마리아의 임신이 외도에 의한 것이라 생각했을 것이다. 그러나 하나님께서는 주의 사자를 보내셔서 이 일이 하나님의 구원 계획 안에 있음을 말해 주고, 태어날 아들의 이름을 정해 주셨다.

다윗의 자손인 요셉은 마리아와 약혼한 사이였습니다. 아직 혼례식을 치르지는 않았지만 두 사람의 관계는 공식적이고 확실한 사이였습니다. 그런데 어느 날 아직 요셉과 동침하지 않은 마리아의 배가 불러오기 시작한 것입니다. 당시에는 약혼한 처녀가 다른 남자와 동침하면 돌로 쳐 죽이는 율법이 있었는데(신 22:23-24), 요셉은 마리아에게 그렇게 하고 싶지 않아 조용히 파혼을 하려 했습니다(마 1:19). 그러자 하나님께서는 요셉의 꿈에 주의 사자를 보내셔서 마리아에게 일어난 일이 하나님으로부터 말미암은 것임을 말씀해 주셨습니다. 그리고 마리아가 아들을 낳게 되면 그 이름을 "예수라 하라"라고 하였습니다. 마태복음에 기록된 이 사건은 예수님이 분명 다윗의 가문에서 태어났으나 요셉의 아들이 아니었고, 하나님의 계획과 보호하심 가운데 태어난 특별한 분임을 말해주고 있습니다.

2) 주의 사자는 태어날 아들의 이름을 '예수'라 하라고 전했습니다. '예수'라는 이름의 뜻은 무엇인가요?(1:21 하반절)

답 : '자기 백성을 그들의 죄에서 구원할 자'라는 의미이다.

"아들을 낳으리니 이름을 예수라 하라 이는 그가 자기 백성을 그들의 죄에서 구원할 자이심이라 하니라"(1:21).

Tip _ '예수'라는 이름의 원뜻은 '여호와는 구원이시다'이다. 히브리 이름인 '여호수아'의 헬라식 이름이기도 하다. 당시 예수라는 이름은 이스라엘에서 희귀한 이름은 아니었다(눅 3:29; 골 4:11). 그러나 주의 사자가 성령으로 잉태한 이의 이름을 예수라 하라 한 것은, 그가 하나님이 보내신 구원자 그리스도임을 분명히 하기 위함이다. 예수님은 자기 백성을 죄에서 구원하는 사역을 위하여 이 땅에 보냄을 받은 하나님의 아들이다.

이름은 그 사람이 누구인지 보여줍니다. 특별히 하나님께서 지어 주신 이름에는 그 사람의 정체성과 사명이 담겨 있습니다. 하나님께서는 주의 사자를 보내셔서 성령으로 잉태되어 나실 이의 이름을 "예수"라 하라고 말씀하셨습니다. "예수"라는 이름의 뜻은 오늘 말씀 21절을 보면 "자기 백성을 그들의 죄에서 구원할 자"라는 뜻을 가지고 있습니다. 다시 말해 예수님은 죄인들을 구원하시기 위해 하나님께서 보내신 "구원자"이셨던 것입니다.

사실 이스라엘 사람들은 아주 오랜 시간 하나님이 보내실 구원자, 그리스도를 기다려 왔습니다(눅 2:25, 38). 몇몇 사람들은 그가 다윗의 가문에서 날 다윗 왕과 같은 사람일 것이라 생각했습니다. 그래서 바벨론에 의해 나라가 망한 뒤로(B.C. 587) 오랜 시간 강대국에 치이며 살아왔던 이스라엘을 회복하고 다시 일으킬 것이란 기대감을 갖고 있었습니다(행 1:6). 그러나 하나님께서는 예수님을 보내셔서 이스라엘의 회복이 아니라 모든 인간의 죄의 문제를 해결하려 하신다는 것을 말씀해 주셨습니다.

3) 구원자 예수 그리스도의 나심은 선지자를 통하여 이미 예언되었던 일이었습니다. 마태복음 1장 22절과 23절을 읽고 예수님의 또 다른 이름을 찾아보세요.

답 : "이 모든 일이 된 것은 주께서 선지자로 하신 말씀을 이루려 하심이니 이르시되 보라 처녀가 잉태하여 아들을 낳을 것이요 그의 이름은 임마누엘이라 하리라 하셨으니 이를 번역한즉 하나님이 우리와 함께 계시다 함이라"

\- 예수님의 또 다른 이름: 임마누엘

Tip 1 _ 하나님이 인간이 되신 사건을 '성육신'(成肉身, Incarnation)이라고 말한다(요 1:14). 성육신 'incarnation'은 라틴어 동사 'incarno'에서 나온 말로 'in'(안에)+'caro'(육신)가 합해진 단어이다. 하나님께서 인간이 되셨다는 것은 인간의 죄의 문제가 이토록 심각하고 위중한 것이었음을 말해 준다. 또한 인간 중에는 죄를 해결할 수 있는 이가 없다는 것을 의미한다(롬 3:10).

전지전능한 하나님께서 자신을 스스로 제한하면서까지 절대절망의 죄인을 구원하시려 친히 이 땅에 오셨다. 이는 그 누구도 도저히 상상할 수 없는 방법으로, 하나님만이 계획하시고 실행하신 구원 사역이다.

Tip 2 _ 구약성경의 메시아 예언은 창 3:15; 이사야 7:14; 9:6; 11:1; 50:6; 53:3-7; 미가 5:2; 스가랴 9:9; 11:12; 12:10; 시편 22:16-18 등이 있다. 이전 과에서 언급되었던 말라기 3:1도 대표적인 메시아 예언이다.

이 땅에 오신 예수님의 또 다른 이름은 "임마누엘"이었습니다. 임마누엘은 번역하면 "하나님이 우리와 함께 계시다"라는 뜻입니다. 그리고 이 이름의 보다 정확한 의미는 예수님께서 우리와 함께하시는 "하나님"이라는 의미입니다. 예수님은 인간이 되셔서 이 땅에 오신 하나님입니다(요 1:1, 14). 그렇다면 예수님은 다윗의 가문에 태어나신 한 사람이면서 동시에 하나님이라는 결론에 도달합니다. 네. 맞습니다! 예수님은 완전한 사람이셨고, 완전한 하나님이셨습니다.

이 사실은 역사 속에서 수많은 사람을 걸려 넘어지게 하였고(고전 1:23) 많은 이단을 생겨나게 한 계기이기도 했습니다. 예수님이 그저 인간이기만 했다면, 예수님이 오직 하나님이기만 했다면 오히려 사람들은 예수님을 구원자로 믿는 것을 훨씬 수월하게 여겼을지도 모릅니다. 그러나 하나님께서는 인간의 머리로는 도무지 이해할 수 없는 구원의 방법을 계획하셨고 실행하셨습니다(요 3:16; 롬 11:33; 고전 2:7).

4) 하나님은 왜 인간이 되셨을까요? 그리고 인간이 되신 그분이 행하신 일은 무엇인가요? 함께 아래 성경구절을 읽고, 해설을 읽어 봅시다.

Tip 1 _ 안셀름은 『하나님은 왜 인간이 되셨는가?』(Cur Deus Homo)라는 책을 쓰기도 하였다. 하나님이 인간이 되셨다는 것은 신학의 가장 난제이면서 동시에 하나님의 지혜와 구원의 신비가 가장 잘 나타난 하나님의 구원행위요 자기 계시 사건이다.

Tip 2 _ 존 스토트(J. Stott, 1921~2011)는 『그리스도의 십자가』에서 하나님께서 자신의 거룩한 사랑을 십자가로 나타냈다고 말하였다. 그러면서 하나님께서는 십자가를 통해서 "화목"(Propitiation-진노의 해소로 해석할 수 있음), "화해", "칭의"(의롭다 여김을 받는 것), "구속"을 이루었는데, 그 중 "구속"은 "속전(ransom)을 지불함으로써 해방시키는 절차"라고 설명하였다. 이처럼 하나님께서 십자가를 통해 이루신 구속의 역사는 사람의 어떠한 노력이나 힘으로 이루어질 수 없으며, 오직 하나님의 전적인 은혜로만 가능한 유일무이(唯一無二)한 사건이다.

① 로마서 3:10 "기록된 바 의인은 없나니 하나도 없으며."
3:23 "모든 사람이 죄를 범하였으매 하나님의 영광에 이르지 못하더니."
* 해설: 예수님이 이 땅에 오신 이유는 인간이 스스로 자신의 죄를 해결할 수 없는 존재이기 때문입니다. 모든 사람은 죄를 범하였고 하나님 앞에서 그 누구도 의롭다 칭할 수 없습니다. 죄의 문제를 해결할 수 있는 분은 오직 하나님뿐입니다. 그래서 하나님이 육신이 되어 이 땅에 오셨습니다.

② 마가복음 10:45 "인자가 온 것은 섬김을 받으려 함이 아니라 도리어 섬기려 하고 자기 목숨을 많은 사람의 대속물로 주려 함이니라."

* 해설: 예수님께서는 자신이 이 땅에 온 이유를 섬기기 위해서라고 말씀하셨습니다. 그리고 자기 목숨을 많은 사람의 "대속물"로 주려 한다고 말씀하셨습니다. '대속물'이란 노예를 해방시켜 줄 때 대가로 지불하는 돈을 말합니다. '속전'이라고도 하며, 성경에서는 "속량"이라는 단어로도 표현됩니다. 예수님은 죄를 지어 죄의 노예가 된 사람들을 구원하시려고 자신이 친히 대속물이 되고자 하셨습니다.

③ 로마서 6:23 "죄의 삯은 사망이요…"
5:15 "… 한 사람의 범죄를 인하여 많은 사람이 죽었은즉… 한 사람 예수 그리스도의 은혜로 말미암은 선물은 많은 사람에게 넘쳤느니라"

* 해설: 죄의 대가는 오직 죽음으로만 갚을 수 있습니다. 돈으로도, 명예로도, 지식으로도 갚을 수 없습니다. 하나님께서 죄인들의 죄 값을 갚아 주시려면 하나님이 대신 죽으셔야 합니다. 그러나 하나님은 본질적으로 죽을 수 없습니다. 그분은 영이시며(요 4:24) 불변하는 분이고 전지전능한 분이기 때문입니다(약 1:17). 그분은 인간처럼 유한한 존재가 아닙니다. 결국 그분이 죽으려면… 사람이 되어야만 합니다. 예수님은 한 사람 아담이 범죄 하여 가져온 죽음의 문제를 해결하기 위해서 또 다른 한 사람이 되셨습니다.

④ 로마서 3:21-24 "이제는 율법 외에 하나님의 한 의가 나타났으니 율법과 선지자들에게 증거를 받은 것이라 곧 예수 그리스도를 믿음으로 말미암아 모든 믿는 자에게 미치는 하나님의 의니 차별이 없느니라… 그리스도 예수 안에 있는 속량으로 말미암아 하나님의 은혜로 값 없이 의롭다

하심을 얻은 자 되었느니라.”

* 해설: 예수님은 하나님의 약속대로 모든 사람을 위한 구원의 길을 여셨습니다. 그러나 예수님께서 죽으셨다고 모든 사람이 구원받는 것은 아닙니다. 오직 예수님이 나의 죄를 대신 속량하신 분임을 '믿는' 사람에게만 구원이 임합니다. 예수님이 나의 죄를 위하여 죽으시고 나의 의가 되어 주신 것을 믿는 사람은 누구나 차별 없이, 값 없이 죄 사함을 받고 의롭다 칭함을 얻게 됩니다.

⑤ 로마서 3:25-26 “이 예수를 하나님이 그의 피로써 믿음으로 말미암는 화목제물로 세우셨으니 이는 하나님께서 길이 참으시는 중에 전에 지은 죄를 간과하심으로 자기의 의로우심을 나타내려 하심이니 곧 이 때에 자기의 의로우심을 나타내사 자기도 의로우시며 또한 예수 믿는 자를 의롭다 하려 하심이라.”

* 해설: 예수님은 우리를 대신하여 십자가에 달려 죽으셨습니다. 나무에 달린 자는 저주를 받은 자라는 오명을 쓰시고(갈 3:13), 죄도 없으신 분이 우리 때문에 로마의 끔찍한 처형 도구인 십자가에 달려 죽으셨습니다. 예수님은 물과 피를 쏟으시며 우리를 대신하여 모든 고난을 당하셨습니다. 예수님은 친히 구약의 희생제사에 드려졌던 화목제물이 되어 단번에 우리의 모든 죄와 허물을 덮어 주셨습니다(요일 4:10). 십자가에서 흘리신 예수님의 보혈은 죄인을 향한 하나님의 진노를 모두 제하였고(롬 1:18), 우리의 모든 죄를 깨끗하게 씻었습니다(요일 1:7). 이로써 예수님은 죄인을 심판하셔야 하는 “하나님의 공의”와 죄인을 구원하시려는 “하나님의 사랑”을 모두 이루셨습니다.

⑥ 고린도전서 1:18 "십자가의 도가 멸망하는 자들에게는 미련한 것이요 구원을 받는 우리에게는 하나님의 능력이라."

* 해설: 예수님이 십자가에서 끔찍하게 죽으셨기 때문에 많은 사람들은 예수님 믿기를 꺼렸습니다. 십자가의 예수는 그들이 기대했던 멋진 메시아의 모습이 아니었기 때문입니다. 그러나 십자가에서 죽으신 예수 그리스도는 구원을 받는 우리에게 가장 완벽한 하나님의 지혜이고 능력입니다. 그래서 사도 바울은 이렇게 말하기도 했습니다. "내가 너희 중에서 예수 그리스도와 그가 십자가에 못 박히신 것 외에는 아무것도 알지 아니하기로 작정하였음이라"(고전 2:2). 십자가에 못 박히신 예수 그리스도는 하나님께서 우리에게 주신 가장 값진 보배이고(고후 4:7) 가장 놀라운 하나님의 은혜입니다.

⑦ 고린도전서 15:17 "그리스도께서 다시 살아나신 일이 없으면 너희의 믿음도 헛되고 너희가 여전히 죄 가운데 있을 것이요."
15:20 "그러나 이제 그리스도께서 죽은 자 가운데서 다시 살아나사 잠자는 자들의 첫 열매가 되셨도다."

* 해설: 예수님의 십자가 죽음은 하나님의 구원사역에서 가장 중요한 것입니다. 그러나 십자가 죽음만으로는 구원이 완성된 것이 아닙니다. 예수님은 십자가에서 죽으시고 사흘 만에 부활하셔서 모든 죄와 사망을 이기셨습니다(골 2:13-15). 하나님께서 예수님을 살리셔서(행 2:32; 5:30) 예수님이 하나님이심을 나타내시고 두 번째 아담으로서 부활의 첫 열매가 되게 하셨습니다. 예수님은 인간이며 하나님이고, 죽으시고 부활하신 구원자입니다.

<핵심 요약>

1. 하나님은 왜 인간이 되셨는가?

   인간의 죄를 대신하여 죽으시고 부활의 첫 보증이 되시려고 인간이 되셨습니다.

2. 인간이 되신 하나님이 하신 일은 무엇인가?

   죄에 대한 하나님의 공의와 죄인을 향한 하나님의 사랑, 이 두 가지를 십자가에서 죽으시고 부활하심으로 이루셨습니다.

5) 인간이며 하나님이신 예수님은 우리의 구원자이십니다. 예수님은 십자가에서 죽으셨고 부활하셨습니다. 성경은 바로 이 예수님에 대하여 말하는 책입니다. 오늘 성경공부를 통하여 새롭게 깨달은 점이나 은혜 받은 점을 나누어 봅시다.

Tip _ 성경공부를 통해 예수님에 대하여 더 알고자 하는 마음이 생긴 청년에게는 신약성경부터 시작하여 성경통독을 권하도록 한다. 보통 구약성경부터 통독을 시작하면 중도 포기를 하는 경우가 많다. 신약성경부터 시작하여 성경을 읽고 이해하는 능력을 길러갈 수 있도록 권면하면 좋다.

 오늘의 은혜

 소그룹 기도제목

3-3 고백의 노래 (15분)

- 함께 이 찬양을 마음으로 고백하고, 기도로 마칩니다.

미니특강 #5: 구약성경 39권 키워드로 보기

구약성경은 39개의 책으로 이루어져 있습니다.
각 권의 책이 담고 있는 핵심 내용을 키워드 중심으로 함께 살펴볼까요?

구분	구약성경(장)	키워드
모세오경 (5권)	창세기(50)	창조, 타락, 언약
	출애굽기(40)	언약, 구속, 십계명
	레위기(27)	제사(예배), 거룩
	민수기(36)	인구조사, 이동
	신명기(34)	언약, 기억, 하나님 사랑

구분	구약성경(장)	키워드
역사서 (12권)	여호수아(24)	언약, 가나안 땅, 정복
	사사기(21)	우상숭배, 불순종, 사사, 구원
	룻기(4)	언약, 기업, 나오미, 보아스
	사무엘상(31)	이스라엘, 왕, 사무엘, 다윗, 사울
	사무엘하(24)	언약, 다윗왕, 나단, 압살롬
	열왕기상(22)	왕들의 이야기, 순종, 우상숭배
	열왕기하(25)	우상숭배, 회개, 심판
	역대상(29)	족보, 사울왕, 다윗왕
	역대하(36)	솔로몬왕, 고레스, 포로귀환
	에스라(10)	귀환, 성전재건, 회개운동
	느헤미야(13)	성벽재건, 부흥, 개혁
	에스더(10)	에스더, 모르드개, 음모, 구원

시가서 (성문서) (5권)	욥기(42)	고난, 하나님의 주권
	시편(150)	영광, 할렐루야, 탄원
	잠언(31)	솔로몬왕, 아굴, 지혜
	전도서(12)	헛됨, 지혜, 경외
	아가(8)	사랑, 질투, 기쁨

대예언서 (대선지서) (5권)	이사야(66)	회개, 심판, 회복
	예레미야(52)	우상숭배, 회개, 멸망예언
	예레미야애가(5)	애도, 슬픔, 소망
	에스겔(48)	포로, 소명, 심판, 회복
	다니엘(12)	뜻, 경외, 지혜

소예언서 (소선지서) (12권)	호세아(14)	죄, 신실한 사랑, 부부의 관계
	요엘(3)	여호와의 날, 성령, 회복
	아모스(9)	심판, 환상, 정의와 공의
	오바댜(1)	에돔 심판, 이스라엘 회복
	요나(4)	불순종, 니느웨, 회개
	미가(7)	앗수르, 애굽, 회개
	나훔(3)	니느웨 심판
	하박국(3)	악인의 형통, 믿음, 의인, 찬양
	스바냐(3)	주의 날, 심판, 남은 자, 구원
	학개(2)	성전재건 촉구, 영광, 약속
	스가랴(14)	환상, 성전재건, 메시아
	말라기(4)	죄, 변함없는 하나님의 사랑, 십일조, 메시아

미니특강 #6: 신약성경 27권 키워드로 보기

신약성경은 27개의 책으로 이루어져 있습니다.
각 권의 책이 담고 있는 핵심 내용을 키워드 중심으로 함께 살펴볼까요?

구분	신약성경(장)	키워드
사복음서 (4권)	마태복음(28)	왕으로 오신 예수님 (대상: 유대인)
	마가복음(16)	종으로 오신 예수님 (대상: 로마인)
	누가복음(24)	사람으로 오신 예수님 (대상: 헬라인)
	요한복음(21)	말씀이신 예수님 (대상: 온 인류)

구분	신약성경(장)	키워드
역사서 (1권)	사도행전(28)	성령, 교회의 시작, 사도들의 역사, 사도바울의 선교여행

서신서 (21권)	로마서(16)	하나님의 의, 이신칭의
	고린도전서(16)	십자가의 도, 고린도 교회의 문제
	고린도후서(13)	화해, 바울의 평판 문제
	갈라디아서(6)	복음, 그리스도인의 자유
	에베소서(6)	교회, 모퉁이돌, 성령의 검
	빌립보서(4)	기쁨, 그리스도 예수의 마음, 자족
	골로새서(4)	교회의 머리, 위의 것
	데살로니가전서(5)	강림/재림, 주의 날
	데살로니가후서(3)	강림(재림 지연), 하나님의 공의
	디모데전서(6)	죄인 중에 괴수, 하나님의 사람
	디모데후서(4)	아름다운 것, 그릇, 말세, 성경
	디도서(3)	바른 교훈, 이단
	빌레몬서(1)	빌레몬, 갇힌 중 낳은 아들 오네시모
	히브리서(13)	새언약, 대제사장, 성소, 속죄, 믿음
	야고보서(5)	욕심, 믿음, 행함, 위로부터 난 지혜
	베드로전서(5)	산 소망, 택하신 족속, 세례
	베드로후서(3)	신성한 성품, 새 하늘과 새 땅
	요한 1서(5)	하나님은 빛/사랑, 적그리스도, 영생
	요한 2서(1)	계명, 적그리스도
	요한 3서(1)	가이오, 네 영혼이 잘됨 같이~!
	유다서(1)	거짓교사(이단), 그리스도를 부인

예언서(1권)	요한계시록(22)	계시, 알파와 오메가, 어린 양

네 번째 음

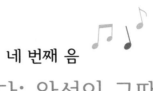

성경이다: 완성의 그때

"주 하나님이 이르시되
나는 알파와 오메가라
이제도 있고 전에도 있었고
장차 올 자요 전능한 자라 하시더라"

요한계시록 1:8

성경이다: 완성의 그때

본과의 목적: 예수 그리스도의 재림으로 완성될 하나님 나라 기다리기
(Key word - 재림, 완성, 하나님의 나라)

4-1 오프닝 토크 (15분)

[성경이다]의 네 번째 시간입니다. 오늘은 성경의 마지막 책인 요한계시록을 중심으로 이야기를 나누어 볼 텐데요. 여러분은 요한계시록을 생각하면 어떤 이미지나 단어가 떠오르나요?

"요한계시록은 OOO이 떠오른다."

Tip _ 요한계시록은 이단들이 잘못 해석한 경우가 많아 접하기 두려운 책이면서 동시에 호기심을 자극하는 책이다. 참여자들이 요한계시록에 대한 편견을 버리고 성경공부에 임하도록 초대한다.

4-2 '성경이다: 완성의 그때'를 위한 말씀 나눔

들어가며 (5분)

세상의 시작이 있다면, 세상의 끝도 있겠지요? 성경에도 세상의 마지막에 대해서 말하는 책이 있습니다. 바로 요한계시록인데요. 세상의 시작을 말하는 창세기가 성경의 첫 번째 책인 반면, 세상의 끝을 말하는 요한계시록이 성경의 마지막에 놓여 있는 것은 결코 우연이 아닐 것입니다. 성경은 요한계시록을 통해 이 세상이 영원하지 않고 반드시 끝이 있음을 말하고 있습니다.

그런데 그 끝은 어느 날 갑자기 세상이 펑 하고 사라지는 것을 말하지 않습니다. 오히려 요한계시록이 말하는 '끝'은 모든 존재가 영원한 판결을 받는 최후의 심판대 앞에 서게 된다는 것을 말해주고 있습니다. 모든 존재는 반드시 자신의 삶에 대해서 정산을 해야 하는 때가 온다는 것이지요. 물론 예수 그리스도를 믿어 구원받은 사람들은 영원한 생명을 얻을 것입니다. 그러나 우리가 어떻게 살아왔는지, 무엇을 위해서 살았는지 하나님 앞에서 결코 숨길 수 없는 것이지요. 그렇게 볼 때 '세상의 끝'은 아주 오랜 후에 벌어질 나와는 상관없는 일이 아니라, 내가 오늘을 어떻게 살아야 할지 결정 짓게 하는 아주 중요한 요인이 됩니다.

말씀 속으로 (55분)

십자가에서 죽으셨다가 사흘 만에 부활하신 예수님은 제자들을 찾아가서 부활의 소식을 알리셨습니다. 그리고 40일 동안 제자들과 함께하시며 하나님 나라의 일에 대하여 가르치셨지요(행 1:3) 그 시간 동안 제자들은 예수님이 이 땅에 왜 오셨는지, 그분이 죽으시고 부활하신 이유가 무엇인지 깨달았을 것입니다(눅 24:25-27). 마지막으로 예수님은 제자들에게 아버지께서 약속하신 성령을 받아 복음의 증인이 되라고 명령하시며(행 1:8; 마 28:19-20) 하늘로 올라가셨습니다. 제자들은 예수님이 올라가는 모습만 하염없이 바라보고 있었는데, 두 천사가 나타나 그들에게 예수님이 하늘로 가심 그대로 다시 오실 것이라고 알려 주었습니다(행 1:11; 계 22:20).

이때부터 제자들은 함께 모여 기도했고, 예수님의 말씀대로 오순절 성령 강림 사건을 체험하였습니다. 본격적인 교회의 시대가 시작된 것이지요. 교회로 모인 제자들은 예수님의 다시 오심을 기다리며 예수님과 복음, 하나님의 나라를 전하기 시작했습니다. 그런데 문제는 제자들이 한 해 두 해 기다려도 예수님이 다시 오시지 않는 것이었습니다. 그리고 예수님을 믿는다는 이유로 교회가 핍박을 받기 시작한 거죠. 교회는 앞으로 어떻게 해야 하는 걸까, 다시 오신다는 예수님을 향한 믿음은 어떻게 지켜야 하는 걸까 성도들은 고민하기 시작했습니다.

* 요한계시록 1장 1-20절 말씀을 함께 읽고 아래의 질문에 답해 보세요.

1) 다시 오신다는 예수님은 오시지 않고, 사도라 불리던 예수님의 제자들도 복음을 전하다 대부분 순교하였습니다. 이제 요한 한 사람만 남게 되었지요. 지금 그의 처지는 어떠한가요?(9절)

답 : 하나님의 말씀과 예수를 증언하다가 밧모라는 섬에 유배됨.

"나 요한은 너희 형제요 예수의 환난과 나라와 참음에 동참하는 자라 하나님의 말씀과 예수를 증언하였음으로 말미암아 밧모라 하는 섬에 있었더니"(9절).

Tip 1 _ 요한은 9절에서 자신을 '너희 형제', '예수의 환난과 나라와 참음에 동참하는 자'라고 소개하고 있다. 당시 요한과 교회는 예수 그리스도를 믿는 것으로 인해 어려움을 겪으며 믿음을 지키기 위해 인내하고 있었음을 알 수 있다. 일반적으로 당시 그리스도인들이 당하는 환난으로는 추방, 투옥, 사회적 배척, 경제적 불이익, 폭력, 순교 등이 있었다.

Tip 2 _ 요한계시록의 저자로는 사도 요한, 장로 요한, 마가 요한, 세례 요한 등이 거론되지만 가장 많은 지지를 얻는 것은 유스티누스가 말한 사도 요한이다. 요한이 밧모섬으로 유배를 간 것은 유세비우스의 교회사에 따르면 A.D. 95년으로 추정된다.

요한은 하나님의 말씀과 예수님에 대하여 전하다가 밧모라는 섬에 유배를 가게 되었습니다. 예수님을 믿고 전한다는 이유만으로 감옥에 끌려갈 수도, 죽음을 당할 수도 있는 시대였던 것이지요. 또한 오늘 말씀 9절을 보면 요한은 스스로를 이렇게 소개하고 있어요. "나 요한은 너희 형제요 예수의 환난과 나라와 참음에 동참하는 자라." 이 고백으로 당시 예수님을 믿음으로 환난을 당하는 다른 형제들이 있었고, 그 가운데 요한도 함께하고 있었다는 것을 알 수 있습니다.

다시 오신다고 말씀하신 예수님은 수십 년이 지나도 오시지 않는데, 요한과 형제라 불리는 교회의 성도들은 왜 그들의 믿음을 지키기 위해 환난을 감수하고 있었던 걸까요? 그 이유는 역시나 9절에 나와 있습니다. 그들은 환난 뿐 아니라 예수님의 나라와 참음에도 동참하고 있었기 때문입니다. 다시 말해 그들은 예수님이 다시 오셔서 완성하실 하나님의 나라를 인내하며 기다리고 있었기 때문에, 지금의 고난과 어려움을 견딜 수 있었습니다.

2) 자신에게 주어진 삶을 인내하며 예수님을 기다리고 있는 요한에게 주의 날 어떤 일이 일어났나요?(10-11절)

답 : 주의 날에 성령에 감동되어 나팔 소리 같은 큰 음성을 들었고, 네가 보는 것을 두루마리에 써서 에베소, 서머나, 버가모, 두아디라, 사데, 빌라델비아, 라오디게아 등 일곱 교회에 보내라 하는 음성을 들음.

"주의 날에 내가 성령에 감동되어 내 뒤에서 나는 나팔 소리 같은 큰 음성을 들으니 이르되 네가 보는 것을 두루마리에 써서 에베소, 서머나, 버가모, 두아디라, 사데, 빌라델비아, 라오디게아 등 일곱 교회에 보내라 하시기로"(1:10-11).

Tip 1 _ 여기에서 '주의 날'은 종말의 마지막 때와 재림의 날을 가리킨다고 보는 소수의 해석도 있지만, 가장 적절한 해석은 초대교회에서 예배 드리는 날로 정한 '주일'로 보는 것이다(그랜트 오즈번).

Tip 2 _ '성령에 감동되어'는 '엔 프뉴마티', 곧 '성령 안에'라는 의미이다. 요한이 예배를 드리던 중 성령에 충만하여 계시를 보게 되었음을 말한다. 여기에서 성령은 예수 그리스도의 영이며, 예수께서 제자들을 지키고 가르치시기 위해 보내신 보혜사이고(요 14:16-17, 26; 16:7-13), 복음 전도와 교회를 세우기 위해 임하신 성령 하나님이다(행 1:8; 2:1-4). 오순절 성령강림 사건을 통해 본격적인 교회의 시대가 열린 것을 기억할 때, 성령은 교회의 사역에 깊이 연관되어 있다.

Tip 3 _ 요한이 음성을 듣고 뒤를 돌아보았을 때, 촛대 사이를 거니는 '인자와 같은 이'를 보게 된다(단 7:13-14). 인자는 예수님을 의미하며 그에 대한 묘사는(1:12-20) 그가 하나님이시며 온 세상의 심판주이고, 교회를 다스리는 분임을 말해주고 있다.

주의 날에 성령의 충만함을 받은 요한은 갑자기 자신의 뒤에서 들리는 나팔 소리 같은 큰 음성을 들었습니다. 그 음성은 네가 보는 것을 적어서 아시아의 일곱 교회에 보내라는 예수님의 명령이었습니다(1:4, 11, 19). 이에 요한은 보고 들은 것을 적었고, 그 글이 바로 요한계시록인 것입니다. 요한계시록은 막연히 미래에 일어날 일들을 모아놓은 판타지가 아니었습니다. 요한계시록은 분명한 대상을 위해 기록된 책이었습니다. 바로 환난 중에 있는 교회를 향한 예수님의 계시의 말씀이었습니다(1:1).

예수님은 어려움 중에 있는 교회를 홀로 두지 않으셨습니다. 그들이 현재 겪고 있는 문제와 어려움을 모두 알고 계셨습니다. 예수님께서는 그들에게 이러한 상황 속에서도 그들이 믿음을 지킬 수 있도록 위로하시고 세세하게 가르치시며 말씀을 주셨습니다(2:1-3:22). 그리고 그들이 믿음을 지켜야 할 이유와 마지막 때에 일어날 일들, 무엇보다 예수님이 다시 오심으로 온전히 이루어질 하나님의 나라에 대해서도 말씀해 주셨습니다.

3) 예수님은 요한을 통해 교회를 향한 계시의 말씀을 주셨습니다. 그리고 이 일을 말씀하시는 자신을 가리켜 무엇이라 말씀하시나요? (8, 17 하반절-18절)

답 : "주 하나님이 이르시되 나는 알파와 오메가라 이제도 있고 전에도 있었고 장차 올 자요 전능한 자라 하시더라"(8절).

"... 두려워하지 말라 나는 처음이요 마지막이니"(17 하반절).

"곧 살아 있는 자라 내가 전에 죽었었노라 볼지어다 이제 세세토록 살아 있어 사망과 음부의 열쇠를 가졌노니"(18절).

- 알파와 오메가(=처음과 마지막), 이제도 있고 전에도 있었고 장차 올 자, 전능한 자, 살아 있는 자, 전에 죽었던 자, 세세토록 살아 있어 사망과 음부의 열쇠를 가진 자.

Tip 1 _ 예수님은 스스로 헬라어 알파벳의 첫 글자와 마지막 글자를 들어 '알파와 오메가', 곧 '처음과 마지막'이라고 두 번이나 말씀하신다(계시록 22:13에도 나타남. 서두와 결론부에 동일한 말씀이 나타난 양괄식-인클루지오 구조). 이어 예수님은 과거에도 계셨고 현재에도 계시며 장차 다시 올 분임을 말함으로써 시간을 초월하여 존재하시는 분, 세상의 시작과 끝을 주관하는 분임을 강조하고 있다. '전능한 자'로 번역된 단어 '호 판 토크라토르'는 70인역에 나타난 구약의 하나님 호칭으로, '만군의 여호 와'를 번역한 것이다. 이는 예수님이 온 우주의 통치자이시며 구약성경의 바로 그 하나님이심을 말하고 있다. 여기에는 성부 하나님과 성자 하나님 의 연합과 동등하심이 나타난다. 정리하면 예수님은 창조의 하나님이며 역사의 주관자이고, 영원한 우주의 통치자이다.

Tip 2 _ 17절에 보면 예수님은 요한에게 다가와 손을 얹으시며 두려워 말라 말씀하신다. 예수님은 자신이 전에 죽었다가 살아 있는 자임을 밝 히시며, 요한이 보고 있는 분이 십자가에서 죽으시고 부활하신 예수 그 리스도임을 알려 주신다(1:5, 18). 이어 예수님은 자신이 세세토록 살아 있는 분임을 말씀하심으로 하나님의 영원성을 강조하신다(4:9; 10:6; 11:15; 15:7). 예수님은 영원한 하나님으로 사망과 음부의 열쇠를 가지 고 있다. 이는 예수님이 죽음과 악의 세력을 패배시키고 영원토록 통치하 는 분, 심판의 주권을 가진 분임을 말해 준다.
정리하면 요한과 교회가 믿고 기다리는 예수님은 살아계신 하나님, 온 우 주의 통치자, 심판의 주님이시다. 그분은 결코 거짓을 말하지 않으시며 말 씀하신 것은 반드시 이루신다. 예수님은 분명 이 땅에 다시 오시며 하나 님의 나라를 완성하실 것이다.

예수님은 스스로 일컬어 "나는 알파와 오메가라"라고 말씀하십니다. 알파와 오메가는 헬라어 알파벳의 첫 글자와 마지막 글자를 가리키는 말로, 예수님께서 이 모든 우주 역사의 처음이시며 마지막인 분이라는 의미입니다. 특별히 예수님은 이 말씀을 두 번이나 반복하며 강조하여 말씀하셨는데요(1:8, 17). 이는 예수님께서 시간과 공간을 초월하시고 모든 역사를 주관하시는 하나님이심을 말씀해주는 것입니다. 예수님은 전능하신 하나님, 영원하신 하나님, 온 우주의 통치자, 사망과 음부의 열쇠를 가진 심판의 주님이심을 분명히 보여 주셨습니다.

예수님께서 누구신가를 이토록 자세히, 그리고 엄중하게 말씀해 주신 이유는 무엇일까요? 그 이유는 교회를 향한 말씀, 장차 일어날 일들, 심판과 구원, 하나님 나라의 도래와 같은 모든 계시의 말씀을 하신 분이 누구인가를 다시 상기시켜 주기 위해서였습니다. 예수님은 이 계시의 주체가 누구인가를 강조함으로써 요한계시록에 기록된 모든 말씀과 사건들이 지금도 있으며 반드시 일어날 일임을 확증하여 주고 계시는 것입니다(1:19). 그리고 예수님이 앞으로 하실 일들에 대해서도 말해 주는 것이고요. 그래서 요한은 3절에 이렇게 기록합니다. "이 예언의 말씀을 읽는 자와 듣는 자와 그 가운데에 기록한 것을 지키는 자는 복이 있나니 때가 가까움이라."

4) 장차 일어날 일 중에서, 예수님께서 반복하여 강조하시는 일은 무엇인가요?(4, 7-8절)

답 : "... 이제도 계시고 전에도 계셨고 장차 오실 이와..."(4절).
"볼지어다 그가 구름을 타고 오시리라 각 사람의 눈이 그를 보겠고 그를 찌른 자들도 볼 것이요 땅에 있는 모든 족속이 그로 말미암아 애곡하리

니 그러하리라 아멘"(7절).

"... 이제도 있고 전에도 있었고 장차 올 자요..."(8절).

- 예수님께서 다시 오심(재림).

Tip 1 _ 요한계시록에는 지금 있는 일과 장차 될 일들이 기록되어 있다.
2-3장은 아시아의 일곱 교회 안에서 일어나는 일, 4-5장은 천상의 예배,
6-17장은 일곱 인, 일곱 나팔, 일곱 대접의 환상, 18장은 바벨론의 멸망,
19-21장은 최후의 심판, 천년 왕국, 새 예루살렘에 대해 말하고 있다.

Tip 2 _ 요한계시록에는 많은 상징이 나타나는데 이를 해석하는 주요 관
점은 과거주의 해석, 미래주의 해석, 교회역사주의 해석, 상징주의 해석,
절충주의 해석이 있다. 과거주의 해석은 요한계시록이 최초의 독자들의
상황에 도전을 주기 위해 미래 시제를 사용한다고 보는 입장이고, 미래주
의 해석은 요한계시록의 내용이 미래적 사건이라는 초기 교부들의 입장
이다. 교회역사주의 해석은 요한계시록의 사건이 해석자의 시대까지 있
던 역사적 사건의 암호라는 입장이나 서구 역사에 치우쳐져 있다는 점에
서 비판을 받는다. 상징주의 해석은 요한계시록의 사건이 다양한 상징적
기술이라고 보는 입장이다. 마지막으로 절충주의 해석은 위의 해석 관점
중에서 역사주의를 제외한 관점을 한 가지 이상 결합한 것을 말한다. 중
요한 것은 요한 당시의 교회 상황과 마지막 재림 때, 다양한 상징에 대한
해석을 종합적으로 바라보고 해석해야 한다는 것이다(그랜트 오즈번).
문자적 해석과 상징적 해석의 이분법적 태도는 매우 위험하며, 지금으로
서는 온전히 이해할 수 없는 일들을 억지로 사사로이 풀어내려는 이단적
행위를 조심해야 한다(벧후 1:20).

Tip 3 _ 예수님의 재림은 요한계시록의 핵심 주제로 19장 11-16절에서 극적으로 나타난다. 예수님은 자신의 다시 오심을 임박한 일로 표현하시며, 요한계시록에서 무려 11회나 등장한다.

예수님께서는 요한계시록을 통하여 장차 일어날 여러 일들을 보여 주시고 말씀해 주셨지만, 그 중에서도 가장 중요한 일은 바로 '예수님이 다시 오신다'라는 사실이었습니다. 예수님은 요한계시록의 첫 장에서 세 번이나 당신이 이 땅에 오실 것을 말씀하셨습니다. 그리고 우리가 함께 찾아 읽어보지는 않았지만 요한계시록 마지막 장인 22장 7절, 12절과 20절에서도 예수님은 "내가 속히 오리라"라고 거듭 말씀하십니다. 예수님이 요한계시록의 앞뒤로 강조하고 싶으신 것은 "내가 반드시, 속히, 너희에게 다시 온다"라는 말씀이었습니다.

환난 가운데 있는 성도들에게 예수님의 이 말씀은 얼마나 큰 위로가 되었을까요? 다시 오신다는 말씀을 남기고 승천하신 주님을 그리워하던 성도들에게, 믿음을 지키며 맡기신 복음을 전하기 위해 외로운 신앙의 여정을 걸어온 그들에게 예수님이 다시 오신다는 말씀보다 감격스러운 약속이 있었을까요? 세상의 핍박과 조롱에도 인내하며 예수의 환난, 고난과 참음에 동참해 온 사람들에게 그토록 그리던 우리 주님의 얼굴을 뵈옵는 날은 얼마나 간절히 기다려 온 날이었을까요? 교회에 전하는 예수님의 "다시 온다"라는 말씀은 가장 바라던 기쁨의 소식이었고, 세상 무엇과도 비교할 수 없는 가장 큰 위로의 말씀이었습니다.

5) 성경은 예수님이 반드시 다시 오신다고 기록하고 있습니다. 예수님이 오실 때 어떤 일들이 일어날까요?(계 19:11; 20:12; 21:4-7).

답 : 악한 세력과 죄인은 심판을 받고 믿음을 지킨 거룩한 성도들은 하나님과 함께 위로와 안식을 누림.

"또 내가 하늘이 열린 것을 보니 보라 백마와 그것을 탄 자(예수님)가 있으니 그 이름은 충신과 진실이라 그가 공의로 심판하며 싸우더라"(19:11).

"또 내가 보니 죽은 자들이 큰 자나 작은 자나 그 보좌 앞에 서 있는데 책들이 펴 있고 또 다른 책이 펴졌으니 곧 생명책이라 죽은 자들이 자기 행위를 따라 책들에 기록된 대로 심판을 받으니"(20:12).

"모든 눈물을 그 눈에서 닦아 주시니 다시는 사망이 없고 애통하는 것이나 곡하는 것이나 아픈 것이 다시 있지 아니하리니 처음 것들이 다 지나갔음이러라 보좌에 앉으신 이가 이르시되 보라 내가 만물을 새롭게 하노라 하시고 또 이르시되 이 말은 신실하고 참되니 기록하라 하시고 또 내게 말씀하시되 이루었도다 나는 알파와 오메가요 처음과 마지막이라 내가 생명수 샘물을 목마른 자에게 값없이 주리니 이기는 자는 이것들을 상속으로 받으리라 나는 그의 하나님이 되고 그는 내 아들이 되리라"(21:4-7).

Tip _ 하나님께서 계획하신 역사의 끝, 마지막 날에는 생명책에 기록된 자기 행위에 따라 심판을 받을 것(계 20:11-15)이며, 새 하늘과 새 땅이 임하게 되고, 하나님께서 하나님의 백성들과 함께 계셔서 눈물이나 사망, 애통, 곡하는 것, 아픈 것이 없어진다(계 21:1-4). 또한 보좌에 앉으신 이가 모든 만물을 새롭게 하며, 생명수를 목마른 자에게 값없이 주고, 하나님께서는 그들의 하나님이 되고, 그들은 하나님의 아들이 된다고 말쓰하신다(계 21:5-7). 이 날은 심판의 날이기도 하지만, 하나님께서 만물을 새롭게 하여 완전한 회복을 이루시는 은혜의 날이다. 선하신 하나님의 나라가 완성되는 때이다.

사랑하는 여러분, 성경에 기록된 대로 예수님은 반드시 다시 오셔서 세상의 끝날 악한 세력과 죄인들을 심판하실 것이고(19:11; 20:12), 생명책에 기록된 거룩한 성도들의 눈물을 닦아 주시며 그들을 영원한 하나님의 나라로 옮기실 것입니다. "모든 눈물을 그 눈에서 닦아 주시니 다시는 사망이 없고 애통하는 것이나 곡하는 것이나 아픈 것이 다시 있지 아니하리니..."(21:4)

그 날에는 이사야 선지자가 말했던 어린이와 맹수가 장난쳐도 물지 않는 참 사랑과 기쁨의 그 나라(사 11:6-9), 곧 하나님의 나라에서 주 예수 그리스도를 믿는 모든 사람이 영원한 안식을 누리게 될 것입니다. 우리는 예수 그리스도의 초림으로 도래했던 하나님 나라의 완성을 비로소 목도하게 될 것입니다. 성도는 바로 이 천국 소망을 품고 살아가는 사람들입니다.

6) 성경은 감격스런 하나님의 나라, 완성의 그때를 말하며 책을 맺습니다. 그리고 교회는 지금도 예수님께서 다시 오실 날을 소망하며 기다립니다. "아멘! 주 예수여, 오시옵소서!" 마라나타의 신앙이 우리 안에도 깊이 심겨지길 바라며 기도로 마칩니다.

Tip 1 _ '마라나타'(Μαραναθα)는 '우리 주님이 오셨다/오시옵소서'라는 뜻의 초대교회 아람어 기도문을 헬라어로 표기한 것이다. 요한계시록 22장 20절('이것들을 증언하신 이가 이르시되 내가 진실로 속히 오리라 하시거늘 아멘 주 예수여 오시옵소서')의 말씀처럼, 예수님이 다시 오시는 세상의 마지막 날을 고대하며 기다리는 것을 의미한다.

Tip 2 _ 종말론적 신앙을 잃어버린 교회는 하늘 소망이 아닌 이 땅에서의 소망으로 살게 된다. 성경은 성도로 하여금 예수님께서 다시 오신다는 것을 잊지 않도록 하는 영적 다림줄의 역할을 한다. 요한계시록에 대한 두려움이나 잘못된 성경 해석에서 벗어나 바른 종말론적 신앙을 회복하도록 격려하며 마치도록 한다.

 오늘의 은혜

 소그룹 기도제목

4-3 고백의 노래 (15분)

- 함께 이 찬양을 마음으로 고백하고, 기도로 마칩니다.

📖 부록 : 월별 성경일독표

	1월	
일	성경	확인
1	창1-3	
2	창4-7	
3	창8-11	
4	창12-16	
5	창17-19	
6	창20-23	
7	창24-25	
8	창26-27	
9	창28-30	
10	창31-32	
11	창33-35	
12	창36-37	
13	창38-40	
14	창41-42	
15	창43-44	
16	창45-47	
17	창48-50	
18	출1-3	
19	출4-6	
20	출7-8	
21	출9-11	
22	출12-14	
23	출15-17	
24	출18-20	
25	출21-23	
26	출24-27	
27	출28-29	
28	출30-32	
29	출33-35	
30	출36-38	
31	출39-40	

	2월	
일	성경	확인
1	레1-4	
2	레5-7	
3	레8-10	
4	레11-13	
5	레14-16	
6	레17-20	
7	레21-23	
8	레24-25	
9	레26-27	
10	민1-2	
11	민3-5	
12	민6-7	
13	민8-10	
14	민11-13	
15	민14-15	
16	민16-18	
17	민19-21	
18	민22-23	
19	민24-26	
20	민27-29	
21	민30-32	
22	민32-33	
23	민34-36	
24	신1-3	
25	신4-6	
26	신7-9	
27	신10-12	
28	신13-16	
29		
30		
31		

	3월	
일	성경	확인
1	신17-19	
2	신20-22	
3	신23-25	
4	신26-28	
5	신29-30	
6	신31-32	
7	신33-34	
8	수1-3	
9	수4-7	
10	수8-9	
11	수10-11	
12	수12-15	
13	수16-18	
14	수19-22	
15	수23-24	
16	삿1-3	
17	삿4-5	
18	삿6-7	
19	삿8-9	
20	삿10-11	
21	삿12-14	
22	삿15-17	
23	삿18-19	
24	삿20-21	
25	룻1-4	
26	삼상1-2	
27	삼상3-6	
28	삼상7-9	
29	삼상10-12	
30	삼상13-15	
31	삼상16-17	

	4월				5월				6월	
일	성경	확인		일	성경	확인		일	성경	확인
1	삼상18-19			1	왕하14-5			1	느1-3	
2	삼상20-22			2	왕하16-17			2	느4-6	
3	삼상23-25			3	왕하18-19			3	느7-8	
4	삼상26-28			4	왕하20-21			4	느9-11	
5	삼상29-31			5	왕하22-23			5	느12-13	
6	삼하1-3			6	왕하24-25			6	에1-3	
7	삼하4-6			7	대상1-3			7	에4-6	
8	삼하7-10			8	대상4-5			8	에7-10	
9	삼하11-13			9	대상6-7			9	욥1-5	
10	삼하14-15			10	대상8-10			10	욥6-11	
11	삼하16-17			11	대상11-13			11	욥12-17	
12	삼하18-19			12	대상14-16			12	욥18-21	
13	삼하20-22			13	대상17-19			13	욥22-27	
14	삼하23-24			14	대상20-23			14	욥28-32	
15	왕상1-2			15	대상24-26			15	욥33-37	
16	왕상3-5			16	대상27-29			16	욥38-42	
17	왕상6-7			17	대하1-3			17	시1-9	
18	왕상8			18	대하4-6			18	시10-18	
19	왕상9-10			19	대하7-9			19	시19-25	
20	왕상11-12			20	대하10-13			20	시26-31	
21	왕상13-14			21	대하14-17			21	시32-36	
22	왕상15-16			22	대하18-19			22	시37-41	
23	왕상17-18			23	대하20-21			23	시42-48	
24	왕상19-20			24	대하22-24			24	시49-55	
25	왕상21-22			25	대하25-28			25	시56-61	
26	왕하1-3			26	대하29-30			26	시62-68	
27	왕하4-5			27	대하31-33			27	시69-72	
28	왕하6-8			28	대하34-36			28	시73-77	
29	왕하9-10			29	스1-3			29	시78-83	
30	왕하11-13			30	스4-7			30	시84-89	
31				31	스8-10			31		

일	7월 성경	확인
1	시90-99	
2	시100-106	
3	시107-110	
4	시111-118	
5	시119	
6	시120-135	
7	시136-143	
8	시144-150	
9	잠1-4	
10	잠5-8	
11	잠9-13	
12	잠14-17	
13	잠18-21	
14	잠22-25	
15	잠26-28	
16	잠29-31	
17	전1-4	
18	전5-8	
19	전9-12	
20	아1-8	
21	사1-3	
22	사4-7	
23	사8-10	
24	사11-15	
25	사16-21	
26	사22-25	
27	사26-29	
28	사30-32	
29	사33-36	
30	사37-40	
31	사41-44	

일	8월 성경	확인
1	사45-48	
2	사49-51	
3	사52-56	
4	사57-59	
5	사60-63	
6	사64-66	
7	렘1-3	
8	렘4-5	
9	렘6-7	
10	렘8-10	
11	렘11-13	
12	렘14-16	
13	렘17-19	
14	렘20-22	
15	렘23-25	
16	렘26-28	
17	렘29-30	
18	렘31-32	
19	렘33-35	
20	렘36-37	
21	렘38-40	
22	렘41-44	
23	렘45-48	
24	렘49-50	
25	렘51-52	
26	애1-2	
27	애3-5	
28	겔1-5	
29	겔6-9	
30	겔10-12	
31	겔13-15	

일	9월 성경	확인
1	겔16-17	
2	겔18-20	
3	겔21-22	
4	겔23-24	
5	겔25-28	
6	겔29-31	
7	겔32-33	
8	겔34-36	
9	겔37-38	
10	겔39-40	
11	겔41-43	
12	겔44-45	
13	겔46-48	
14	단1-2	
15	단3-4	
16	단5-6	
17	단7-8	
18	단9-10	
19	단11-12	
20	호1-5	
21	호6-9	
22	호10-14	
23	욜1-3	
24	암1-4	
25	암5-9	
26	옵1	
27	욘1-4	
28	미1-7	
29	나1-3	
30	합1-3	
31		

10월		
일	성경	확인
1	습1-3	
2	학1-2	
3	슥1-8	
4	슥9-14	
5	말1-4	
6	마1-4	
7	마5-7	
8	마8-10	
9	마11-13	
10	마14-17	
11	마18-20	
12	마21-22	
13	마23-25	
14	마26-28	
15	막1-3	
16	막4-5	
17	막6-7	
18	막8-9	
19	막10-11	
20	막12-13	
21	막14-16	
22	눅1-2	
23	눅3-4	
24	눅5-6	
25	눅7-8	
26	눅9-10	
27	눅11-12	
28	눅13-14	
29	눅15-16	
30	눅17-18	
31	눅19-20	

11월		
일	성경	확인
1	눅21-22	
2	눅23-24	
3	요1-3	
4	요4-5	
5	요6-7	
6	요8-9	
7	요10-11	
8	요12-13	
9	요14-15	
10	요16-17	
11	요18-19	
12	요20-21	
13	행1-2	
14	행3-5	
15	행6-8	
16	행9-10	
17	행11-13	
18	행14-15	
19	행16-17	
20	행18-19	
21	행20-21	
22	행22-24	
23	행25-26	
24	행27-28	
25	롬1-2	
26	롬3-6	
27	롬7-9	
28	롬10-11	
29	롬12-14	
30	롬15-16	
31		

12월		
일	성경	확인
1	고전1-4	
2	고전5-7	
3	고전8-11	
4	고전12-14	
5	고전15-16	
6	고후1-5	
7	고후6-10	
8	고후11-13	
9	갈1-3	
10	갈4-6	
11	엡1-6	
12	빌1-4	
13	골1-4	
14	살전1-5	
15	살후1-3	
16	딤전1-6	
17	딤후1-4	
18	딛, 몬	
19	히1-6	
20	히7-10	
21	히11-13	
22	약1-5	
23	벧전1-5	
24	벧후1-3	
25	요일1-5	
26	요2,3,유	
27	계1-4	
28	계5-9	
29	계10-14	
30	계15-18	
31	계19-22	

성경이다 메모리

언제	누구와

성경이다를 통해 만났던 이들의 이름과 함께 했던 때를 적어보세요. :-)

언제	누구와

✦ 들어가는 말

똑똑똑.
무슨 소리일까요?
한밤중에 사람들 눈을 피해
한 사람이 찾아와 문을 두드립니다.
그의 이름은 니고데모,
'이스라엘의 선생'이라 불리던 사람입니다.
그는 하나님의 율법을 잘 알고
심지어 하나님의 말씀을 가르치는 자리에 있었으나
정작 예수님이 누구신지 알지 못했습니다.

그러나 그는 예수님이 죽으신 후,
몰약과 침향을 가져와 예수님의 장례를 치렀습니다.
니고데모는 여기저기 다니며
자신이 예수님의 제자라고 말하지 않았지만
삶으로 '예수님을 따르는 사람'이 되어 있었습니다.
그에게 어떤 일이 일어났던 것일까요?

로드앤로드 미니스트리 성경공부 교재 [따라가다]와 함께하는 동안,
이스라엘의 선생에서 예수님의 제자가 된
니고데모의 삶을 살펴봅시다.
그의 삶을 추적해가며
우리가 선생이 아닌 제자가 되기를 소망합니다.

따 라 가 다

로드앤로드 미니스트리 성경공부 ④

F코드 Follow the Lord 편

첫 번째 음

예수님을 따라가다

"그런데 바리새인 중에
니고데모라 하는 사람이 있으니
유대인의 지도자라
그가 밤에 예수께 와서"

요한복음 3:1-2

♪첫 번째 음 예수님을 따라가다

본과의 목적: 새로운 존재로 태어나기
(Key word - 거듭남, Reborn)

1-1 '라이프 토크' 타임: 내 인생의 한 사람 (15분)

- 지금까지 살아오면서, 나에게 가장 많은 영향을 준 사람이 있다면 그 사람을 소개하고, 나에게 어떤 영향을 주었는지 서로 나누어 봅시다.

Tip 1 _ 인생을 살아오면서 삶의 방향을 정할 수 있게 영향을 준 사람들을 생각해 보고, 각자에게 어떤 영향을 주었는지 나누어 보도록 한다. 소그룹에서 함께하는 이들에게 영향을 주었던 사람들은 누구이며, 어떤 영향을 줬는지 경청하는 시간을 가진다.

Tip 2 _ 인도자는 경청하는 분위기를 만들어 소그룹원 사이에 신뢰가 형성되도록 돕는다.

1-2 '예수님을 따라가다' 말씀 나눔

들어가며 (15분)

"목회자의 목회자"라고 불리던 한 분이 있습니다. 〈메시지 성경〉의 저자로도 잘 알려진 유진 피터슨(Eugene H. Peterson) 목사님이 바로 그분입니다. 2018년 10월 22일, 85세의 일기로 하나님의 부르심을 받으셨는데, 그분이 마지막 순간에 함께한 이들에게 짧은 메시지를 남겨주셨다고 합니다. 바로 "Let's Go!"라는 말이었습니다. 죽음을 코앞에 남겨 둔 유진 피터슨 목사님은 어떤 의미로 이 말을 남겼을까요? 아마도 유진 피터슨 목사님은, 모두가 두려워하고 모든 것이 끝났다고 생각하는 죽음의 순간이 새롭게 시작하는 순간임을 말하고 싶었던 것은 아닐까요? 오늘 우리가 만나게 될 말씀에도 그동안의 삶에 마침표를 찍고, 새로운 삶으로 나아가려는 기로에 선 한 사람이 있습니다. 함께 그를 만나러 떠나 봅시다!

말씀 속으로 (45분)

여기 한 사람이 있습니다. 그의 이름은 니고데모입니다. 니고데모는 존경받을 만한 사회적 지위를 가지고 있었고, 높은 학문적 성취로 인정을 받고 있던 유능한 사람이었습니다. 때문에 그는 언제나 사람들을 가르치는 자리에 있었습니다. 그러던 어느 날, 니고데모에게도 만나고 싶은 선생님이 생겼습니다. 주변 사람들은 그 선생님에 대해서 좋은 평가를 하기도 하고, 비난을 하기도 합니다. 이런 상황에서 니고데모는 사람들의 눈을 피해 그분을 만나 보기로 결정합니다. 한밤중, 어디론가 향해 가는 니고데모를 따라가 봅시다.

Tip _ 니고데모는 어느 날 밤 예수님을 찾아온다. 밤에 왔다는 것은 그가 예수님을 찾아왔다는 것을 다른 사람에게 보이고 싶지 않았음을 의미한다. 그가 사람들의 눈을 피해 예수님을 찾아온 이유는, 니고데모가 예수 그리스도와 긴장관계에 있었던 바리새인 중의 하나였기 때문이다.(요 2:13-22절 성전정화 사건 참고) 그래서 요한복음 3장 1절은 "그런데"로 시작한다. 바리새인 그룹은 예수 그리스도를 시기하고 죽이고자 하는 상황인데, '그런데' 이 와중에 바리새인인 니고데모가 예수 그리스도를 찾아왔다는 것이다. 이것은 니고데모가 자신이 속한 그룹과 달리 예수에 대하여 호의적인 태도를 갖고 있었음을 말해 준다.

*요한복음 3:1-11절의 말씀을 함께 읽고 아래의 질문에 답해 보세요.

1) 오늘 말씀에서 등장하는 니고데모는 어떤 사람인가요? 그리고 그는 누구를 찾아왔나요? (1-2절)

니고데모 : ① 바리새인 ② 유대인의 지도자

누구 : 예수님을 찾아왔음.

Tip _ 니고데모 이야기는 복음서 중 유일하게 요한복음에만 기록되어 있다. 본문 말씀에 의하면 니고데모는 바리새인이요, 유대인의 지도자이다. 또한 대한성서공회 개역개정 성경의 각주에 따르면 그가 산해드린 공회원인 것으로 기록되어 있다. 바리새인은 율법을 준수함으로 구원을 얻을 수 있다고 생각하는 율법주의자로서, 니고데모 역시 그들 무리 중 한 사람이었다. 또한 산해드린 공회는 유대인의 최고중앙의결기구이며, 재판소로 역할을 하던 곳이었다. 당시 70명의 의원들과 대제사장이 의장이 되어 유대 사회를 다스리던 막강한 권력의 상징이었다.(옥스퍼드 원어성경대전 참고) 그러한 사회 지도층 모임에 니고데모가 의원으로 함께하고 있었다는 것은 종교적으로나 정치적으로 이스라엘 공동체에서 아주 많은 영향력을 가진 인물이었다는 것을 말해 준다.

니고데모는 예수님 당시 많은 영향력을 가지고 있었던 바리새인이고, 이스라엘의 선생이었으며 산해드린 공회원이었습니다. '니고데모'의 이름은 헬라어식 이름으로써 '백성의 정복자'라는 의미를 가지고 있습니다. 여러 가지를 종합해 볼 때, 그는 유대 사회에서 종교적으로나 사회적으로 많은 영향력을 가지던 유대 공동체 리더십 그룹에 속한 인물이었습니다. 그런 니고데모가 어느 날 한밤중에 예수님을 찾아옵니다.

2) 니고데모는 예수님을 어떤 분으로 인식하고 있나요? (2절)

답 : "우리가 당신은 하나님께로부터 오신 선생인 줄 아나이다."

Tip _ 니고데모는 예수님을 "랍비", 곧 "선생"이라 칭한다. 니고데모가 남몰래 밤에 예수님을 찾아올 정도로 예수님에 대하여 호의적인 것은 분명하지만, 예수님을 메시아로서 확신하고 있었는지는 알 수 없다. 그가 예수님을 메시아로 짐작했다 하더라도, 이어지는 예수님과 니고데모의 대화를 살펴보면 죄에서 구원하기 위해 십자가를 져야 하는 고난 받는 종으로서의 예수님은 인식하지 못한 것 같다. 이런 니고데모의 모습은 예수님을 좋은 분 정도로 생각하며 신앙생활을 하고 있지만, 정작 예수 그리스도를 구주로 믿지 못하는 형식적 종교인처럼 비춰진다.
한편으로 니고데모는 이스라엘의 지도자면서도 예수님을 선생으로 존중했고, 예수님께 무엇인가를 배우고자 하는 겸손한 면모를 지니기도 했다.

니고데모는 예수님을 "랍비", 곧 "선생"이라고 칭합니다. 이것은 마치 유명 대학교의 총장이 시골 변두리 작은 학원 선생님에게 찾아와 "선생님"이라고 하는 것과 비슷한 상황입니다. 왜 니고데모는 갈릴리 나사렛 출신의 목수, 예수님에게 선생님이라 말한 것일까요? 그 이유는 니고데모가 예수님의 가르침과 행동을 보고, 예수님이 하나님이 보내신 분임을 깨달았기 때문입니다.

3) 예수님께서 니고데모에게 처음 꺼내신 말씀은 무엇인가요? (3절)

답 : "진실로 진실로 네게 이르노니 사람이 거듭나지 아니하면 하나님의 나라를 볼 수 없느니라."

Tip 1 _ 예수님은 니고데모에게 '거듭남'과 '하나님 나라'에 대해서 이야기하신다. 이것은 니고데모가 물은 것에 대한 답도 아니었고, 예수님 편에서 갑자기 꺼낸 주제이다. 예수님은 니고데모와 형식적인 대화는 거두절미하고, 바로 본론으로 들어가신다.

Tip 2 _ 예수님은 니고데모의 영적 상태를 잘 알고 계셨다. 성경을 많이 배웠고 오랜 시간 종교생활을 했지만 진정한 복음이 무엇인지 모르는 니고데모를 간파한 예수님은 3절부터 '거듭남'에 대한 이야기를 꺼내신다. '거듭나지 않으면 결코 하나님의 나라를 볼 수 없다'라는 예수님의 말씀은, 그동안 율법을 통하여 구원받을 수 있다고 믿었던 니고데모에게 충격으로 다가왔을 것이다.

예수님은 한밤중에 찾아온 니고데모에게 "잘 왔습니다" 또는 "이렇게 만나서 반갑습니다", "무엇이 궁금해서 여기까지 오셨나요?"라고 말하지 않았습니다. 마치 예수님은 그의 본질을 꿰뚫어 보시듯 심오한 말씀을 건네십니다. 그것은 거듭남과 하나님 나라에 대한 이야기였습니다. '다시 태어나지 않으면 하나님의 나라를 볼 수 없다'라는 예수님 말씀은 율법으로 구원받을 수 있다고 믿었던 니고데모에게 혼란과 충격을 주었을 것입니다.

4) 예수님의 첫 말씀은 니고데모와 예수님의 대화의 물꼬를 트게 됩니다. 니고데모와 예수님의 대화를 아래의 빈 칸에 정리해 봅시다. 말풍선에는 성경의 내용을 나의 언어로 바꾸어 적어 봅시다.
(4-11절)
답 : 니고데모(4절) - '거듭남'을 육체가 다시 태어나는 것으로 이해했다.

예수님(5-8절) - 그러나 예수님은 '거듭남'이란 사람의 영이 '물과 성령'으로 나는 것이라고 말씀하셨다. 6-8절은 이것에 대한 부연 설명이다.

니고데모(9절) - 니고데모는 이런 일이 어떻게 있을 수 있냐고 물었다.

예수님(10-11절) - 예수님은 니고데모에게 이스라엘 선생이면서도 이런 것을 알지 못하느냐고 말씀하셨다. 이어 예수님은 아는 것을 말하고 본 것을 증언할 뿐이라고 이야기하신다. 그러나 너희가 이 증언을 받지 않는 것이라 말씀하셨다.

(예시)

니고데모(4절): 늙은사람이 어떻게 다시 태어나지요? 두 번째로 어머니 뱃속에 들어갔다가 다시 태어나는 건가요?

예수님(5-8절): 진정으로 진정으로 당신에게 말하오. 사람이 물과 성령으로 나지 아니하면 하나님의 나라에 들어갈 수 없소.육으로 난 것은 육이요. 영으로 난 것은 영이니 내가 당신에게 거듭나야 하겠다는 말을 놀랍게 여기지 마시오. 바람이 불 때, 소리는 들어도 볼 수는 없듯이 성령으로 난 사람도 다 그렇소.

니고데모(9절): 아니, 어떻게 그런 일이 일어날 수 있지요?

예수님(10-11절): 당신은 이스라엘 선생이면서 이러한 것들을 알지 못합니까? 진정으로 진정으로 말합니다. 우리는 아는 것을 말하고 본 것을 증언하나, 당신들이 우리의 증언을 받지 않는 거요.

Tip 1 _ 예수님은 니고데모에게 '거듭남'에 대하여 자세히 설명해 주신다. 5-8절까지가 예수님의 설명이다. 예수님이 말씀하시는 거듭남은 바로 '물과 성령으로 나는 것(born)'이다(5, 8절). 여기에서 물은 '세례'를 의미한다. 진정한 의미의 '세례'는 형식적인 종교인의 증표가 아니라 '나는 죽고 이제 예수와 함께 살아난 것'을 의미한다. 로마서 6장에서 말하는 예수와 합하여 받은 세례가 그것이다. 그리고 예수와 함께 죽고 예수와 함께 산 사람은 하나님께서 약속하신 성령을 받는다. 성령의 인치심을 받은 사람은 성령의 통치 안에서 새로운 삶을 살아가게 된다. 이것이 '물과 성령으로 나는 것'이다.

Tip 2 _ 물과 성령으로 거듭나는 사건은 인간의 노력과 의지로 이루어지지 않는다. 철저하게 하나님에 의하여 이루어지는 사건이다. 창세기의 창조사건이 삼위일체 하나님에 의하여 일어난 사건이었던 것처럼, 옛 자아가 죽고 새사람으로 거듭나는 것 역시 하나님에 의한 새창조이다. 무에서 유로의 창조가 타락한 인간 존재 안에서 일어나는 것이다. 이러한 거듭남은 가시적으로 보이는 사건은 아니다. 그래서 예수님은 8절에서 바람은 눈에 보이지 않지만 존재하듯이, 성령으로 거듭나는 것도 볼 수는 없지만 분명히 존재하는 사건이라 설명해 주신다.

예수님은 니고데모에게 거듭남이 무엇인지 알려 주셨습니다. 거듭남은 '물과 성령으로 나는 것'인데, 이것은 사람이 예수 그리스도로 말미암아 구원받고 거룩한 성령이 내주하시는 새로운 존재가 되는 것입니다. 즉, 이 일은 인간의 노력으로는 불가능하고 하나님께서만 하실 수 있는 일이었습니다.

니고데모는 예수님의 말씀을 이해하기가 어려웠습니다. 왜냐하면 예수님께서 말씀하시는 거듭남의 주체는 '하나님'이지만, 그에게 구원의 주체는 여전히 율법을 행함으로 말미암아 구원받는 '자기 자신'이었기 때문입니다. "거듭남은 물과 성령으로 다시 태어나는 거라고요? 그게 어떻게 가능하지요?"(9절)라고 묻는 니고데모의 저변에는 구원은 여전히 자신에게 달린 일이라는 전제가 깔려 있음을 알 수 있습니다. 다시 말해 '그게 어떻게 가능합니까?'라는 그의 질문에는 '제가 어떻게 하면 되는 것입니까?'라는 의미도 담겨 있는 것입니다. 그러나! 예수님이 말씀하시는 거듭남은 완전히 새로운 존재로 태어나는 창조의 사건이고, '오직 하나님만이 하실 수 있는 일'이었습니다(막 10:27; 고후 5:17).

지금까지 스스로 율법을 지킴으로 구원을 얻을 수 있다고 믿었던 바리새인 니고데모, 율법을 지켜서 구원 얻으라고 가르쳤던 이스라엘의 선생 니고데모는 더 이상 아무런 말을 할 수 없었습니다. 예수님을 따라간 그날 밤, 그동안 그가 쌓아온 신념과 지식은 아무런 도움이 되지 않았습니다. 이제 그는 선택의 기로에서 결정해야 합니다. 지금까지 알고 가르쳐 온 구원의 방법을 붙들 것인가, 하나님이 베푸는 구원을 붙들 것인가? 이스라엘의 선생으로 살 것인가, 거듭남의 은혜를 갈망하는 사람으로 살 것인가?

5) 니고데모는 예수님께 더 이상 질문하지 않습니다. 이제는 질문이 아니라 결정을 해야 하기 때문입니다. 니고데모에게 있어 존경받는 선생의 자리를 내려놓고 전적으로 은혜를 간구하는 자리로 간다는 것은 어떠한 의미로 다가왔을 것 같은가요? 다양한 생각을 나눠 봅시다.

Tip _ 정답은 없다. 거듭남은 예수 그리스도를 영접하는 순간 일어나는 일이지만, 내가 매일 죽노라 고백했던 바울처럼(고전 15:31) 우리 삶에서 매일 이루어지는 일이어야 한다. 하나님의 은혜만이 우리를 살게 하고, 우리를 새롭게 한다는 것을 믿고 겸손히 살아가는 것은 일상의 거듭남이다.

 오늘의 은혜

 소그룹 기도제목

1-3 고백의 노래 (15분)

- 함께 이 찬양을 마음으로 고백하고, 기도로 마칩니다.

두 번째 음
참진리를 따라가다

"진리를 따르는 자는
빛으로 오나니
이는 그 행위가
하나님 안에서 행한 것임을
나타내려 함이라 하시니라"

요한복음 3:21

♪두 번째 음 참진리를 따라가다

본과의 목적: 참진리이신 예수님을 믿기
(Key word - 복음, 예수 그리스도)

2-1 '라이프 토크' 타임: '나는요' (15분)

- 이 세상에는 수많은 종교가 있습니다. 그러나 우리는 예수 그리스도를 믿습니다. 당신은 언제부터 예수님을 믿었나요? 어떻게 예수님을 믿게 되었나요? 서로 이야기를 나누어 봅시다.

Tip 1 _ 예수님을 영접하거나 회심한 경험을 나누도록 한다. 한 사람이 많은 내용을 이야기하기보다, 소그룹원 모두가 자신의 경험을 짧게라도 나눌 수 있도록 한다. 이미 리더로 세워진 청년들이 예수님을 처음 믿었던 순간을 기억함으로써, 복음에 무감각해졌던 마음을 일깨우는 도입활동이다.

Tip 2 _ 오늘의 성경본문은 이야기 형식이 아니라 명제적인 본문이므로, 복음을 딱딱하게 이해하지 않도록 삶의 이야기부터 나누도록 했다.

2-2 '참진리를 따라가다' 말씀 나눔

들어가며(15분)

선다 싱(Sundar Singh, 1889-1929)이라는 사람이 있었습니다. 그는 인도의 부유한 집안에서 태어나 부족한 것 없이 자란 사람이었습니다. 그런데 16살이 되던 해에 예수님을 만나는 신비로운 체험을 하게 되고, 그때부터 그리스도인이 되어 평생을 살았습니다. 특별히 그에게는 별명이 있었는데, 바로 "맨발의 전도자"였습니다. 그는 예수님을 믿게 된 후, 그리스도의 고난에 참여하며 복음을 전하겠다 다짐하고 평생을 맨발로 다니며 복음을 전했다고 합니다. 자신이 가진 모든 것을 버리고 복음만 전했던 선다 싱, 그가 평생 동안 전한 복음은 무엇이었을까요? 그의 인생을 온전히 뒤바꾼 복음은 무엇이었을까요? 오늘의 말씀을 통해 알아봅시다.

말씀 속으로(45분)

지난 시간 우리는 이스라엘의 선생이라 불리던 니고데모가 한밤중에 예수님을 찾아간 이야기를 나누었습니다. 예수님은 니고데모에게 "거듭남"에 대해서 말씀하시며, 자신의 공로가 아닌 하나님이 베푸는 구원의 자리로 초대하십니다. 이 시간 하나님만이 하실 수 있는 거듭남의 비밀, 예수님께서 직접 들려주시는 복음의 메시지에 귀를 기울여 볼까요?

*요한복음 3:16-21절 말씀을 함께 읽고 다음 질문에 답해 보세요.

1) 예수님께서 말씀하시는 복음의 시작은 "하나님이 세상을 이처럼 사랑하사"라는 말로 시작됩니다. 하나님께서 사랑하시는 세상은 어떤 곳인가요? (17, 19-21절)

17절: 17절을 보면 세상은 하나님이 구원하기 원하시는 곳이고, 구원받아야 하는 대상이다.

19-20절 : 19-20절을 보면, 세상에는 악을 행하는 사람들이 거한다. 그들은 어두움을 사랑하고, 빛을 미워한다.

21절 : 그리고 21절을 보면, 세상은 진리를 따르는 자들이 거하는 곳이기도 하다.

Tip _ 예수님께서 말씀하시는 복음의 시작은 하나님께서 세상을 사랑하신다는 이야기로부터 시작된다. 그런데 이 세상은 어떤 곳인가? 첫째로, 세상은 하나님의 심판으로부터 구원받아야 하는 곳이다. 로마서 5장 12절을 보면, "그러므로 한 사람으로 말미암아 죄가 세상에 들어오고..."라고 기록되어 있다. 세상은 죄로 오염된 공간이다. 그곳에 있는 모든 사람은 죄로 호흡하고, 죄를 낳을 수밖에 없다. 한마디로 세상은 하나님께 사랑받을 만한 어떤 자격도 갖추지 못한 곳이다.

이렇게 볼 때, 하나님이 세상을 사랑하신다는 것은 세상의 상태와 상관없이 하나님께서 강권적으로 세상을 품고 긍휼히 여기신다는 것을 의미한다. 둘째로, 세상은 악을 행하는 사람과 진리를 따르고자 하는 사람이 공존하는 곳이다. 즉, 구원을 거절하는 사람과 구원을 바라는 사람들이 함께 거한다.

예수님이 들려주시는 복음의 첫 시작은 "하나님이 세상을 이처럼 사랑하사"라는 말로 시작됩니다. 하나님께서 사랑하시는 세상은 어떤 곳일까요? 하나님의 은혜와 긍휼을 입기에 합당한 곳일까요? 오늘 말씀을 살펴보면, 불행히도 세상은 그런 곳으로 묘사되지 않습니다. 세상은 심판받게될 곳이고, 구원받아야 하는 타락한 곳으로 묘사되기 때문입니다. 또한세상에는 하나님의 구원을 간절히 바라며 사모하는 사람들만 있는 것이아니라, 여전히 악을 행하고 구원을 거절하는 완악한 자들이 거하는 곳이기도 합니다. 굳이 하나님께서 먼저 사랑하시고 손을 내밀 이유가 전혀 없는 곳이 세상입니다. 그런데 예수님은 하나님께서 이런 세상마저도 '사랑하신다'라고 이야기합니다. 복음은 바로 하나님의 헤아릴 수 없는 사랑으로부터 시작되고 있음을 말씀해주시는 것입니다.

2) 하나님은 세상을 구원하기 위해서 어떤 일을 행하셨나요? (16-17절)

답 : 하나님은 독생자를 주셨다(16절).

그 아들을 세상에 보내셨다(17절).

Tip _ 하나님께서는 세상을 구원하기 위해 독생자를 보내 주신다. 여기에서 주어는 '하나님'이다. 예수님이 스스로 결정하셔서 이 땅에 오신 것이 아니라, 하나님께서 독생자를 주기로 결단하셔서 내어주셨음을 알 수 있다. 이것은 하나님께서 세상을 사랑하신다는 말씀과 이어진다. 하나님께서 세상을 사랑하시는데, 얼마나 사랑하시는가 하면 하나뿐인 아들을 세상에 내어주실 만큼 사랑하셨다는 것을 알 수 있다. 하나님께서는 세상을 구하기 위해 아들을 내어놓으신 것이다.

로마서 8장 32절을 보면 이런 말씀이 기록되어 있습니다. "자기 아들을 아끼지 아니하시고 우리 모든 사람을 위하여 내주신 이가 어찌 그 아들과 함께 모든 것을 우리에게 주시지 아니하겠느냐." 하나님께서는 자기 생명과도 같은 아들을 아끼지 않고, 우리 모든 사람을 위하여 내어주셨습니다. 그 아들을 내어주고 우리 모두를 구원하기 원하셨기 때문입니다.

만약 누군가가 서로 물물교환을 한다고 생각해 봅시다. 한 사람은 고가의 자동차를 가지고 있고, 다른 한 사람은 아메리카노 한 잔을 가지고 있습니다. 아메리카노 한 잔을 가진 사람이 자동차를 가진 사람에게 다가가, 내 것과 네 것을 바꾸자고 말한다면 그 교환이 이루어질까요? 아마 어림도 없을 것입니다. 웬 미친 사람인가 할 것입니다. 그런데 이보다 훨씬 더 말도 안 되는 교환이 있습니다. 하나님은 존귀한 예수님을 우리에게 내어주고, 우리 모든 더러운 죄와 추함을 가져가기 원하셨습니다. 하나님께서 이런 말도 안 되는 교환을 감행하신 이유는 무엇일까요? 바로 그분이 우리를 사랑하셨기 때문입니다. 종교개혁자 루터는 이것을 "즐거운 교환"이라고 말하기도 했습니다.

3) 하나님께서 베푸는 구원을 받는 방법은 무엇인가요? (18절)

답 : 그를 믿는 것, 하나님의 독생자의 이름을 믿는 것

Tip 1 _ 하나님께서는 세상을 사랑하시므로 모든 사람이 구원받을 수 있는 길을 예비하신다. 그러나 그 구원이 모두에게 유효한 것은 아니다. 하나님께서는 차별 없이 구원의 기회를 주셨으나(딤전 2:4, 딛 2:11), 그 구원의 역사는 예수 그리스도를 믿는 자에게만 주어지는 것이다.

Tip 2 _ 예수님은 이 말씀을 하시기 전에, 요한복음 3장 14절의 말씀을 하신다. "모세가 광야에서 뱀을 든 것 같이 인자도 들려야 하리니." 이것은 민수기 21장에 나오는 심판의 사건과 이어진다. 하나님을 반복적으로 원망하고 불신하던 이스라엘이 불뱀에게 물려 죽는 심판의 순간에, 하나님께서 열어 두신 구원의 방법은 불뱀의 모양을 한 놋뱀을 바라보는 것이었다. 이스라엘 백성은 심판 중에 하나님께서 예비하신 구원을 보고 살 것인지, 그대로 죽을 것인지 결정해야 했다. 예수님께서 니고데모와의 대화에서 민수기에 기록된 이 사건을 언급하신 것은 하나님의 심판이 먼 훗날 도래할 것이 아니라, 이미 임했다는 것을 말씀하시는 것이다. 또한 그 안에서 구원받을 수 있는 유일한 길은 하나님이 예비하신 구원을 바라보는 것, 곧 '예수 그리스도를 믿는 것'이라고 가르쳐 주신다.

하나님께서 세상을 구원하기 위해 선택하신 방법은 매우 단순합니다. 바로 하나님의 독생자의 이름을 믿는 것입니다. 하나님께서 보내신 아들, 예수 그리스도를 믿는 것입니다. "다른 이로써는 구원을 받을 수 없나니 천하 사람 중에 구원을 받을 만한 다른 이름을 우리에게 주신 일이 없음이라 하였더라"(행 4:12). 오직 예수 그리스도만이 우리에게 구원을 주시는 분임을 믿을 때 놀라운 구원이 임합니다.

그분이 나의 구원자임을 믿는 것은 많은 학식을 필요로 하는 것이 아닙니다. 그분이 나의 유일한 구원임을 믿는 것은 엄청난 훈련과 수행을 필요로 하는 것도 아닙니다. 오직 하나님의 사랑을 신뢰할 때 믿을 수 있습니다. 로마서 5장 8절을 보면, "우리가 아직 죄인 되었을 때에 그리스도께서 우리를 위하여 죽으심으로 하나님께서 우리에 대한 자기의 사랑을 확증하셨느니라"라고 말씀합니다. 예수님을 믿는 것은, 타락한 세상과 죄인을 향한 하나님의 끝없는 사랑을 믿는 것입니다(롬 8:38-39). 나 같은 인간마저도 사랑한다고 말씀하시는 하나님의 그 사랑에 항복하는 것입니다.

4) 예수님께서 전해주신 복음의 이야기가 끝나고(3:16-18), 성경에는 니고데모가 어떤 반응을 보였는지 남기지 않고 있습니다. 예수님의 말씀만 남아 있습니다. 예수님께서 남기신 마지막 말씀은 무엇인가요? (21절)
답 : "진리를 따르는 자는 빛으로 오나니 이는 그 행위가 하나님 안에서 행한 것임을 나타내려 함이라 하시니라."

Tip _ 복음, 곧 하나님의 사랑의 선언 앞에서 사람들은 두 가지 반응을 보인다. 어떤 이들은 그 사랑의 선언을 거절하고(19-20절), 또 다른 이는 하나님이 우리를 사랑하신다는 진리의 말씀을 따르고 빛 가운데로 나아온다. 즉, 참진리이시며 참빛 되신 예수 그리스도에게로 나아온다.

예수님께서 니고데모에게 전해주신 거듭나게 하는 복음의 이야기가 끝났습니다. 그러나 니고데모는 어떤 말도, 어떤 행동도 하지 않았습니다. 다만 이 대화의 끝에는 예수님의 말씀만 의미심장하게 남아 있습니다. "진리를 따르는 자는 빛으로 오나니..." 예수님은 세상과 죄인을 향한 하나님의 사랑을 선포하시고, 그 결말을 열어 두십니다. 어쩌면 예수님은 '하나님께서 우리를 말할 수 없이 사랑하신다'라는 진리 앞에 항복하며 나오고자 하는 각 시대의 니고데모들에게 대답을 열어 두신 것인지도 모릅니다. 시대를 막론하고 진리를 따르는 이들은 반드시 예수 그리스도를 만나게 될 것이기 때문입니다. 우리가 처음에 살펴보았던 선다 싱도 그런 사람 중에 하나이지 않았을까요?

이제는 여러분이 예수님의 복음 이야기에 답할 차례가 되었습니다. 여러분은 이스라엘의 선생입니까? 아니면, 참진리 가운데 나와 그 진리를 따라가는 사람입니까?

5) 예수님의 복음 이야기를 들으면서 깨달은 점, 또는 마음에 가장 와 닿은 은혜를 나누어 봅시다. 이스라엘의 선생이 아니라 하나님의 사랑에 항복한 사람으로 사는 것이 복음이라면, 당신은 복음에 합당하게 살아가고 있는지 삶을 나누어 봅시다.

Tip _ 리더로 사는 것보다 더 중요한 것은, 하나님의 사랑에 매 순간 감격하고 그 사랑 앞에 항복하며 사는 것이다. 즉 이스라엘의 선생인 니고데모로 사는 것이 아니라, 참진리이신 예수 그리스도를 따르고 믿었던 니고데모로 살아야 한다. 니고데모는 예수님이 사시던 때에 살았던 한 사람이 아니라, 오늘의 우리를 투영하는 인물이다.

 오늘의 은혜

 소그룹 기도제목

2-3 고백의 노래 (15분)

- 함께 이 찬양을 마음으로 고백하고, 기도로 마칩니다.

세 번째 음

새기준을 따라가다

"이는 내가 사람에게서
받은 것도 아니요
배운 것도 아니요
오직 예수 그리스도의 계시로
말미암은 것이라"

갈라디아서 1:12

♪ 세 번째 음 새기준을 따라가다

본과의 목적: 예수 그리스도라는 새로운 기준을 갖기
(Key word - 인격적인 만남, 복음의 본질)

3-1 '옆친소' 타임 (15분)

- 내 오른쪽 옆에 있는 친구를 소그룹 안에서 소개하는 시간이에요. 잠시 생각하는 시간을 갖고, 한 사람씩 돌아가며 '옆친소' 타임을 가져볼까요?

Tip _ 오른쪽에 있는 사람을 소개함으로 공동체가 서로에 대해 알아가는 시간으로 활용한다. 또한 오른쪽에 있는 사람과 깊이 아는 사람이면 다양하게 소개하는 내용이 나오지만, 단지 알고만 지냈던 사이라면 알고 있는 사실만 이야기할 것이다. 꼭 많은 이야기를 일부러 나눌 필요는 없다. 한 사람에게 주어진 시간은 2분 정도로 하여, 편안하게 이야기하게 한다.

3-2 '새기준을 따라가다' 말씀 나눔

들어가며(15분)

"나는 누구를 알고 있어"와 "나는 누구와 아는 사이야." 두 문장은 비슷해 보이지만 서로 다른 의미를 지니고 있습니다. 전자인 '알고 있다'의 의미는 어떤 사람에 대한 약력이나 정보를 알고 있는 것으로(Knowing about), 그 사람을 객관적으로 알고 있는 상태를 말합니다. 그러므로 상대방은 정작 나를 알지 못 할 수도 있습니다. 하지만 후자의 '아는 사이'는 약력이나 정보를 넘어 상대방과 직접 만나 교제함으로 얻어진 경험적인 지식을 가진 관계를 말합니다(Knowing). 이런 관계에서는 서로의 감정과 생각을 나눌 수 있고, 나아가 가치관이나 비전도 공유합니다. 이것을 우리는 "인격적인 관계"라고 부릅니다. 존재와 존재가 만나 서로의 삶을 이야기하고 마음을 나누는 친밀한 관계는 실로 우리 삶을 풍성하게 합니다.

마찬가지로 예수님과의 관계에서도 예수님에 대한 정보만 알고 지내는 사람도 있고, 예수님과 친밀한 사이로 지내는 사람도 있습니다. 지금 이 자리에 있는 여러분은 어느 쪽에 속하나요?

Tip _ 본 교재는 리더 및 목자를 위한 재교육 교재이다. 따라서 이 성경공부에 참여하는 사람들은 대부분 하나님과의 인격적인 관계를 경험해 본 사람일 것이다. 다만, 영적 상태에 따라 지금 당장 하나님과의 친밀함을 느끼는 사람도 있을 것이고 그렇지 않은 사람도 있을 것이다. 솔직하게 지금 하나님과 어떤 관계에 있는지 확인해보도록 한다.

말씀 속으로 (45분)

초막절, 예수님은 예루살렘 성전에 서서 "누구든지 목마르거든 내게로 와서 마시라"라고 말씀하셨습니다. 예수님의 가르침을 들은 사람들은 그 가르침의 의미를 상고하기보다 예수님이 선지자인지, 그리스도인지 논쟁하기 시작했습니다. 그들은 예수님이 누구인지 궁금했습니다. 그러나 바리새인들은 예수님을 궁금해하기는커녕, 예수님을 믿는 사람들을 저주하기까지 했습니다. 성전에 모인 군중이나 유대교 지도자들 모두 예수님을 제대로 알고 있는 사람은 아무도 없어 보입니다. 그런데 이런 상황 속에서 예수님에 대해 용기 내어 말을 꺼내는 한 사람이 있습니다. 그 사람을 만나러 함께 말씀 속으로 들어가 볼까요?

*요한복음 7:37-52절 말씀을 함께 읽고 아래의 질문에 답해 보세요.

1) 명절 끝날, 초막절 마지막 날에 예수님은 어떤 말씀을 하시나요? (37, 38절)

37절 : 누구든지 목마르거든 내게로 와서 마시라

38절 : 나를 믿는 자는 성경에 이름과 같이 그 배에서 생수의 강이 흘러 나오리라

초막절은 이스라엘 공동체가 출애굽 후의 광야 생활을 기억하며 하나님의 신실하심에 감사하는 기간입니다.

당시 이스라엘에게 광야는 철저하게 하나님만을 신뢰해야 하는 곳이었습니다. 그곳에서 생명과 직결된 물과 음식을 공급하실 분은 하나님뿐이었기 때문입니다. 하나님은 광야학교를 통하여 이스라엘에게 일회적인 물과 음식에 집착하는 삶이 아닌, 생수의 근원이시며 생명의 양식이신 하나님 한 분을 믿는 삶을 가르치셨습니다. 그런데 이러한 날에 예수님께서 사람들을 향해서 외치십니다. "누구든지 내게로 와서 마셔라!" 예수님의 외침은 예수님께서 곧 하나님과 동등한 분인 것을 선포하신 것이었습니다. 그리고 생명이 예수님께 있음을 알려주신 것입니다.

2) 예수님의 말씀을 들은 사람들과 바리새인의 반응은 어떠했나요? (40-41, 46-49절)

40절 : 누구는 선지자라

41절 : 누구는 메시아라 쟁론했음

46절 : 예수와 같이 말하는 자는 지금까지 없었음

47절 : 바리새인은 예수를 옹호하는 자를 미혹당했다고 함

48절 : 바리새인은 예수를 믿는 자가 있는지 추궁함

49절 : 바리새인은 예수 믿는 자를 저주함

Tip _ 예수님은 초막절의 본래 의미를 상기시키며, 생수의 근원인 자신에게 나오라고 요청하신다. 구원이 예수님께 있음을 밝힌 것이다. 예수님의 권위 있는 선포에 사람들은 혼란을 느끼기 시작한다(46절). 어떤 사람은 예수님을 선지자라 하고, 또 다른 사람은 예수님을 그리스도라 했으며, 어떤 사람은 예수님을 잡으려 했다. 사람들은 서로 쟁론했다. 쟁론이 매우 치열해 분열과 분화의 조짐이 있었음을 짐작할 수 있다. 이 소문이 대제사장과 바리새인의 귀에도 들어갔다. 유대교 지도자들은 예수 믿는 자들이 미혹된 자라고 저주하며, 바리새인 중에서도 예수님을 믿는 자가 있는지 추궁한다.

예수님의 말씀을 들은 사람들의 반응은 다양하게 나타납니다. 무리 중 일부는 예수님을 선지자로, 누구는 그리스도로 평가합니다. 어떤 이들은 예수님의 권위 있는 말씀에 놀랐고, 바리새인은 예수님에게 미혹된 자들이 있는지 추궁하며 그들을 저주하기에 이릅니다. 예수님의 말씀은 이스라엘 공동체의 다양한 사람에게 엄청난 혼란을 일으켰습니다.

3) 유대교 지도자들은 예수님을 믿는 자들을 저주하면서 그들을 어떻게 평가하나요? (49절)
답 : 율법을 알지 못하는 이 무리

유대교 지도자들이 예수님에 대하여 적대적인 이유, 그리고 예수님을 믿는 사람들을 저주하는 이유는 하나입니다. 바로 그들이 생명처럼 여기는 하나님의 법, 곧 율법과 예수님의 가르침이 상충된다고 여겼기 때문입니다. 그렇다면 율법은 무엇일까요? 복음서에서 율법은 "모세오경"이라고도 불리는 토라를 의미합니다. 유대교 지도자들은 이 율법을 보존하고 가르치는 것이 그들의 사명이라 여겼습니다. 그렇기 때문에 그들이 보기에 율법을 훼손하는 사람이 있다면 응당 처벌을 받아야 한다고 생각했을 것입니다. 그런데 정말 예수님은 율법을 훼손하기 위해 온 분이었을까요? 함께 마태복음 5장 17절의 말씀을 읽어봅시다. "내가 율법이나 선지자를 폐하러 온 줄로 생각하지 말라 폐하러 온 것이 아니요 완전하게 하려 함이라."

유대교 지도자들은 하나님을 향한 신앙심에 근거하여 율법을 귀하게 여겼습니다. 그러나 정작 하나님과 동등하신 하나님의 아들, 예수 그리스도는 알아보지 못했습니다. 그들은 예수님이 율법을 훼손한다고 생각했습니다. 이 모습은 신앙의 본질을 지키려다, 비본질적인 것에 몰두하게 된 종교인의 모습을 보여 줍니다. 오늘 우리 모습 중에 본질을 잃고 비본질적인 것에 집중하는 모습은 없는지 생각해 봅시다.

4) 이때 율법의 수호자로 자처한 유대교 지도자들 사이에서 바리새인 한 사람이 용기를 내어 말을 꺼냅니다. 그는 누구인가요? 그리고 그는 무엇이라고 말하나요? (50-51절)

누구(50절) : 바리새인 중 한 사람인 니고데모
한 말(51절) : "우리 율법은 사람의 말을 듣고 그 행한 것을 알기 전에 심판하느냐."

Tip _ 예수님과 유대교 지도자들의 갈등상황이 절정에 이르렀다. 그런데 그때 요한복음에서 잠시 잊었던 니고데모가 다시 등장한다. 니고데모는 "우리 율법은 사람의 말을 듣고 그 행한 것을 알기 전에 심판하느냐?"라고 말한다. 그 말은 예수라는 사람이 말하고 행한 것에 대해서 제대로 알고 난 후에, 하나님의 율법에 맞는 사람인지 아닌지 판단해도 늦지 않다는 말이다. 또한 하나님의 법은 사람의 말과 행동을 살펴보지 않고, 무조건 정죄하지 않는다고 말한 것이다. 니고데모의 말은 전통적인 종교 지도자 집단의 신경을 건드렸고, 그들에게 미움(따돌림)을 받을 만한 빌미를 제공했다. 초막절에 있던 예수님의 선포와 종교 지도자들의 분노가 팽팽한 긴장을 만들어 내는 이 상황에서, 니고데모가 예수님을 만나고 보고 들었던 인격적인 경험은(요 3장) 그로 하여금 용기 있는 질문을 던지게 했다. 니고데모는 그동안 당연하게 여기던 것에 대한 의문과 회의감을 갖기 시작했다.

니고데모는 요한복음 3장에서 예수님을 만난 후, 한동안 등장하지 않다가 7장에서 다시 나타납니다. 그는 그동안 공식적으로 예수님의 제자가 되어 활동하지 않았습니다. 니고데모는 아직 바리새인 공동체에 속해 있습니다. 그러나 오늘 말씀을 보면, 니고데모는 담대하게 바리새인 공동체의 생각과 관습, 가치관에서 벗어나는 비판적인 질문을 던집니다. 니고데모의 내면에서 기존에 고수하던 기준이 아닌 예수 그리스도라는 새로운 기준을 가지고 생각하기 시작했음을 알 수 있습니다.

이것은 니고데모가 예수님과 만난 이후 즉각적으로 확실한 제자가 되지는 않았지만, 자신이 지켜 오던 율법의 알을 깨는 "영적 꿈틀거림"을 시작했음을 말해 줍니다. 예수님과의 인격적인 만남은 니고데모를 점차 바꾸고 있었습니다. 예수님과의 인격적인 만남은 니고데모로 하여금 그동안 옳다고 여겼던 관습과 가치관에 대해서 다시 생각하게 만들었습니다. 결국 니고데모는 예수 그리스도라는 새로운 기준을 따라가게 될까요?

5) 오늘 말씀을 통해 깨달은 점을 나누어 봅시다. 특별히 리더쉽으로서 있는 여러분에게 바리새인처럼 굳어진 기준이 있다면 나눠 봅시다. 예수님과 친밀하게 관계 맺으며 신앙의 본질을 회복해야 할 영역은 없는지 이야기해 봅시다.

Tip _ 바리새인처럼 굳어진 기준은 하나님의 뜻을 따르는 것이라 생각했으나 정작 하나님의 의도를 잃어버린 모든 종교행위를 의미한다. 섬기는 과정에서 예수님께서 몸소 보이신 사랑의 정신을 잃어버리고 일에 치중했던 삶은 없는지 구체적으로 돌아보게 하자.
그리고 일이나 형식보다 중요한 것은 예수 그리스도와의 친밀한 관계 안에서 복음의 본질을 지켜 나가는 것임을 말해주도록 한다.

 오늘의 은혜

 소그룹 기도제목

3-3 고백의 노래 (15분)

- 함께 이 찬양을 마음으로 고백하고, 기도로 마칩니다.

네 번째 음

제자되어 따라가다

"이에 예수께서 제자들에게 이르시되
누구든지 나를 따라오려거든
자기를 부인하고
자기 십자가를 지고
나를 따를 것이니라"

마태복음 16:24

♩ 네 번째 음 제자되어 따라가다

본과의 목적: 예수님의 제자로 살기

(Key word - 제자)

4-1 '라이프 토크' 타임 : '제자의 조건'(15분)

- 여러분이 생각하는 제자의 조건에 대해서 나누어 봅시다.

예수님의 제자에게 요청되는 가장 중요한 것은 무엇일까요?

Tip _ 소그룹원의 의견을 듣고, '제자의 조건'이라는 차트를 만들어 봐도 좋다. 소그룹을 여러 개 진행할 경우, 각 소그룹의 차트를 공유하고 이야 기를 나눠도 좋다.

4-2 '제자되어 따라가다' 말씀 나눔

들어가며 (15분)

주후 2세기 서머나교회 감독으로 알려진 폴리캅의 순교 이야기는 지금도 많은 그리스도인에게 전해지고 있습니다. 폴리캅은 황제 숭배의 회유와 협박 속에서, 하나님을 향한 순결한 마음을 잃지 않았던 분입니다. "86년의 삶 동안 하나님은 한 번도 날 부인하신 적이 없는데, 제가 어찌 그분을 부인하겠습니까?" 폴리캅은 이 말을 남기고 화형장의 불 가운데 사라졌습니다. 그가 결코 부인할 수 없었던 하나님의 사랑, 죽음마저도 이기게 한 하나님의 사랑은 폴리캅뿐 아니라 2천년 교회의 역사 속에서 수많은 그리스도인을 존재하게 한 힘이었습니다.

말씀 속으로 (45분)

탕!탕!탕! 예수님의 손과 발이 십자가에 못 박혔습니다. 예수님의 존귀한 보혈이 저주받은 자의 나무 위에 흘렀습니다. 예수님이 죄인들을 대신하여 죽으셨습니다. 그러나 사람들은 예수님을 비참하게 생을 마감한 젊은이라고 생각했습니다. 혹자는 정치 혁명을 일으키려다 실패한 사람으로 생각했을지도 모릅니다. 이제 예수라는 사람이 일으킨 신드롬은 다 끝난 것처럼 보입니다. 그런데 예수님이 죽은 후에야 비로소 예수의 제자가 되기를 선언한 사람이 있습니다. 그 사람은 누구일까요?

*요한복음 19:38-42절 말씀을 함께 읽고 아래의 질문에 답해 보세요.

1) 유대교 지도자들의 참소로 예수님은 십자가에 달려 죽었습니다. 예수님의 장례를 치른 사람은 누구입니까? 그리고 성경은 그를 어떤 사람으로 묘사하고 있습니까? (38절)

누구 : 아리마대 요셉

어떤 사람인가? : 그는 예수의 제자이나 유대인이 두려워 그것을 숨겼던 사람이라고 소개된다.

Tip 1 _ 아리마대 요셉은 예수님의 제자였으나, 유대인을 두려워하여 그것을 숨겼던 사람이다. 예수님의 죽음 이후, 예수님을 따르던 열두 제자도 모두 도망가 버렸다. 예수님의 장례를 치를 사람은 아무도 없어 보인다. 그런데 아리마대 요셉이 용기를 내어 빌라도에게 예수님의 시체를 구한다(38절). 예수님이 살아계실 때에는 제자임을 밝히지 못했던 그가, 예수님이 돌아가신 이후 공공연하게 자신이 제자라는 사실을 밝힌 것이다. 예수님의 죽음은 요셉이 더 이상 숨지 않고, 예수님의 제자로 살게 하는 계기가 되었다.

Tip 2 _ 아리마대 요셉의 장례는 구약 예언이 성취된 것이다. 이사야 53장 9절을 보면, "그가 죽은 후에 부자와 함께 있었도다"라고 기록하고 있다. 아리마대 요셉이 예수님의 장례를 치른 것은 예수님이 구약에서 예언한 메시아였음을 밝히는 것이다.

2) 예수님의 장례에 함께한 또 한 사람이 있습니다. 그 사람은 누구이며, 성경은 그에 대해 어떻게 말하고 있나요? (39절)

누구 : 니고데모

어떤 사람인가? : 일찍이 예수께 밤에 찾아왔던 사람, 몰약과 침향 섞은 것을 백 리트라쯤 가지고 왔음.

Tip 1 _ 요한복음 7장에서 바리새인 공동체의 관습과 가치관에 의문을 갖고, 예수님에 대해 진지하게 고민하기 시작했던 니고데모는 그 후로 한동안 요한복음에서 다시 언급되지 않는다. 그러다 19장에서 다시 나타나는데 예수님의 죽음 이후 등장한 니고데모의 모습은 이전처럼 애매해 보이지 않는다. 니고데모는 유대인의 살기등등한 분위기를 알면서도 예수님의 장례에 참석한다. 니고데모는 자신이 예수님의 제자라는 것을 공식적으로 밝히고 있다.

Tip 2 _ 니고데모는 예수님의 시체에 염을 하기 위해 몰약과 침향을 가지고 오는데, 그가 준비한 장례물품은 당시의 물가로 환산하면 삼만 데나리온이 넘는 엄청난 액수이다. 한 데나리온이 노동자 하루 품삯이므로, 일 년에 300일을 일하는 노동자가 100년을 일해야 벌 수 있는 금액이다. 한 데나리온을 5만 원 정도라 가정했을 때, 삼만 데나리온은 15억에 달한다. 니고데모가 예수님의 장례를 위해 준비한 몰약과 침향은 평생을 일해도 벌 수 없는 엄청난 액수였다. 그가 단순히 부자였기 때문에 사람들에게 과시하려고 이러한 물품을 준비한 것은 아닐 것이다. 어쩌면 그에게 백 리트라의 몰약과 침향은 그의 전부였을지도 모른다.

Tip 3 _ 한 리트라는 한 근으로, 약 340그램이다. 요한복음 12장 3-5절을 살펴보면, 향유 한 근이 삼백 데나리온 정도임을 알 수 있다. 즉 백 리트라는 삼만 데나리온 정도이다.

예수님의 십자가 처형 이후, 예수님을 곁에서 따르던 열두 제자는 모두 도망쳤습니다. 그러나 그때 보이지 않는 곳에서 예수님을 따랐던 두 명의 제자가 등장합니다. 그들의 이름은 아리마대 요셉과 니고데모입니다. 성경은 아리마대 요셉을 일컬어 이전에 '유대인이 두려워 예수님의 제자임을 숨겼던 자'라고 말하고, 니고데모를 일컬어 '일찍이 예수께 밤에 찾아왔던 자'라고 말합니다. 아마도 아리마대 요셉과 달리 니고데모는 제자 공동체 안에서 예수님의 제자로 분명히 인정된 사람은 아니었던 것으로 보입니다.

그런 니고데모가 예수님의 장례에 참석합니다. 그리고 예수님을 위해 자신의 전 재산일 수도 있는 엄청난 액수의 장례물품을 드립니다. 당시 제자들도, 지금의 우리도 도대체 그가 언제부터 예수님의 제자가 되었는지 명확히 알 수는 없습니다. 그러나 분명한 것은 그가 예수님의 죽음 이후에 예수님의 제자가 되어 나타났다는 것입니다. 니고데모에게 단순히 동정심이 발동하여 예수님의 장례에 참석했다고 보기는 어렵습니다. 왜냐하면 니고데모가 감수한 위험과 지불한 비용은 그의 삶 전부와 맞바꾼 것이기 때문입니다.

3) 잠시 상상해 봅시다. 니고데모가 예수님의 장례에 참석하고, 그의 전 재산을 예수님의 장례를 위해 사용했다는 것을 바리새인이 알게 되었다면 뭐라고 말했을 것 같은가요? 소그룹 안에서 한 명이 니고데모가 되어 말해보고, 나머지는 바리새인이 되어 이야기를 나누어 봅시다.

Tip _ 정답은 없다. 니고데모가 행한 것이 얼마나 큰 각오를 필요로 하는 것이었는지 상상해보게 한다.

4) 예수님의 제자로 살기 위해 니고데모가 포기한 것은 무엇일까요? 여러 분의 생각을 이야기해 보세요.

Tip _ 정해진 정답은 없다. 소그룹원의 자유로운 생각을 듣도록 한다. 중요한 것은 예수님의 제자가 되기 위해서는 분명한 비용(cost)을 지불해야 한다는 것이다. 예수님은 누구든지 나를 따르려거든 자기 십자가를 지고 따라야 한다고 말씀하셨다(마 16:24). 이 시간은 니고데모의 이야기를 통해 예수님의 제자로 살기 위해 자신이 포기해야 할 것이 무엇인지 생각해보게 한다.

니고데모가 예수님의 제자로 살기 위해 포기한 것은 세 가지 정도로 생각해 볼 수 있습니다. 첫째로, 그는 소속되고 싶은 욕구를 버렸습니다. 그는 평생 몸담았던 바리새인 공동체에서 출교될 것을 각오했습니다(요 9:22; 12:42; 16:2). 예수님에 대해 옹호하는 말 한마디를 했다고 쏘아붙임을 당했는데(요 7:52), 하물며 예수님의 장례에 적극적으로 임했으니 그를 앞으로 바리새인의 일원으로 여겨줄 리 만무합니다. 둘째로, 그는 안전의 욕구를 버렸습니다. 죄가 없으신 예수님도 끌어다가 십자가에 못 박아 죽인 유대교 지도자들이 니고데모 한 사람 처리하지 못할 리 없을 것입니다. 베드로는 예수님과 함께 다니던 사람이라는 이야기를 듣고 세 번이나 예수님을 부인했고, 다른 제자들도 두려워 문을 잠그고 집에 숨어 있었습니다(요 20:19). 그런데 니고데모가 예수님의 장례를 치름으로써 예수님의 제자임을 공공연하게 밝혔습니다. 이는 그가 자신의 신변이 위협받을 것도 각오했음을 보여 줍니다.

마지막으로 니고데모는 자신의 신념을 버렸습니다. 그는 율법으로 구원받을 수 있다고 굳게 믿었던 바리새인 중 하나였습니다. 그는 "이스라엘의 선생"이라 불리던 사람이었습니다. 그러나 이제 니고데모는 선생의 자리를 내려놓고 예수님의 제자가 되기를 선택했습니다. 율법으로 구원을 받는다는 자신의 신념을 버리고 "하나님께서 세상을 이처럼 사랑하사 독생자를 주셨으니 이는 그를 믿는 자마다 영생을 얻게 하려 하심이라"라는 복음의 메시지 가운데 나온 것입니다.

그렇다면 니고데모가 이런 것을 포기하고 예수님의 제자가 되어 따르기로 결단한 이유는 무엇일까요? 실로 그가 포기하는 것보다 얻게 되는 것이 더 크고 귀한 것임을 깨달았기 때문일 것입니다. 사도 바울은 말합니다. "생각하건대 현재의 고난은 장차 우리에게 나타날 영광과 비교할 수 없도다"(롬 8:18), "우리가 잠시 받는 환난의 경한 것이 지극히 크고 영원한 영광의 중한 것을 우리에게 이루게 함이니 우리가 주목하는 것은 보이는 것이 아니요 보이지 않는 것이니 보이는 것은 잠깐이요 보이지 않는 것은 영원함이라"(고후 4:17-18), "그러나 무엇이든지 내게 유익하던 것을 내가 그리스도를 위하여 다 해로 여길뿐더러 또한 모든 것을 해로 여김은 내 주 그리스도 예수를 아는 지식이 가장 고상하기 때문이라 내가 그를 위하여 모든 것을 잃어버리고 배설물로 여김은 그리스도를 얻고 그 안에서 발견되려 함이니…"(빌 3:7-9). 사도 바울의 이 고백은 2천년 교회 역사 속에서 예수의 제자로 살기로 결단했던 모든 이의 고백이 되어 이어졌습니다. 이제 여러분에게 묻습니다. 여러분은 오늘 예수님의 제자 되어 따르기 위해 무엇을 내려놓았습니까?

5) 오늘 우리 삶을 돌아봅시다. 지금 우리 모습은 이스라엘의 선생입니까, 예수님의 제자입니까? 예수님의 제자로 살기 위해 내가 내려놓아야 할 것은 무엇입니까? 솔직하게 자신이 붙들고 있는 것을 나누고, 그것을 내려놓을 수 있도록 성령님의 도우심을 구하며 기도합시다.

Tip _ 교회를 섬기는 우리 모두가 이스라엘의 선생이 아닌, 예수님의 제자로서 살아가야 함을 도전하는 시간이다.

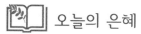 오늘의 은혜

 소그룹 기도제목

4-3 고백의 노래 (15분)

- 함께 이 찬양을 마음으로 고백하고, 기도로 마칩니다.

다섯 번째 음

성령님을 따라가다

"... 아버지께서 나를 보내신 것 같이
나도 너희를 보내노라
이 말씀을 하시고 그들을 향하사
숨을 내쉬며 이르시되
성령을 받으라"

요한복음 20:21-22

♪다섯 번째 음 성령님을 따라가다

본과의 목적: 성령님과 동행하기

(Key word - 동행)

5-1 '라이프 토크' 타임: '내 삶의 변화' (15분)

- 오늘은 '따라가다'의 마지막 날입니다. 그동안 이 과정을 통하여 배운 것, 나의 삶에 달라진 것들을 그림으로 그려 보세요. 자유롭게 여러분의 생각과 마음을 표현해 볼까요?

5-2 '성령님을 따라가다' 말씀 나눔

들어가며 (15분)
아프리카 남부 칼라하리 사막에는 스프링벅(Springbok)이라는 산양이 살고 있습니다. 스프링벅은 푸른 초원의 풀을 뜯어 먹으며 사는데, 가끔 떼죽음을 당하는 일이 있다고 합니다. 맹수의 공격이나 자연 재해 때문이 아니라, 무리가 서로 경쟁을 하다가 벌어지는 일입니다. 한 마리가 제일 앞서 나가기 시작하면, 뒤따르던 스프링벅들이 경쟁적으로 앞으로 뛰어가다가 무리 전체가 앞을 보지 못하고 낭떠러지에 떨어져 버리고 마는 것입니다. 그래서 사람들은 경쟁에 몰두하다가 결국 자신뿐 아니라 모두가 생명을 잃어버리게 되는 현상을 '스프링벅 현상'(Springbok Phenomenon)이라고 이름 붙였습니다. 오늘 우리가 속하여 살아가는 시대도 무한경쟁을 말하고 더 빨리, 더 많이, 더 높이 가라고 말합니다. 그러나 이러한 흐름 속에서 예수님의 제자로 살아가는 우리는 달라야 하지 않을까요? 제자인 우리에게 바른 방향과 길을 제시해 주시는 분이 여기에 있습니다. 그분은 누구일까요?

말씀 속으로 (45분)

그동안 우리는 니고데모와 함께 거듭남이 무엇인지, 또 거듭나게 하는 복음을 따르는 삶이 무엇인지, 우리 삶에서 예수님이라는 새로운 기준을 세워가는 것이 무엇인지, 두려움을 넘어 당당하게 예수님의 제자로 사는 것이 무엇인지 배워 왔습니다. 이제 마지막으로 이 모든 가르침에 능력을 더하시고, 우리로 세상 끝 날까지 오직 예수 그리스도만 따르게 하실 분을 만나보려고 합니다. 함께 말씀 속으로 들어가 볼까요?

*요한복음 20:19-23절의 말씀을 함께 읽고 아래의 질문에 답해 보세요.

1) 십자가에서 죽으셨던 예수님이 부활하셨습니다! 그러나 예수님의 부활을 알지 못하는 제자들은 두려워 떨며 집안에 숨어 있었습니다. 부활의 예수님은 제자들에게 찾아가 무엇이라 말씀하셨나요? (19절)

답 : "너희에게 평강이 있을지어다."

Tip _ 부활하신 예수님께서는 유대인들이 무서워 숨어 있었던 제자들에게 나타나셔서, '에이레네'(헬라어), 곧 '샬롬'(히브리어)이라고 인사하셨다. 이것은 일상적인 인사의 말로 사용되는 단어이지만, 여기에서는 예수님께서 제자로서의 삶을 실패하고 인생의 방향을 잃어버려 불안해하는 제자들에게 하늘의 평안으로 위로하시는 것이라 해석할 수 있다.

예수님이 십자가에서 죽으신 후, 자신이 예수님의 제자임을 당당히 밝힌 아리마대 요셉이나 니고데모와 같은 제자들이 있었습니다. 그러나 대부분의 제자들은 예수님을 부인하고 도망쳐 숨었습니다. 이들은 앞으로 어떻게 살아야 할지, 무엇을 위해 살아야 할지 알 수 없었습니다. 마치 목자를 잃어버린 불안한 양 떼와 같았습니다. 그런데 예수님께서 무너진 제자들을 일으키기 위해 찾아오셨습니다. "너희에게 평강이 있을지어다." 예수님의 따스한 음성이 제자들 귓가에 울려 퍼집니다.

2) 예수님은 인사를 하시고, 제자들에게 어떤 행동을 하셨나요? 이 행동을 하신 이유는 무엇일까요? (20절)
예수님의 행동 : 손과 옆구리를 제자들에게 보여 주심
행동의 이유 : 제자들을 기쁘게 하심

예수님께서는 제자들에게 인사하신 후 십자가의 상흔을 보여 주신다. 예수님이 영으로 찾아오신 것이 아니라, 부활하셨음을 보여 주심으로써 제자들을 안심시킨다. 제자들은 예수님을 보고 기뻐한다.

3) 예수님은 기뻐하는 제자들에게 다시 한 번 평안의 인사를 하십니다. 그리고 어떤 말씀을 하셨나요? (21절)

답 : "아버지께서 나를 보내신 것 같이 나도 너희를 보내노라."

Tip _ 예수님께서는 처음과 동일한 인사를 그들과 나누신다. 그리고 추가로, 이제는 그들에게 "아버지께서 나를 보내신 것 같이 나도 너희를 보내노라"라는 말씀을 하셨다. 이제는 두려움을 뛰어넘어, 예수님을 따르는 새로운 부르심의 자리로 가라고 명령하신 것이다. 그런데 제자들의 입장을 생각해 보면 제자들이 예수님의 부활을 보고 기뻐한 것은 사실이지만, 자신들이 예수님의 제자답게 살지 못했다는 실패감에서 완전히 벗어난 것은 아니었다.

부활하신 예수님을 만난 제자들에게 기쁨과 감격이 흘러넘쳤습니다. 무겁고 침울했던 공간은 순식간에 바뀌었습니다. 예수님의 임재가 모든 슬픔과 어두움을 걷어 내었습니다. 예수님께서는 기뻐하는 제자들에게 다시 한 번 평안하라고 말씀하신 뒤, 이어서 그들에게 새로운 부르심을 말씀하십니다. "아버지께서 나를 보내신 것처럼, 나도 너희를 보내노라." 예수님은 그들로 하여금 기뻐하는 데 그치지 않고, 예수님의 제자로서 살아갈 것을 말씀하십니다. 그런데 제자들의 입장을 생각해 보면 이 말씀은 두렵고 떨리는 일이었을지도 모릅니다. 예수님이 부활하신 것은 너무 기쁘지만, 이들 내면에 자리 잡은 실패감은 아직 생생하게 남아 있기 때문입니다. '나는 예수님을 버리고 도망쳤었어. 내가 제자로 살 수 있을까? 내가 잘할 수 있을까…?' 예수님도 자신 없어 하는 제자들의 마음을 읽으셨을 것입니다. 예수님은 그들을 향해 다시 말씀하십니다.

4) 이어서 예수님께서 제자들을 향해 하신 행동과 말씀은 무엇인가요? (22절)

예수님의 행동 : 그들을 향하여 숨을 내쉬셨다.

예수님의 말씀 : "성령을 받으라."

Tip _ 예수님께서는 그들을 향하여 숨을 내쉬셨다. 여기서 사용된 단어 '엠퓌사오'(헬라어)는 구약 창세기에서 하나님의 창조사건과 에스겔 37장 마른 뼈에 생기를 불어넣으시는 장면에 사용된 후, 신약에서는 처음으로 사용되었다. '엠퓌사오'(숨을 내쉬다)는 하나님께서 생명이 없는 존재에게 하나님의 생명을 불어넣으실 때 사용하는 동사이다. 오늘 말씀에서 제자들은 보기에는 살아있는 것처럼 보이지만 그들의 영혼은 죄와 실패감, 두려움으로 죽은 것과 같은 상태이다. 예수님께서는 이런 제자들에게 생명을 불어넣으신다. 제자들에게 부으신 생명은 다름 아닌 바로 성령이시다. 예수님의 말씀이 선포된 순간, 제자들은 생명의 영이신 성령님으로 말미암아 새롭게 창조되었다. 제자들은 더 이상 자신의 힘으로 제자의 길을 가지 않는다. 오직 성령님의 도우심으로 부르심의 길을 향하여 나아간다.

예수님께서는 실패했던 제자들을 버리지 않으십니다. 그리고 그들을 다시 제자로서의 삶, 사명의 자리로 초대하십니다. 그러나 제자들은 두려웠을 것입니다. 제자들은 자신의 연약함과 한계를 너무나 잘 알았기 때문입니다. 그리고 그것을 제자들보다 잘 아는 분이 계십니다. 바로 예수님이십니다. 그래서 예수님은 제자들에게 말씀하십니다. "후~ 성령을 받으라!"

여러분, 예수님은 누구보다 잘 알고 계십니다. 우리가 성령님 없이 제자의 길을 완주할 수 없다는 사실을 말입니다. 우리가 성령님 없이 우리 한계를 극복할 수 없다는 사실을 말입니다. 우리가 성령님 없이 예수님을 온전히 따라 살아갈 수 없다는 사실을 말입니다. 그래서 성령을 주셨습니다. 고아같이 우리를 버려두지 아니하시고, 우리에게 생명의 영이신 성령님을 보내 주셨습니다. 2천 년 전 제자들에게 성령을 부어 주신 예수님은 오늘도 우리에게 성령님을 보내 주십니다. 우리를 성령님과 동행하며 제자로 살아가라고, 복음 전파의 사명을 감당하라고 부르십니다. 성령님과 함께하는 우리는 가장 약하나 결코 약하지 않고, 번번이 실패하나 결국엔 지지 않습니다(고후 4:7-10). 성령님과 동행하는 사명의 길은 오직 승리뿐입니다! 여러분, 우리는 '예수님의' 제자입니다!

5) 예수님은 결코 우리가 혼자 사명의 길을 걸어가게 하지 않으십니다. 성령님과 동행하게 하십니다. 그리고 우리에게 예수님께서 확보하신 최후 승리를 허락하십니다. 사랑하는 제자 여러분, 우리 함께 그 승리를 향하여 나아갑시다!

Tip _ 오늘 주신 은혜를 나누고, 예수님께서 제자들에게 주신 승리를 향하여 나아가도록 뜨겁게 권면하며 마치도록 한다.

오늘의 은혜

 소그룹 기도제목

5-3 고백의 노래 (15분)

- 함께 이 찬양을 마음으로 고백하고, 기도로 마칩니다.

따라가다 메모리

따라가다를 통해 만났던 이들의 이름과 함께 했던 때를 적어보세요. :-)

언제	누구와

✦ 들어가는 말

우리는 경기불황과 실업 문제가
만성질환처럼 굳어진 시대를 살아가고 있습니다.
88만원 세대, 삼포 세대... 칠포 세대를 넘어
이제는 오늘을 잘 살면 족하다고 여기는 시대입니다.
오늘, 지금, 내가, 행복한가?
이것이 삶의 기준이 되어 버렸습니다.

그러나 성경은 미래에 대해 말합니다.
하나님이 보여 주시는 비전에 대해서 말합니다.
하나님의 나라를 바라보라고 말합니다.
현실에 매몰되지 말고,
눈을 들어 하나님을 바라보라고 말합니다.
오늘만 사는 사람이 아니라
내일을 위해 오늘을 사는 사람이 되어야 한다고 말합니다.

[바라보다]와 함께하는 동안,
그 성경의 메시지들이 선명하게 깨달아지기를 바랍니다.
그리하여 답답한 현실을 깨치고 날아오르는
꿈꾸는 성도들이 많아지기를 소망합니다.

바 라 보 다

로드앤로드 미니스트리 성경공부 ⑤

G코드 God's vision 편

첫 번째 음

다니엘과 바라보다

"지혜 있는 자는 궁창의 빛과 같이 빛날 것이요
많은 사람을 옳은 데로 돌아오게 한 자는
별과 같이 영원토록 빛나리라"

다니엘 12:3

♪ 첫 번째 음 다니엘과 바라보다

본과의 목적: 세상의 가치가 아니라 하나님의 가치를 바라보기
(Key word - 가치, 결단)

1-1 '라이프 토크' 타임: '잊힌 약속' (15분)

하나님과 약속했던 일들을 생각해 보고, 잘 실천하고 있는지 나누어 봅시다. 실천이 잘 되고 있지 않다면 무엇이 문제인지도 나눠 봅시다.

Tip 1 _ '잊힌 약속' 타임이란? 하나님과 약속했거나, 결단했던 내용들을 생각해 보고, 그것이 삶에서 잘 실천되고 있는지 확인하는 시간이다. (예를 들어 'QT를 매일 하겠다', '술을 마시지 않겠다'와 같은 결단) 만약 지켜지지 않고 있다면 그것을 방해하는 요소가 무엇인지도 함께 나눠 본다.

Tip 2 _ 항목 옆에 제시된 시간은 소그룹원이 4-5명이라 가정할 때, 제안하는 운영시간이다. 예시일 뿐 교회 상황에 맞추어 운영하도록 한다.

1-2 '다니엘과 바라보다' 말씀 나눔

들어가며 (15분)

공진규의 『연애, 결혼, 출산, 인간관계, 주택구입, 희망, 꿈 포기한 7포세대의 자본주의 정글에서 살아남기』(2015, 유페이퍼)라는 책이 있습니다. 물질 만능주의가 팽배한 한국 사회에서 많은 것을 포기하며 살아가는 청년들의 삶을 하나의 현상으로 다루고 있는 책입니다. 그렇다면 이러한 사회에서 살아가는 청년들에게 중요한 가치는 무엇일까요? 책에서 그것은 다름 아닌 "돈"이라고 말합니다. 돈이 행복을 결정하는 중요한 척도가 되어버린 것입니다.

그러나 하나님께서는 하나님의 자녀들이 이러한 흐름에 떠밀려 가기 원하지 않으십니다. 세상 모든 사람이 "Yes!"라고 말해도, 하나님의 자녀이기 때문에 "No!"라고 말할 수 있는 사람을 찾고 계십니다. 세상의 흐름보다 하나님의 말씀을 소중히 여기는 사람을 찾으십니다. 그리고 그 한 사람을 통해서 하나님의 비전을 이루어 가십니다.

Tip _ 세상 사람들이 중요하게 여기는 가치와 자신이 중요하게 여기는 가치에 대해 이야기해 보는 시간을 가져도 좋다. 또는 그리스도인으로서 가장 지키고 싶은 가치는 무엇인지 나누어 보자.

말씀 속으로 (45분)

오늘 우리가 함께 만나 볼 사람은 세상의 소리보다 하나님의 말씀을 경외한 사람입니다. 다수가 따르는 길이 아니라 스스로 좁은 길을 택한 사람입니다. 그리하여 하나님께서 주신 비전의 길로 담대하게 걸어간 사람입니다. 이 사람은 누구일까요? 함께 말씀 속으로 들어가 봅시다.

* 다니엘 1:8-21절의 말씀을 함께 읽고 아래의 질문에 답해보세요.
(참고 구절 - 단 2:47; 4:37; 6:26; 12:3)

1) 오늘 말씀은 한 사람이 '뜻을 정했다'라는 구절로 시작됩니다. 뜻을 정한 사람은 누구인가요? 그리고 그가 정한 뜻은 무엇인가요? (8절)

누구 : 다니엘

정한 뜻 : 왕의 음식과 그가 마시는 포도주로 자기를 더럽히지아니하리라

Tip 1 _ 북이스라엘이 멸망한 후(B.C. 722), 우상 숭배와 도덕적 타락의 길을 걸었던 남유다도 바벨론으로부터 침략을 받고 멸망한다(B.C. 586). 그러나 완전히 멸망하기까지 세 번에 걸쳐 바벨론에 포로로 잡혀가는데, 다니엘은 B.C. 605년경 1차 포로로 잡혀갔던 인물이다.

Tip 2 _ 다니엘은 이스라엘의 왕족과 귀족 중 흠이 없고 아름다우며 모든 지혜와 지식에 통달한 사람으로, 바벨론 왕국을 위하여 구별된 사람 중 하나였다(단 1:3-4). 바벨론 왕은 이들을 별도로 관리했는데, 이들을 교육할 환관장을 임명했고(단 1:3) 갈대아 사람의 학문과 언어를 가르쳐 주었으며(단 1:4) 심지어 왕의 음식과 포도주까지 하사했다(단 1:5). 이것은 포로로 잡혀 온 이가 받을 수 없는 놀라운 선대였다. 그러나 다니엘은 왕의 선대를 거절하고 왕의 음식으로 자신을 더럽히지 않기로 결심했다.

오늘 말씀에서 뜻을 정한 사람은 바로 다니엘입니다. 다니엘은 바벨론에 끌려간 남유다 출신의 포로였습니다. 그러나 그는 바벨론 왕국과 왕을 위하여 선별되었고, 왕궁에서 최고의 교육과 대접을 받을 수 있는 특혜를 받았습니다. 남들이 볼 때에 다니엘은 안정적이고 성공적인 삶에 좀 더 가까이 가게 된 사람입니다. 주변에서 하라는 대로 하기만 하면 큰 문제를 겪지 않고 살 수 있습니다. 그런데 다니엘은 뜻을 정합니다. 곧 왕이 베풀어 주는 음식과 포도주로 자신을 더럽히지 않겠다는 결심입니다. 이것은 다니엘에게 주어진 모든 특혜와 기회를 잃어버릴 수도 있는 위험한 선택이었습니다.

2) 다니엘은 왜 이런 결심을 한 것일까요?

답 : 하나님의 법(말씀)을 지키기 위해서

Tip _ 다니엘은 왕의 음식과 포도주를 먹지 않음으로 자신을 더럽히지 않겠다고 결심했다. 당시 제공된 음식은 레위기 음식법에서 금지된 것들이 포함되어 있었을 것이다(예: 돼지고기). 또한 바벨론의 우상에게 제물로 드려졌던 것을 나누어 먹는 것이었다. 때문에 다니엘은 이러한 음식을 먹는 것이 하나님의 율법을 어기는 것, 곧 죄를 짓고 더러워지는 것이라 여겼다. 결국 다니엘은 바벨론 왕의 명령이 아니라 하나님의 법을 지키기로 결심했다. 비록 바벨론의 법을 지키지 않아 죽게 된다고 해도 하나님의 법을 지키기로 선택한 것이다.

다니엘은 왕이 내려 주는 음식과 포도주가 자신을 '더럽히는 것'이라 생각했습니다. 즉 왕이 주는 것을 먹으면 자신이 죄를 짓게 된다고 판단한 것입니다. 하나님의 법이 기록된 레위기에는 먹어서는 안 되는 음식들이 열거되어 있습니다. 아마도 다니엘이 받은 음식에는 하나님께서 먹지 말라고 명령하신 음식이 포함되어 있었을 것입니다. 그래서 다니엘은 왕의 음식과 포도주를 거절하고 하나님의 법을 지키고자 했습니다.

그렇다면 다니엘이 하나님의 법을 지키기 위해 버린 것은 무엇입니까? 바로 바벨론의 법입니다. 사실 바벨론 왕이 내려 준 음식은 먹어도 되고 먹지 않아도 되는 선택의 문제가 아닌 명령이었습니다. 그리고 이것을 거절하면 '죽음'을 각오해야 합니다. 다니엘은 하나님의 명령을 지킬 것인가, 바벨론 왕의 명령을 지킬 것인가 기로에 서 있었습니다. 결국 다니엘은 하나님의 명령을 따릅니다. 이것은 다니엘이 누구를 더 두려워했는가, 누구를 더욱 경외했는가를 보여 줍니다. 다니엘은 바벨론 왕보다 하나님의 말씀을 더욱 소중히 여겼습니다. 하나님을 굳게 믿고 신뢰했습니다. 하나님께서는 그런 다니엘의 결단을 보시고 일하기 시작하십니다.

3) 다니엘을 향한 하나님의 역사하심을 찾아봅시다. (1:9절, 14-15절, 17절, 20-21절)

9절: "하나님이 다니엘로 하여금 환관장에게 은혜와 긍휼을 얻게 하신지라."

- 하나님께서 다니엘이 정한 뜻을 이루어갈 수 있도록 다른 사람들의 마음을 움직이시고 도움을 받게 하셨음.

14-15절: "그가 그들의 말을 따라 열흘 동안 시험하더니 열흘 후에 그들의 얼굴이 더욱 아름답고 살이 더욱 윤택하여 왕의 음식을 먹는 다른 소년들보다 더 좋아 보인지라."

- 다니엘은 감독관에게 열흘 동안 채소와 물만 먹게 해달라고 부탁했음. 열흘이 지난 후, 왕의 음식과 포도주를 먹은 사람들과 비교해달라고 부탁함. 하나님께서 다니엘과 세 친구에게 은혜를 주셔서 열흘 후에 채식한 자들의 얼굴이 더 아름답고 윤택하게 하심.

17절: "하나님이 이 네 소년에게 학문을 주시고 모든 서적을 깨닫게 하시고 지혜를 주셨으니 다니엘은 또 모든 환상과 꿈을 깨달아 알더라."
- 하나님께서 육체적 건강뿐 아니라, 학문의 탁월성과 지혜를 더하심. 특별히 다니엘에게는 환상과 꿈을 해석할 수 있는 능력을 주심.

20-21절: "왕이 그들에게 모든 일을 묻는 중에 그 지혜와 총명이 온 나라 박수와 술객보다 십 배나 나은 줄을 아니라 다니엘은 고레스 왕 원년까지 있으니라."
- 다니엘과 세 친구가 왕을 가까이에서 섬길 수 있게 하심. 그들이 이런 일을 잘 감당하도록 지혜와 총명을 주셨는데, 당시 엘리트 및 전문가보다 열 배나 더 뛰어나게 하심. 또한 다니엘이 나라가 바뀌고 왕이 바뀌어도 계속 나라를 돌보는 일에 쓰임받게 하심.

뜻을 정한 것은 다니엘이었습니다. 그러나 다니엘이 책임지고 담보할 수 있는 것은 아무것도 없었습니다. 사실 다니엘은 하나님의 법을 지키려다가 죽을 수도 있었습니다. 그러나 하나님께서 다니엘의 삶 가운데 개입하셨습니다. 하나님께서는 다니엘 주변 사람의 마음을 움직이시고, 다니엘에게 육체적 건강을 허락하셨으며, 다니엘과 세 친구들에게 다른 이들과 비교할 수 없는 뛰어난 지혜와 총명과 학문을 더하셨습니다. 모든 책임을 하나님께서 짊어져 주셨습니다. 하나님께서 그렇게 역사하신 이유는 무엇일까요? 그 이유는 하나님께서 다니엘의 결심을 귀하게 여겨주셨기 때문입니다. 하나님의 백성이라는 정체성을 가지고 하나님의 법을 지키고자 한 다니엘의 마음을 받아주셨기 때문입니다.

하나님께서는 다니엘처럼 우리 선택의 방향성이 하나님을 향해 있다면, 모든 상황에 개입하셔서 역사하시는 분입니다. 또 연약하고 부족한 우리를 선택하시고 다듬으셔서 하나님의 비전을 이루어 가십니다.

4) 다니엘을 통해 드러난 하나님의 비전은 무엇인가요?
(참고 구절 - 단 2:47; 4:37; 6:26)

답 : 세상의 왕들로 하여금 모두 하나님의 살아계심을 고백하고 찬양하게 하는 것

Tip _ 다니엘 2장 47절은 다니엘이 느부갓네살의 꿈을 해석한 후에, 왕이 다니엘에게 엎드려 절하며 고백한 것이다. 왕은 하나님께서 신 중의 신이시요, 모든 왕의 주재(통치자)이심을 고백했다. 다니엘 4장 37절은 느부갓네살이 총명을 잃고 짐승처럼 살다가 정신을 차린 뒤에 고백한 말이다. 그는 하나님을 "하늘의 왕"으로 칭송하며 하나님께 경배했다. 다니엘 6장 26절은 사자 굴에 갇혔던 다니엘이 살아있는 것을 본 다리오 왕의 말이다. 다리오는 조서를 내려 모든 사람에게 다니엘의 하나님은 살아계신 분이고 떨며 두려워해야 하는 분임을 고백했다. 즉, 이 세상 주관자와 권력자였던 왕들의 입술을 열어 하나님의 이름을 높이시고 하나님의 나라가 영원무궁함을 드러내셨다.

하나님께서는 하나님의 백성이요 자녀라는 정체성을 가지고 하나님의 법을 지키기로 결심한 다니엘을 귀하게 보셨습니다. 그리고 다니엘의 삶 가운데 세밀하게 개입하시며 다니엘을 돌봐주셨습니다. 이뿐만이 아닙니다. 다니엘을 통하여 하나님의 비전을 나타내 보이셨습니다.

사랑하는 여러분, 하나님의 비전이 무엇입니까? 우리가 어떤 직업을 갖거나 어떤 위치에 오르는 것입니까? 결코 그런 것은 하나님의 비전이 될 수 없습니다. 하나님의 비전은 우리 개인의 목표달성과는 전혀 상관이 없습니다. 하나님의 비전은 하나님을 몰랐던 사람들이 하나님의 살아계심을 인정하고 하나님의 나라와 하나님의 이름을 찬양하게 되는 것입니다. 그런데 하나님을 알지 못했던 사람들이 스스로 하나님을 알게 되어 이런 고백을 하는 것이 아닙니다. 하나님께 속한 사람들의 모습을 통해, 그리고 그들의 삶을 통해 하나님이 누구신지 깨닫게 되는 것입니다. 세상 풍조와 흐름을 거스르며 하나님을 향한 신앙을 가지고 나아가는 사람, 다니엘처럼 하나님을 바라보며 담대하게 나아가는 그 한 사람을 통해 하나님을 찬양하게 되는 것입니다. 하나님께서는 오늘도 이러한 사람을 향하여 말씀하십니다. "지혜 있는 자는 궁창의 빛과 같이 빛날 것이요 많은 사람을 옳은 데로 돌아오게 한 자는 별과 같이 영원토록 빛나리라"(단 12:3).

5) 우리는 비전을 '나의 것'으로 생각할 때가 많습니다. 내가 목표한 것을 성취하고 바라던 것을 얻는 것으로 오해합니다. 그러나 비전은 '하나님의 것'입니다. 하나님의 뜻이 이 땅 가운데 이루어지는 것입니다. 오늘 말씀을 통해 깨닫게 된 것을 나누고, 다니엘처럼 내가 뜻을 정해야 할 삶의 영역은 무엇인지 이야기해 봅시다.

답 : 정답은 없다. 자유롭게 깨달은 것을 나누게 한다. 마지막으로 청년들이 '하나님의 비전' 개념을 잘 세우도록 정리하며 마무리한다.

Tip _ 하나님의 비전이 우리 삶을 통해 드러나려면 나의 삶에서 끊어내야 할 것을 먼저 결단해야 한다. 작은 것일지라도 뜻을 정하고 나아가는 것이 중요하다. 뜻을 정하는 것 자체가 하나님을 향한 믿음의 첫걸음이다.

다니엘에게 하나님의 비전이란?
다니엘에게 하나님의 비전은 하나님을 알지 못하는 사람들이 하나님의 살아계심을 고백하고 하나님을 찬양하게 되는 것.
그것은 하나님의 사람이 세상의 가치관을 거스르고 하나님의 말씀(법)대로 살아가고자 하는 작은 몸부림에서 시작됨.

나에게 하나님의 비전이란?
(여러분의 생각을 요약하여 적어 보세요.)

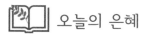 오늘의 은혜

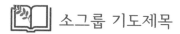 소그룹 기도제목

1-3 고백의 노래 (15분)

- 함께 이 찬양을 마음으로 고백하고, 기도로 마칩니다.

두 번째 음
여호수아와 바라보다

"... 눈의 아들 젊은 수종자
여호수아는 회막을 떠나지 아니하니라"

출애굽기 33:11

♪ 두 번째 음 여호수아와 바라보다

본과의 목적: 매일의 삶 속에서 하나님만 바라보기

(Key word - 매일, 순종)

2-1 '드로잉(Drawing) 토크' 타임 (15분)

- 내가 가장 좋아하는 것을 그림으로 그려 봅시다. 그리고 다 그린 그림
의 '일부'를 보여 주고, 그것이 무엇인지 다른 지체들이 맞춰 봅시다. 그림
을 보고 답이 확인되면, 그것을 좋아하는 이유를 지체들과 나눠 봅시다.

Tip _ 모든 소그룹원이 나눔을 마치고 나면, 인도자가 이 활동을 한 이유를 말해 준다. 이 활동을 도입활동으로 진행한 이유는 그림의 일부분을 잘 살펴보고 상상함으로써 전체의 큰 그림을 그릴 수 있는 것을 깨닫게 하기 위함이다. 하나님의 비전 역시, 처음부터 하나님의 크신 계획을 온전히 알 수 있는 사람은 없다. 하나님께서 보여 주시는 만큼 바라보며, 작은 걸음을 따라갈 때 비전은 시작된다.

2-2 '여호수아와 바라보다' 말씀 나눔

들어가며 (15분)

C.S. 루이스(Clive Staples Lewis, 1898-1963)는 영국의 소설가이자 기독교 변증가입니다. 그는 많은 명서를 남겼으나 그의 책 중에서 가장 역작이라고 손꼽히는 것은 『나니아 연대기』(The Chronicles of Narnia)라는 소설입니다. 이 소설은 루이스가 세계대전으로 상처받은 사람들, 특히 아이들에게 위로와 소망을 주기 위해서 집필한 것입니다. 나니아 연대기는 총 7권의 책으로 이루어진 시리즈였는데, 첫 번째 책인 "사자, 마녀, 그리고 옷장"은 나치독일 공군의 공습으로 피난을 온 어린이들을 돌보던 1939년에 쓰기 시작했습니다. 그러나 극심한 전쟁 속에서 그는 집필을 포기했고, 10여 년의 시간이 흐릅니다. 1948년 그는 다시 펜을 잡고 책을 써 내려갑니다. 그리고 1950년 드디어 첫 번째 책이 출판되었습니다. 두 번째 책은 1951년, 세 번째는 1952년... 마지막 일곱 번째 책은 1956년 비로소 완성했습니다.

1939년부터 1956년까지, 17년이라는 긴 시간 동안 그는 소설을 완간했습니다. 이 일은 결코 단번에 이루어진 일이 아니었습니다. 그에게는 매우 고된 여정이었을 것입니다. 그러나 완성된 이 책들은 전 세계에 1억 2천 만부(2010년 기준)가 판매되었으며, 41개 언어로 번역되어 많은 사람에게 새로운 소망을 심어 주었습니다. 뿐만 아니라 그의 절친한 친구였던 J. R. 톨킨도 루이스의 작품에 도전을 받아 『반지의 제왕』이라는 작품을 남깁니다.

여러분, 루이스가 처음부터 이러한 결과를 예상하고 소설을 쓰기 시작한 것일까요? 아니요, 그는 그저 하나님께서 주신 작은 마음을 실천에 옮겼을 뿐이었습니다. 그러나 하나님께서 루이스의 생각을 뛰어넘는 일들을 펼쳐 가신 것입니다.

말씀 속으로 (45분)

하나님의 비전은, 하나님께서 주신 마음을 지나치지 않고 작은 걸음을 떼는 사람을 통하여 이루어집니다. 그가 바라보는 것은 일부이지만 하나님께서는 더 큰 그림을 준비하십니다. 오늘 우리가 함께 만나 볼 사람도, 하나님의 큰 그림을 알지 못했습니다. 그러나 매 순간 하나님께서 맡기신 일들에 최선을 다하며 한 걸음씩 나아갔습니다. 그는 누구일까요?

* 아래의 질문을 읽고 성경구절을 찾아 답해 보세요.

1) 하나님께서는 애굽의 노예로 살고 있던 이스라엘을 구원하기 위해 모세를 부르시고, 그들을 이끌어 내셨습니다. 지금 그들은 하나님이 말씀하신 약속의 땅을 향해 가고 있습니다. 그런데 갑자기 아말렉 족속이 이스라엘을 공격합니다. 극렬한 전쟁이 시작된 이때, 선봉에 서서 전쟁에 임한 사람은 누구인가요? (출 17:13)
답 : "여호수아가 칼날로 아말렉과 그 백성을 쳐서 무찌르니라."
- 여호수아

Tip _ 이스라엘이 출애굽 한 뒤, 아말렉의 공격을 받게 된다. 모세는 긴급하게 여호수아를 불러 출전하게 한다(출 17:9). 모세는 산꼭대기에 올라 손을 들고 기도했고(출 17:10-12) 여호수아는 싸움터에서 해가 지도록 싸웠다. 혹자는 여호수아를 전쟁에 능한 용병 출신으로 보기도 하지만, 갑작스러운 전쟁에서 전쟁에 익숙하지 않은 백성들을 모아 싸우는 것은 어려운 일이었을 것이다.

출애굽한 이스라엘은 400년이 넘는 시간 동안 노예로 살아왔습니다. 그래서 그들은 전쟁을 경험한 적이 없었습니다. 하나님께서 그들을 인도하실 때, 가나안 땅으로 빨리 갈 수 있는 바닷길을 피하시고 광야 길로 인도하신 이유도 전쟁을 피하기 위함이었습니다(출 13:17). 그런데 갑자기 아말렉이 이스라엘을 공격합니다. 예상하지 못한 전쟁 위협 속에서, 다크호스처럼 등장하는 한 인물이 있습니다. 바로 여호수아입니다. 여호수아는 모세의 부름을 받아 전장의 최전선으로 나가며 아주 인상적인 첫 등장을 합니다.

사실 그 이전에 여호수아는 이스라엘 공동체 가운데 공식적으로 등장한 적이 없었습니다. 아말렉과의 전쟁은 여호수아가 부름받은 첫 번째 사역이었습니다. 출애굽기 17장 12-13절에서는 여호수아가 해가 질 때까지 칼날로 아말렉을 쳐서 물리쳤다는 사실을 재차 언급하면서, 그가 그 부름에 얼마나 최선을 다했는지 보여 줍니다.

2) 전쟁은 이스라엘의 승리로 끝났습니다. 하나님께서는 모세를 불러 무엇을 명령하셨나요? (출 17:14)

답 : "이것을 책에 기록하여 기념하게 하고 여호수아의 귀에 외워 들리라 내가 아말렉을 없이하여 천하에서 기억도 못하게 하리라."
- 하나님께서는 이 전쟁을 기록하여 이스라엘 공동체가 잊지 않게 하심. 그리고 특별히 여호수아에게 이것을 외우게 하심.

Tip _ 하나님께서는 이스라엘이 아말렉과의 전쟁에서 승리하게 하시고, 그 내용을 기록하여 이스라엘 공동체가 대대로 기억하게 만드셨다. 그리고 특별히 여호수아의 귀에 이것을 들려주어서 그가 이 사건을 잊지 않게 하신다. 이는 여호수아에게 있어서 하나님이 어떤 분이신지를 기억하여 마음에 새길 뿐 아니라 외워서 잊지 못하게 하라는 명령이었다. 여호수아는 이때를 시작으로, 이스라엘 백성 중에 모세의 수종자로서의 모습을 서서히 드러낸다.

하나님께서는 모세에게 승리의 기록을 남기라 명령하셨습니다. 모세는 이러한 명령을 따라 제단을 쌓고 '여호와 닛시'라 이름하며, "여호와께서 맹세하시기를 여호와가 아말렉과 더불어 대대로 싸우리라 하셨다"라고 선포했습니다(출 17:15-16). 이것은 이스라엘 공동체가 이 전쟁을 잊지 않도록 만든 하나님의 조치였습니다. 그런데 이 조치에 특별한 명령이 더해져 있습니다. 그것은 여호수아의 귀에 이 사건을 외워 들리게 하라는 명령입니다. 여기에서 "외워 들리라"라는 말은 쉽게 말해 '귀에 못이 박힐 만큼 이야기하라'는 의미입니다(옥스퍼드 원어성경사전 출애굽기편, 283쪽 참고). 왜 하나님께서는 많은 사람 중 여호수아를 콕 집어 이런 명령을 하신 것일까요?

3) 신명기 34장 9절과 여호수아 1장 1-2절 말씀을 찾아 읽어 보세요. 하나님께서는 여호수아를 어떤 자리로 부르셨나요?

답 : "모세가 눈의 아들 여호수아에게 안수하였으므로 그에게 지혜의 영이 충만하니 이스라엘 자손이 여호와께서 모세에게 명령하신 대로 여호수아의 말을 순종하였더라"(신 34:9).

"여호와의 종 모세가 죽은 후에 여호와께서 모세의 수종자 눈의 아들 여호수아에게 말씀하여 이르시되 내 종 모세가 죽었으니 이제 너는 이 모든 백성과 더불어 일어나 이 요단을 건너 내가 그들 곧 이스라엘 자손에게 주는 그 땅으로 가라"(수 1:1-2).

- 모세의 뒤를 잇는 이스라엘 공동체의 지도자로 부르셨음.

Tip 1 _ 하나님께서는 모세의 후계자로 여호수아를 세우셨다. 그리고 여호수아에게 이스라엘 공동체를 이끌어 약속의 땅으로 가라고 말씀하셨다. 모세의 사명이 이스라엘을 애굽에서 데리고 나오는 것이었다면, 여호수아의 사명은 이스라엘을 이끌고 가나안 땅으로 들어가는 것이었다.

Tip 2 _ 2번 문제에서 아말렉과의 전투 이후, 하나님께서 여호수아를 지목하여 명령하신 것은 이미 여호수아를 차기 후계자로 염두해두셨기 때문이다. 하나님께서는 하나님의 비전(하나님의 나라, 가시적인 하나님의 백성 공동체를 세우는 일)을 위하여 여호수아를 준비시키신다.

여호수아는 아말렉과의 전투를 기점으로 등장하고, 아말렉과의 전투 이후 하나님의 특별한 지목을 받습니다. 하나님께서는 모세를 통하여 여호수아가 하나님께서 하신 일을 외울 정도로 계속 듣게 하십니다. 그 이유는 여호수아를 모세의 후계자로 삼으셨기 때문입니다. 여호수아는 모세의 뒤를 이어 이스라엘 공동체를 이끌어야 하기에, 이스라엘 가운데 일하시는 하나님의 주권을 철저하게 가르치고자 하신 것입니다. 출애굽기 17장 14절에 나온 하나님의 명령은 지도자 여호수아를 훈련하시는 하나님의 방법이었습니다.

그런데, 여호수아는 처음부터 이 모든 것을 알고 있었을까요? 아마도 그는 자신을 향한 하나님의 계획 전부를 알지 못했을 것입니다. 그는 그저 전쟁에 참여하라는 명령에 순종했고, 그 전쟁의 자리에서 최선을 다했을 뿐입니다. 여호수아는 하나님의 큰 그림은 알지 못했지만, 하나님께서 보여 주시는 걸음만큼 성실히 따라갔습니다.

4) 어느덧 이스라엘 공동체는 하나님께서 약속하신 가나안 땅 가까이에 도착했습니다. 하나님께서는 이스라엘 지파의 대표들을 뽑아 그 땅을 살펴보도록 하십니다. 여호수아도 그 대표단에 뽑혀 40일의 정탐여행을 떠나게 됩니다. 민수기 13장 31-33절, 14장 8-9절을 읽고 정탐여행에서 돌아온 대표단의 반응과 여호수아의 반응을 살펴보세요.

대표단의 반응 : "그와 함께 올라갔던 사람들은 이르되 우리는 능히 올라가서 그 백성을 치지 못하리라 그들은 우리보다 강하니라 하고 이스라엘 자손 앞에서 그 정탐한 땅을 악평하여 이르되 우리가 두루 다니며 정탐한 땅은 그 거주민을 삼키는 땅이요 거기서 본 모든 백성은 신장이 장대한 자들이며 거기서 네피림 후손인 아낙 자손의 거인들을 보았나니 우리는 스스로 보기에도 메뚜기 같으니 그들이 보기에도 그와 같았을 것이니라"(민 13:31-33).

여호수아의 반응(갈렙 포함) : "여호와께서 우리를 기뻐하시면 우리를 그 땅으로 인도하여 들이시고 그 땅을 우리에게 주시리라 이는 과연 젖과 꿀이 흐르는 땅이니라 다만 여호와를 거역하지는 말라 또 그 땅 백성을 두려워하지 말라 그들은 우리의 먹이라 그들의 보호자는 그들에게서 떠났고 여호와는 우리와 함께하시느니라 그들을 두려워하지 말라"(민 14:8-9).

- 대표단은 하나님의 약속과 하나님에 대한 기억은 하지 못한다. 오직 가나안 족속의 우월함만 보았고, 악평(13:32)과 원망을 쏟아냈다. 반대로 여호수아와 갈렙은 하나님을 기억하고 하나님의 약속에 대해 선포했다. 또한 하나님께서 함께하시므로 가나안 족속은 이스라엘의 먹이(14:9), 곧 밥이라고 말했다.

Tip 1 _ 열두 명의 정탐꾼이 볼 때, 하나님께서 약속하신 땅은 실로 아름답고 기름진 땅이었다. 그것은 모두에게 동일한 팩트(fact)이다. 그러나 그 땅에 대한 해석과 평가는 갈렸다.

먼저 정탐꾼 열 명의 해석은 이러하다. "가나안 땅에 살고 있는 족속 중 아낙 자손이라는 우월한 민족이 있으므로(32절 신장이 장대한 자들, 33절 거인) 우리는 그들과 싸워서 결코 이길 수 없을 것이다." 그들의 말에는 하나님과 하나님의 약속에 대한 언급이 단 한 번도 없다. 그저 자신의 눈에 보인 대로 평가했을 뿐이다.

이들과 달리 여호수아와 갈렙의 평가는 전혀 다르다. 여호수아와 갈렙은 "하나님께서 원하시면 우리를 그 땅으로 인도하시고 그 땅을 우리에게 주실 것이다. 다만 하나님을 거역하지 말고 그 백성도 두려워 말라. 하나님께서 우리와 함께하심으로 그들은 우리의 먹이일 뿐이다." 여호수아(갈렙)는 하나님의 약속과 하나님의 위대하심을 기억했다. 그에게는 적이 누구냐가 중요하지 않았다. 여호수아의 시선은 오직 하나님께만 향해 있었다.

Tip 2 _ 정탐 이후의 보고는 여호수아와 갈렙이 함께한 것이지만, 본과에서는 여호수아에 초점을 맞추어 살펴보고자 한다.

열두 명의 정탐꾼은 40일간 정탐을 마치고 복귀했습니다. 그중 열 명의 정탐꾼들은 가나안 땅이 실로 좋은 땅이긴 하지만(민 13:27), 그 땅에 살고 있는 사람, 특별히 아낙 자손이 신장이 장대한 자들이라고 말합니다. 열 명의 정탐꾼은 우리가 그들과 싸워서 이기는 일은 불가능하다고 보고합니다. 이스라엘 사람들은 이 사람들의 보고를 듣고 통곡하며 하나님을 원망합니다. "우리를 애굽이나 광야에서 죽게 하지… 여길 왜 데리고 오신 겁니까!"(민 14:1-2) 열 명의 부정적인 보고는 모든 이스라엘 사람을 절망으로 이끌었습니다.

그러나 여호수아와 갈렙은 열 명의 정탐꾼이 보지 못한 것을 보고합니다. 먼저 그들은 하나님의 약속에 대해 말합니다. "하나님께서 원하신다면 그 땅으로 우리를 인도하시고 우리에게 그 땅을 주실 것입니다"(민 14:8 참고). 여호수아(갈렙)는 이스라엘을 구원하시고 여기까지 이끈 하나님의 계획을 기억나게 했습니다. 이어서 눈앞에 보이는 것에 휘둘리지 말라고 말합니다. "그 땅의 백성들을 두려워하지 마십시오. 그들은 우리의 먹이일 뿐입니다. 하나님께서 우리와 함께하시니 그들을 두려워할 필요가 없습니다"(민 14:9 참고). 여호수아(갈렙)는 눈앞의 장애물이 아니라 신실하신 하나님을 바라봐야 한다고 선포했습니다. 이 이야기는 눈에 보이는 것만 바라보며 불평과 원망의 늪에서 허우적거리는 이스라엘이 "하나님께로 시선을 옮겨야 한다"라는 여호수아의 가슴 타는 외침이었습니다.

우리가 처음 만났던 여호수아의 모습을 떠올려 보십시오. 그때의 여호수아는 그저 전쟁에 능한 용사였습니다. 그러나 지금 우리가 보고 있는 여호수아의 모습은 어떤가요? 어느덧 영적인 지도자의 면모를 갖추고 있습니다. 그렇다면 여호수아가 이런 모습으로 성장하게 된 비결은 무엇일까요? 그 비밀은 우리가 앞서 살펴본 출애굽기 17장 14절에 숨겨져 있습니다. 여호수아가 이스라엘 공동체를 이끌어 가기에 부족함 없는 지도자로 자란 것은 다름 아니라 매 순간 하나님께서 전쟁의 주권자요 승리의 근원이심을 귀에 못이 박히도록 들었기 때문입니다. 여호수아는 하나님의 역사, 하나님의 말씀을 매일 듣고 마음에 새겼습니다. 대단하고 깜짝 놀랄 만한 일이 아니라 매일 삶에서 하나님의 살아계심을 경험했기 때문입니다. 여호수아는 자신을 향한 하나님의 비전 전부를 알지는 못했지만, 말씀하신 바를 성실히 순종하며 따라왔을 뿐이었습니다.

5) 40년이 지나고 여호수아는 모세의 뒤를 이어 이스라엘의 지도자가 되었습니다. 지도자가 된 이후에도 여호수아를 향한 하나님의 명령은 변함이 없습니다. 함께 여호수아 1장 8절의 말씀을 읽어 봅시다.

답 : "이 율법책을 네 입에서 떠나지 말게 하며 주야로 그것을 묵상하여 그 안에 기록된 대로 다 지켜 행하라 그리하면 네 길이 평탄하게 될 것이며 네가 형통하리라"(수 1:8).

하나님께서는 여호수아가 지도자가 된 이후에도 말씀하십니다. 하나님의 말씀을 떠나지 말고, 그 말씀 안에서만 살라는 명령입니다. 이것은 '너의 매일을 나에게 달라!'(devotion)라는 요청입니다. 하나님께서는 여호수아가 매일 자신을 하나님께 드리기 원했습니다. 매 순간을 하나님의 뜻대로 살기 원하셨습니다. 그 이유는 오직 하나입니다. 여호수아를 통하여 하나님의 비전이 이루어지기를 원하셨기 때문입니다.

하나님의 비전은 단순히 여호수아가 이스라엘의 지도자가 되어 가나안 땅을 정복하는 것이 아니었습니다. 그랬다면 여호수아는 가나안 정복을 마친 후, 성경에서 사라져야 했습니다. 여호수아는 가나안 땅을 차지한 후에도 여전히 이야기합니다. "그러므로 이제는 여호와를 경외하며 온전함과 진실함으로 그를 섬기라 너희의 조상들이 강 저쪽과 애굽에서 섬기던 신들을 치워 버리고 '여호와만' 섬기라"(수 24:14). 하나님의 비전은 **여호수아가 매일, 매 순간 하나님만 바라보며 살아가는 것이었습니다.** 그리고 이런 여호수아의 모습을 통해 이스라엘 공동체가 하나님 한 분만 바라보게 되는 것이었습니다. 하나님께서는 여호수아의 전 생애를 통해 이 일을 이루어가셨습니다.

6) 오늘 우리에게도 진로 결정을 위한 거대하고 치밀한 계획이 필요한 것이 아닙니다. 먼저는 우리에게 매일 들려지는 하나님의 음성에 귀를 기울이고, 그 말씀을 따라가는 작은 순종이 필요합니다. 그렇게 하루하루 하나님만 바라보고 살아가면, 우리는 미처 상상하지도 못했던 하나님의 비전이 우리를 통하여 이루어지게 되는 것을 목도할 것입니다. 지금 당신 마음에 들리는 하나님의 음성은 무엇인가요?

여호수아에게 하나님의 비전이란?

여호수아에게 하나님의 비전은 하나님의 모든 계획을 다 알 수 없을지라도, 매일 하나님만 바라보며 하나님의 말씀에 순종하는 것.

여호수아가 순종하며 살아온 매일이 쌓여 여호수아의 삶이 되고, 여호수아의 삶 전부가 하나님의 비전이 드러나는 통로가 되었음.

나에게 하나님의 비전이란?

 (여러분의 생각을 요약하여 적어 보세요.)

 오늘의 은혜

 소그룹 기도제목

2-3 고백의 노래 (15분)

- 함께 이 찬양을 마음으로 고백하고, 기도로 마칩니다.

여호수아의 노래

- 부르심을 따라 가네 (출 33:10) -

작사: 최 병 화
작곡: 전 효 성

세 번째 음

다윗과 바라보다

"내가 사망의 음침한 골짜기로 다닐지라도
해를 두려워하지 않을 것은
주께서 나와 함께 하심이라
주의 지팡이와 막대기가 나를 안위하시나이다"

시편 23:4

♪ 세 번째 음 **다윗과 바라보다**

본과의 목적: 동역자를 통해 도우시는 하나님을 바라보기
(Key word - 동역자, 도움)

3-1 '라이프 토크' 타임 (15분)

- 살아오면서 누군가로부터 이유 없이 미움을 받았던 적이 있나요? 또는 관계적인 어려움을 겪은 적이 있나요? 그때 당시 느꼈던 감정에 대해 이야기해 봅시다.

예: 화가 났다, 슬펐다, 억울했다, 그냥 무시했다 등등

Tip _ 사울에게 괴롭힘 당했던 다윗의 마음에 공감하도록 하는 도입활동이다.

3-2 '다윗과 바라보다' 말씀 나눔

들어가며(15분)

미국 최초의 동양인 상원의원이었던 한국계 미국인 폴 신이라는 분이 있습니다. 그분은 한국전쟁 당시 고아로 살다가 미군부대 '하우스 보이'(청소나 여러 일을 돕는 소년)로 살게 되었습니다. 하루는 사는 것이 너무 힘들고 괴로워 홀로 울고 있었다고 합니다. 그때 우는 모습을 본 한 명의 미군이 다가와 소년이었던 폴 신을 꼭 안아주었다고 합니다. 그리고 그를 양자로 삼아 미국으로 데리고 갔고, 한글도 모르던 그가 공부할 수 있도록 지원을 아끼지 않았습니다. 뿐만 아니라 그에게 하나님의 사랑을 전해 주었습니다. 그때부터 그는 더 이상 자신의 억울했던 과거를 붙들지 않고, 하나님이 주시는 새로운 비전을 향해 나아갈 수 있었습니다.

폴 신에게 양아버지와의 만남은 하나님의 섭리와 비전을 발견하게 된 계기였습니다. 이처럼 하나님께서는 누군가와의 만남을 통해 우리를 비전의 길로 이끌어 가십니다.

말씀 속으로(45분)

오늘 우리가 함께 살펴볼 말씀 속에도 '소중한 만남'이 기록되어 있습니다. 바로 다윗과 요나단의 만남입니다. 이 시간 다윗에게 찾아온 요나단과의 만남 속으로 함께 들어가 볼까요? 그리고 이 만남이 비전을 향해 나아가는 다윗에게 어떤 영향을 미치는지 함께 살펴봅시다.

* 사무엘상 23:15-18절 말씀을 함께 읽고 다음 질문에 답해 보세요. (참고구절: 23:1-14, 24:1-15)

1) 다윗은 지금 어디에 있나요? 그리고 왜 거기에 있는 걸까요? (15절)
장소 : 십 광야 수풀
이유 : 사울이 자기의 생명을 빼앗으려고 나온 것을 보았기 때문에

Tip 1 _ 다윗은 십 광야 수풀에 있다. 십 광야는 "십 황무지"라고도 불리는 곳으로 사람들이 살만한 곳은 아니다. 다윗은 사울이 두려워 이곳으로 도망했다. 그리고 다윗은 그 광야 중에서도 더 깊은 숲(15절 숲, 히브리어 '호레쉬')으로 들어가 숨었다.

Tip 2 _ 다윗은 십 광야 수풀로 오기 전 그일라에 있었다. 다윗은 그일라가 블레셋 사람들의 공격을 받고 있다는 소식을 듣고 그들을 돕기 위해 그곳으로 갔다. 그리고 그들을 구원했다(삼상 23:5). 그런데 그일라 사람이 다윗을 배신한다. 자신의 문제도 아닌 일을 위해 헌신적으로 수고한 다윗에게 감사의 마음을 전해도 모자란데, 그일라 주민 중 한 사람이 사울에게 찾아가 다윗이 그일라에 있다고 알린 것이다(삼상 23:7). 다윗은 오히려 선을 행하다 위기에 봉착했다(삼상 23:13-14).

다윗은 추격하는 사울왕을 피해 십 광야 수풀로 몸을 숨깁니다. 십 광야는 황무지, 곧 사람이 살 수 없는 곳이었고 그중에서도 수풀은 나무가 가득한 깊은 숲을 말합니다. 사울왕을 피해 도망치는 다윗의 모습은 그가 깊은 두려움을 갖고 있었음을 보여 줍니다. 다윗의 두려움은 사울왕이 자신을 이유 없이 미워하고 죽이려고 하는 반복되는 상황에서 초래된 것이기도 하지만, 오늘 말씀에서 다윗의 '현재 상황'이 그를 더욱 두렵게 했을 것이라 예측해볼 수 있습니다.

사실 다윗은 사울의 추격을 당하기 전에, 그일라 성에 있었습니다. 다윗은 그일라 성에 블레셋 군이 쳐들어와 그들을 공격한다는 소식을 들었고, 그들을 구원하라는 하나님의 음성을 듣고 그곳에 가서 그일라 백성을 지켰습니다(삼상 23:5). 그런데, 그일라 주민 중 한 사람이 사울에게 찾아가 다윗이 그일라에 있다고 알립니다. 그 성을 도와준 다윗에게 감사의 마음을 전하기는커녕 다윗을 죽이려고 한 것이나 진배없는 행동입니다. 다윗은 선을 행하다가 도리어 위기에 처했습니다.

2) 낙심하여 숨어있는 다윗에게 누가 찾아왔나요? 그리고 그는 다윗에게 어떤 일을 했나요? (16절)
답 : 16절 - "사울의 아들 요나단이 일어나 수풀에 들어가서 다윗에게 이르러 그에게 하나님을 힘 있게 의지하게 하였는데."
- 사울의 아들 요나단이 다윗을 찾아왔고, 그에게 하나님을 힘 있게 의지하게 했음.

Tip _ 요나단은 다윗이 숨어 있는 곳으로 찾아왔다. 그런데 당시 핸드폰이나 이메일 같은 연락 도구가 있는 것도 아니었고, 다윗이 사울에게 발각될 수 있으므로 많은 사람을 이끌고 찾아올 수도 없었을 것이다. 그런데 요나단은 어떻게 다윗이 있는 곳을 찾았을까? 그것은 하나님께서 그 두 사람의 만남을 허락하셨기 때문이다. 수천 명의 사람을 이끌고 다니며 수색하는 사울왕도 찾지 못하는(삼상 23:14) 다윗과 요나단이 만났다는 것은 분명 하나님의 은혜이다.

사울왕의 추격, 사람들의 배신... 다윗은 두렵고 지친 마음으로 숨어 있었습니다. 자신을 왕으로 삼으신다는 하나님의 약속은 희미해져만 갑니다. 다윗의 영적 상태는 그가 깊은 숲속에 숨어있는 것처럼, 내면의 바닥에 머물러 있었습니다. '일어날 수 있을까? 다시 소망을 갖고 하나님이 주신 비전을 바라볼 수 있을까?' 그때 다윗의 친구 요나단이 찾아옵니다. 요나단은 수천, 수백의 군사도 찾지 못하는 다윗을 찾아옵니다(삼상 23:14). 위치 추적기가 있는 것도 아니고 전화나 이메일을 주고받을 수 있는 상황도 아닌데, 어떻게 찾아왔을까요? 이것은 하나님께서 그 둘이 만날 수 있도록 은혜를 내려주셨다는 것으로만 설명될 수 있습니다. 하나님의 섭리 가운데 찾아온 요나단은 다윗이 다시 하나님을 힘 있게 의지하도록 위로하고 격려했습니다.

3) 요나단은 다윗에게 어떤 말로 다시 하나님을 의지하게 했나요? 17절 말씀을 함께 읽어 봅시다.

답 : "곧 요나단이 그에게 이르기를 두려워하지 말라 내 아버지 사울의 손이 네게 미치지 못할 것이요 너는 이스라엘 왕이 되고 나는 네 다음이 될 것을 내 아버지 사울도 안다 하니라."

Tip _ 요나단은 다윗을 찾아와 하나님께서 주셨던 비전을 상기시킨다. 하나님의 말씀은 반드시 이루어질 것이며, 다윗은 결코 해를 입지 않을 것이다. 요나단의 입술을 통해 전해진 위로는 하나님의 메시지와 같았다.

사무엘상 23장 17절에는 요나단이 다윗에게 한 말을 구체적으로 기록하고 있습니다. 요나단은 낙심한 다윗에게 다시 하나님의 비전을 상기시켜 줍니다. "너는 반드시 왕이 된다!"라는 이 선언은 단순히 친구로서 건네는 인간적인 위로가 아니었습니다. 요나단은 하나님께 보냄받은 자로써 다윗에게 주셨던 하나님의 비전을 다시 일깨워 주었습니다. 아무도 보증해주지 않는 것만 같은 비전, 완성되지 않을 것 같은 비전, 그냥 포기해버리고 싶은 비전 앞에 선 다윗을 일으키시는 하나님의 음성이 요나단을 통하여 선포된 것입니다.

4) 하나님께서는 다윗에게 직접 이야기하지 않으시고, 요나단을 통해서 말씀하셨습니다. 하나님께서는 비전을 이루어 가는 과정에서 왜 사람, 더 정확히 말하면 동역자를 통하여 일하시는 것일까요?

답 : 정답은 없다. 자유롭게 자기 생각을 이야기하도록 한다.

하나님께서는 다윗에게 직접 말씀하실 수 있었습니다. 사무엘상 23장만 보아도 다윗은 하나님의 음성을 직접 듣고 있었습니다(삼상 23:4, 12절). 즉, 낙심한 다윗에게 하나님께서 직접 말씀하시고 위로하실 수 있었습니다. 그런데 굳이 왜 하나님께서는 요나단을 보내신 것일까요? 우리는 두 가지 정도로 생각해볼 수 있습니다.

먼저는 다윗에게 친구가 필요했기 때문입니다. 하나님의 위로가 사람의 위로보다 미약해서가 아니었습니다. 하나님의 위로는 무엇과도 비교할 수 없는 은혜이며, 지치고 낙심한 사람을 살리는 능력입니다. 그러나 지금 이 순간 다윗에게는 친구가 필요했습니다. 다윗은 충성을 다했던 왕에게, 또 생명을 살려 준 그일라 사람들에게 큰 상처를 받은 후였고, 사람 때문에 비전을 포기하고 싶을 만큼 고통스러운 상황이었습니다. 그래서 하나님은 또 다른 사람을 보내셨습니다. 좋은 친구를 통해 그를 위로하시고 용기를 불어넣어 주셨습니다.

둘째로 다윗의 비전과 직접 연관된 사람이 요나단이었기 때문입니다. 요나단은 사울왕의 뒤를 이어 왕이 될 사람이었습니다. 반면 다윗은 누구도 믿을 수 없고 갈 곳 없는 도망자 신세였습니다. 누가 보아도 다윗이 왕이 되기는 어려워 보였을 것입니다. 다윗이 왕이 될 것을 증언해 줄 사람은 오직 사무엘 선지자뿐인데, 사무엘 선지자도 이제 많이 늙었습니다. 도대체 누가 다윗에게 하나님의 비전을 선명하게 말해줄 수 있겠습니까? 사울왕의 뒤를 이어 왕이 될 것이라 모두가 확신하는 요나단뿐입니다. 하나님께서는 제 3자의 예측이 아니라 이 문제에 있어 당사자였던 요나단을 통해 다윗의 마음을 일으켜 세워주신 것입니다.

5) 다윗처럼 우리 역시 비전을 향해 가는 여정에서 어려움과 시련을 겪을 수 있습니다. 모든 것을 포기하고 싶은 순간이 찾아오고, 사람에게 실망할 때도 있을 것입니다. 그러나 하나님께서는 우리가 주저앉으면 일으키시고 다시 비전으로 나아가게 하실 것입니다. 또한 요나단과 같은 좋은 친구를 보내 주실 것입니다. 당신의 인생에서 요나단은 누구인가요?

Tip _ 지금까지 살아오면서 하나님께서 만나게 하신 요나단에 대해 나누어 보는 시간이다. 하나님의 비전은 결코 혼자서 이루어갈 수 없다. 하나님의 섭리 가운데 힘이 되었던 친구에 대해 이야기하도록 한다.

다윗에게 비전을 주시고, 그 비전을 이루어 가도록 도운 하나님께서는 오늘 우리에게도 비전을 주시고 신실하게 도와주십니다. 우리 앞에 어떤 어려움과 문제가 있다 해도 하나님께서는 우리로 하여금 비전의 길을 끝까지 걷게 하실 것입니다. 때를 따라 돕는 은혜로, 동역자와 좋은 친구들을 보내셔서 우리를 일으키시고 붙들어 주실 것입니다. 다시, 비전을 바라보며 나아갈 준비가 되었나요?

다윗에게 하나님의 비전이란?
하나님의 비전은 이루어지지 않을 것 같은 두려움과 낙심 가운데 처할지라도, 하나님의 도우심으로 다시 일어나 걸어가게 되는 것. 하나님의 도우심은 믿음의 동역자들을 통하여 드러나며, 비전이 이루어지는 날까지 신실하게 이어지는 것.

나에게 하나님의 비전이란?
(여러분의 생각을 요약하여 적어 보세요.)

 오늘의 은혜

 소그룹 기도제목

3-3 고백의 노래 (15분)

- 함께 이 찬양을 마음으로 고백하고, 기도로 마칩니다.

네 번째 음

요셉과 바라보다

"하나님이 큰 구원으로
당신들의 생명을 보존하고
당신들의 후손을 세상에 두시려고
나를 당신들보다 먼저 보내셨나니"

창세기 45:7

♪네 번째 음 요셉과 바라보다

본과의 목적: 사람을 살리는 하나님의 비전을 바라보기
(Key word - 생명, 함께)

4-1 '만약에 토크' 타임 (15분)

- 여러분이 바라는 직업은 무엇인가요? 그 직업을 갖게 된 후에 가장 하고 싶은 일은 무엇인가요? 함께 이야기를 나누어 보세요.

희망 직업:
직업을 통해 하고 싶은 일:

Tip _ 하나님의 비전은 어떤 특정 직업을 갖게 되는 것이 아니다. 하나님의 비전은 우리의 전 생애에 걸쳐 이루어 가야 하는 것으로, 삶의 방향성 또는 목적을 의미한다. 빌립보서 3장에서 사도 바울이 말하는 "푯대"와 같은 것이 바로 하나님께서 주시는 비전이다. 그런데 비전을 개인적으로 세워 둔 목표나 직업으로 오해하는 경우가 허다하다. 이로 인해 각자의 목표나 직업을 이룬 후에는 무엇을 위해 살아야 하는지 고민하지 않게 된다. 이 활동은 하나님의 비전과 개인의 목표가 다른 것임을 인식할 수 있도록 안내하는 활동이다.

4-2 '요셉과 바라보다' 말씀 나눔

들어가며(15분)

1897년 8월에 있었던 미국 북장로교회 선교부 연례회의 회의록에는 당시 기독교학교의 교육정책에 대한 기록이 남아 있습니다. 그것은 선교사 배위량이 입안한 것으로 다음과 같습니다. "기독교학교 설립과 운영의 기본이념은 학생들에게 유용한 지식을 다양한 방법으로 가르쳐서 실제생활에 기여하고 더 나아가서 이들이 장차 책임 있는 일꾼으로 자라게 하는 것이다. … (중략) … 이 학생들이 장차 농부나 대장공이 되거나 의사나 교사가 되거나 혹은 정부의 관리가 되건 간에 복음을 전하는 능동적인 복음 전도자가 되어야 한다."[1]

이것은 한국교회 초기의 교육정책이 학생들로 하여금 특정 직업을 갖게 하는 데서 멈추지 않고 그들이 어떤 직업을 갖든지 간에 하나님 나라의 확장과 복음전파의 사명을 위해서 살게 한다는 분명한 비전을 갖고 있었음을 보여 줍니다. 다시 말해 농부, 대장공, 의사, 교사, 관리는 직업이요 목표는 될 수 있지만, 하나님께서 주신 비전이 될 수 없다는 것을 교회 지도자들은 분명히 알고 있었습니다. 그렇다면 지금 여러분은 어떻습니까? 여러분은 직업을 초월하는 하나님의 비전을 발견했습니까? 여러분의 비전은 무엇입니까?

---

1) 숭실대학교90년사 편찬위원회, 『숭실대학교90년사』, 박상진 외, 『기독교학교, 역사에 길을 묻다』 (서울: 예영, 2013), 90쪽에서 재인용.

말씀 속으로(45분)

오늘 우리가 함께 만나 볼 성경 인물은 요셉입니다. 요셉은 노예였다가(창 37:28) 애굽이라는 큰 나라의 총리가 된 사람입니다. 그는 나이 서른에 이미 남들이 부러워할만한 위치에 올라선 사람입니다. 이제는 좀 편하게 살고 누리면서 살고 싶다고 말해도 누구도 뭐라고 하지 않을 것입니다. 그런데 요셉의 생각은 다른 것 같습니다. 그에겐 여전히 해야 할 일이 있었습니다. 요셉이 도대체 무엇을 하려는지 함께 말씀 속으로 들어가 볼까요?

 * 창세기 41:46-57절의 말씀을 함께 읽고 다음 질문에 답해 보세요.
(참고구절 - 창세기 41:28-36)

1) 총리가 된 요셉이 가장 먼저 한 일은 무엇인가요? (46절)
답 : 요셉은 애굽 온 땅을 순찰했다.

Tip _ 이 말은 45절에도 나타난다. 즉, 요셉이 총리가 된 후에 애굽 온 지역을 살펴봤다는 것을 재차 강조하고 있다. 요셉은 총리가 된 후에 자신을 노예로 팔았던 형들을 찾아내어 복수하지 않았고, 자신의 부귀영화를 이용하여 나태하게 살지도 않았다. 요셉은 아랫사람들의 보고만 받아 탁상행정을 하지도 않았다. 요셉은 광대한 애굽 온 땅을 직접 돌며 자신의 직무에 책임을 다했다.

요셉에게 총리 자리는 끝이 아니라 시작이었습니다. 요셉은 총리가 되었으니 "이제는 편히 살아보자!"라고 말하지 않았습니다. 요셉은 총리가 되자마자 애굽 온 땅에 순찰을 나갔고(45-46절), 앞으로 올 7년의 풍년과 7년의 기근을 준비했습니다. 요셉은 자신에게 주어진 일에 최선을 다했습니다.

2) 순찰을 마치고 온 요셉은 기근을 대비하여 무엇을 했나요? (48절)
답 : 풍년인 7년 동안 각 성읍의 밭에서 난 곡물을 그 성읍 중에 저장했음(48절).

Tip 1 _ 요셉이 바로의 궁에 곡식을 쌓지 않고, 각 성읍에 곡식을 쌓게 한 것은 기근의 때에 사람들을 효과적으로 돕기 위한 방책이다. 요셉은 풍년의 때에 수확량의 오분의 일씩 모으도록 했다(창 41:34).

Tip 2 _ 요셉은 풍년이 임한 7년 동안 쌓아 둔 것에 만족하거나 교만해지지 않고, 곡물을 차곡차곡 저장하게 했다. 얼마나 많은 양이 쌓였던지 49절을 보면 쌓아 둔 곡식이 바다의 모래와 같이 심히 많았고, 세기를 포기할 정도였다. 기근을 준비하는 요셉의 집중력은 흐트러짐이 없었다. 이는 애굽인뿐 아니라, 기근으로 각국에서 몰려올 사람들을 살리기 위함이었다(54, 57절).

요셉은 기근이 오기 전, 풍년이 임한 7년 동안 꾸준히 곡식을 저장했습니다. 그런데 바로가 있는 왕궁에 그 곡물을 모두 모은 것이 아니라 각 성마다 저장소를 따로 두었습니다. 이것은 요셉이 위기의 때에 식량을 빌미 삼아 힘을 행사하려 하지 않고, 각 성읍 사람들이 신속하게 식량을 공급받을 수 있도록 한 것입니다. 요셉의 관심은 자신의 힘을 쌓는 것이 아니라, 사람들을 살리는 일에 있었습니다.

3) 풍년이 그치고 온 지면에 기근이 임했습니다. 요셉은 어떻게 했나요? 함께 56절의 말씀을 읽어 보세요.

답 : "온 지면에 기근이 있으매 요셉이 모든 창고를 열고 애굽 백성에게 팔새 애굽 땅에 기근이 심하며."

- 모든 창고를 열고 그동안 모아 둔 곡식을 팔아 백성들이 굶어 죽지 않게 했음.

Tip 1 _ 요셉은 성마다 차별하지 않고, 애굽 모든 성의 창고를 열어 백성의 생명을 보존하게 했다. 또한 애굽 외 각국에서 생명을 보전하기 위해 몰려드는 이들을 거절하지 않았다(57절).

Tip 2 _ 바로는 양식을 나눠 주는 권한을 요셉에게 주었다(55절). 바로가 요셉에게 이 일에 대한 전권을 준 것은 단지 왕이 요셉을 신뢰했기 때문만은 아니다. 하나님께서 왕의 마음을 움직이셔서 요셉에게 이 권한을 부여하신 것이다. 하나님께서는 요셉을 통해 구원의 길을 열어 주셨다(행 7:9-10).

찬란했던 7년의 풍년은 끝나고, 이전의 풍년은 기억도 나지 않을 만큼 끔찍한 기근이 임했습니다. 애굽 사람들은 굶주려 바로에게 울부짖었습니다(55절). 그래서 바로는 그동안 모아 둔 곡식을 나누어 주는 중대사를 요셉에게 맡깁니다. 요셉은 바로의 명을 받아, 각 성의 모든 창고 문을 열고 사람들에게 곡식을 판매합니다. 죽을 수밖에 없는 절체절명의 순간에 생명의 문이 열린 것입니다. 요셉 한 사람이 수많은 사람을 살리는 생명의 통로가 되었습니다. 이것은 사람의 지혜가 아니요, 하나님의 큰 그림 안에 계획된 일이었습니다(행 7:9-10). 하나님께서는 "이때를 위해" 요셉을 총리로 삼으신 것입니다!

4) 하나님께서는 요셉이 개인적인 부귀영화를 누리게 하려고 총리가 되게 하신 것이 아니었습니다. 하나님은 요셉을 통해 많은 사람을 살리고자 하셨습니다. 요셉도 이것을 알고 있었습니다. 요셉이 고백하는 하나님께서 주신 비전은 무엇입니까? (창 45:5, 7; 50:20)

답 : "당신들이 나를 이곳에 팔았다고 해서 근심하지 마소서 한탄하지 마소서 하나님이 생명을 구원하시려고 나를 당신들보다 먼저 보내셨나이다"(창 45:5).

"하나님이 큰 구원으로 당신들의 생명을 보존하고 당신들의 후손을 세상에 두시려고 나를 당신들보다 먼저 보내셨나니"(창 45:7).

"당신들은 나를 해하려 하였으나 하나님은 그것을 선으로 바꾸사 오늘과 같이 많은 백성의 생명을 구원하게 하시려 하셨나니"(창 50:20).

- 생명을 구원하시는 하나님의 사역에 동참하는 것

Tip _ 요셉은 하나님께서 왜 자신을 애굽에 보내시고, 총리로 삼으셨는지 누구보다 잘 알고 있었다. 때문에 총리가 되었을 때, 총리직을 자신의 개인적인 이익을 위해 사용하지 않았다. 오직 하나님의 큰 계획 안에서 충성되게 맡은 바를 감당했다. 요셉은 많은 사람을 살리고자 하시는 하나님의 구원 사역을 위하여 자신의 모든 삶을 드려 순종했다.

내가 열망하는 자리에 올랐을 때, 또는 다른 사람들이 부러워할 만한 위치에 올랐을 때 사람들은 교만해집니다. 더 이상 하나님을 찾지 않습니다. 하나님께서 왜 나를 이 자리로 부르셨는지 고민하지 않습니다. 그러나 요셉은 달랐습니다. 하나님께서 그를 애굽의 총리로 삼으셨을 때, 요셉은 교만해지거나 나태해지지 않았습니다. 왜냐하면 그에게 하나님이 주신 비전은 총리 자리에 오르는 것이 아니라, 하나님의 구원 사역에 쓰임받는 것이었기 때문입니다. 많은 사람을 구원하고자 하시는 하나님의 놀라운 계획 속에서 하나님의 통로가 되는 것이었기 때문입니다. 요셉은 그것을 결코 잊지 않았습니다. 그리고 하루하루를 하나님께서 보여 주신 그 비전을 위해 살아갔습니다. **요셉의 비전은 사람을 살리는 하나님의 일에 함께하는 것이었습니다.**

여러분의 비전은 무엇입니까? 대기업에 들어가고 전문직을 갖게 되는 것입니까? 특정 시험에 합격하는 것입니까? 여러분의 비전은 무엇입니까? 비전은 결코 직업이나 자리가 아닙니다. 비전은 하나님께서 우리 마음 가운데 심어 주신 거룩한 열망이요, 하나님의 사역 가운데 초청받는 것입니다. [바라보다]를 마치는 지금, 여러분의 비전은 무엇입니까?

5) 지금까지 성경공부를 해오면서, 하나님께서 당신에게 깨닫게 하신 비전은 무엇인가요? 함께 나누고, 서로의 비전을 위해 기도하며 마무리합니다.

Tip _ 먼저 하나님의 비전이 분명히 세워지고, 그 비전을 위하여 하나님께서 이끄시는 진로를 발견하는 것이 중요하다. [바라보다]를 통하여 하나님께서 각자에게 보게 하시는 비전이 무엇인지 깨닫는 계기가 되도록 한다. 특별히 장년의 경우, 은퇴 후 제2의 직업을 찾는 경우가 있으므로 성경공부 대상자의 상황을 고려하여 인도하도록 한다.

\# 요셉에게 하나님의 비전이란?
하나님의 비전은 특정 직업을 갖거나 어떤 위치에 오르는 것이 아니라 하나님의 일에 함께하는 것.
하나님의 일은 사람을 살리는 것이며, 하나님께서는 비전의 사람을 통해 구원의 길을 열어 가심.

\# 나에게 하나님의 비전이란?
(여러분의 생각을 요약하여 적어 보세요.)

 오늘의 은혜

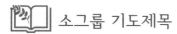 소그룹 기도제목

4-3 고백의 노래 (15분)

- 함께 이 찬양을 마음으로 고백하고, 기도로 마칩니다.

VOGS 세우기

우리는 지금까지 [바라보다]를 통해 하나님의 비전이 무엇인지 살펴봤습니다. 비전에 대해 생각하면 직장, 진로 정도로 생각하는 우리의 근시안적인 사고를 성경으로 튜닝한 것입니다. 이제는 하나님의 비전을 향한 우리 삶이 보다 실천적인 삶이 될 수 있도록 "VOGS 세우기"를 진행하려 합니다.

"VOGS"란, "Vision+Objects+Goals+Standards"의 첫 번째 초성으로 이루어진 단어입니다. VOGS는 '하나님의 비전'이 무엇인지 알게 된 여러분이 매일의 삶에서 하나님의 비전을 바라보며 살아가기 용이하도록 돕는 일종의 셀프 플래너(self-planner)입니다.

<사용하는 방법>
1. V 칸에는 하나님께서 당신에게 주신 비전을 적어 봅니다.
예) 1과 - 세상의 가치를 거스르고 하나님의 가치를 바라보기
2과 - 매일의 삶에서 하나님만 바라보기
4과 - 사람을 살리는 하나님의 사역을 바라보기

*예시와 참고일 뿐 [바라보다]를 통해 하나님께서 여러분에게 주신 비전을 적어 봅니다.

2. O 칸에는 삶의 영역을 구분하여 적어 봅니다.
예) 개인 생활, 가정, 학교, 직장, 교회, 동아리 등

3. G 칸에는 각 삶의 영역에서 하나님의 비전을 위해 실천하고자 하는 목표를 적어 봅니다.

예) V: 하나님의 가치를 바라보기

    O: 학교

    G: 하나님의 사람답게 살기

4. S 칸에는 G를 위한 실천 계획을 적습니다.

예) 다른 친구 험담하지 않기, 술 먹지 않기, 교회 다닌다고 떳떳하게 말하기, 학교 친구에게 전도하기 등

<VOGS 세우기> 예시

Vision		
: 세상의 가치가 아니라, 하나님의 가치를 바라보며 살겠습니다.		
Objects	Objects	Standards
나	하나님의 가치를 더 알아가기	1. 매일 성경을 3장씩 읽겠습니다. 2. 주일 설교에 집중할 수 있도록 적으며 듣겠습니다. 3. 신앙서적을 한 달에 1권씩 읽겠습니다.
가정	하나님의 가치로 사랑하기	1. 부모님께 함부로 말하지 않겠습니다. 2. 가족들의 요나단이 되는 시간을 일주일 중 꼭 갖겠습니다(목요일 저녁).
학교(직장)	하나님의 사람답게 살아가기	1. 누군가의 험담을 하지 않겠습니다. 2. 제가 그리스도인이라는 사실을 숨기지 않겠습니다. 3. 학교 친구(또는 직장 동료)를 인격적으로 대하겠습니다.
교회	하나님의 가치를 배우고 전하기	1. 소그룹에 잘 참석하며 마음을 열겠습니다. 2. 교회 안의 양육 프로그램에 참석하며 하나님의 가치가 무엇인지 더 배워 나가겠습니다. 3. 하나님께 받은 은혜를 흘려보낼 수 있는 섬김의 자리를 찾겠습니다.
친구(연인) 관계	하나님의 가치로 섬기기	1. 친구가 힘들 때 문자만 하는 것이 아니라 직접 찾아가 위로하겠습니다. 2. 친구와 약속한 것을 잘 지키겠습니다.

나의 VOGS 세우기

Objects	Goals	Standards

바라보다 메모리

바라보다를 통해 만났던 이들의 이름과 함께 했던 때를 적어보세요. :-)

언제	누구와

✦ 들어가는 말

'저 사람은 어떤 사람인가?'
이 질문에 대한 답은
그가 걸어간 발자취를 통해
발견하게 됩니다.

삶은 어떤 한 순간에 의해
결정되지 않습니다.
우리가 살아가는
한 걸음 한 걸음이 모여
길이 되고,
그 길이 닿은
마지막 지점이
비로소 그가 누구였는지
말해줍니다.

[살아가다]와 함께하는 동안
하나님 앞에서
내딛는 한 걸음.
그 한 걸음의 소중함을
깨닫게 되기를 기도합니다.

살 아 가 다

로드앤로드 미니스트리 성경공부 ⑥

A코드 Attitude 편

첫 번째 음

경건하게 살아가다

"제 구 시 기도 시간에
베드로와 요한이
성전에 올라갈새"

사도행전 3:1

♪ 첫 번째 음 경건하게 살아가다

본과의 목적: 경건의 의미를 깨닫고, 경건하게 살기
(Key word - 경건, 순종)

1-1 오프닝 토크 (15분)

'경건'이란 무엇일까요? 내가 생각하는 경건의 의미를 함께 나누어 봅시다.

Tip _ '경건'이라는 주제에 접근하는 도입활동이다. 각자의 생각을 나누며 함께 경건이라는 개념을 이해하도록 하는 시간이다.

1-2 '경건하게 살아가다' 말씀 나눔

들어가며 (15분)

신약성경에는 '경건'이라는 단어가 총 15번 등장합니다. 경건은 사전적으로 '공경하며 삼가고 엄숙함'이라는 뜻을 가지고 있는데, 성경 안에서는 '하나님을 사랑하는 마음과 경외하는 마음이 합하여진 것'을 의미합니다. 그래서 우리는 경건을 생각할 때 예배와 기도, 찬양과 같은 수직적 영성만을 생각합니다. 그러나 이것은 반쪽짜리 정의입니다.[2]

진정한 경건이란, '전심으로 하나님을 경외하며 하나님의 기뻐하시는 뜻대로 살아가는 자세(Attitude)를 갖추는 것'입니다.

말씀 속으로 (45분)

오늘 말씀에도 하나님을 전심으로 경외하며 하나님의 뜻대로 살고자 하는 두 사람이 등장합니다. 바로 베드로와 요한입니다. 오순절 성령강림 사건을 통해 예수 그리스도의 십자가와 부활의 의미를 깨닫게 된 이들은, 오늘도 어딘가로 향하고 있습니다. 베드로와 요한이 향하고 있는 곳은 과연 어디일까요? 함께 따라가 봅시다.

---

2) 장흥길, 『신약성경 용어해설집』 (서울: 한국성서학연구소, 2017), 39-45 요약.

* 사도행전 3:1-12절의 말씀을 함께 읽고 아래의 질문에 답해 보세요.

1) 오늘 말씀에서 베드로와 요한은 어디로 향하고 있나요? 또한 그곳으로 향하는 이유는 무엇일까요? (1절)

어디 : 성전

향하는 이유 : 기도 시간이 되어서

Tip 1 _ 사도행전 2장에서는 오순절 날 제자들이 한 곳에서 기도하고 있을 때 성령님이 역사하신 것을 자세히 기록하고 있다. 성령을 받은 베드로가 오순절 설교를 하였고, 삼 천 명이 세례를 받은 놀라운 일이 벌어진다. 그 이후 3장은 베드로가 처음으로 치유한 장면을 기록하고 있다. 성전에 올라가는 베드로와 요한은 그곳에서 나면서부터 걷지 못하는 자를 만나 일으켰고, 그 일을 계기로 솔로몬 행각에서 복음을 증거하였다. 이 설교로 인하여 오천 명 정도가 예수 그리스도를 믿게 되었다.

Tip 2 _ 유대인은 삼 시(오전 9시), 육 시(정오), 구 시(오후 3시)에 하던 일을 멈추고 하나님께 기도하는 관습을 갖고 있었다. 특히 아침과 오후 기도 시간에는 많은 사람이 성전에 모여 기도하였다.

베드로와 요한은 하루 중 정해진 기도 시간에 성전으로 올라가고 있었습니다. 여기에서 '올라갈새'로 번역된 헬라어는 일회적으로 끝난 행동이 아니라 과거에 반복적으로 지속된 일을 표현하는 단어입니다. 즉, 오늘 말씀에서 베드로와 요한이 기도 시간에 성전에 올라갔다고 기록한 것은 그들이 정해진 시간에 기도하기 위하여 늘 성전에 갔다는 것을 말해 줍니다. 사실 사도행전 2장을 보면 베드로, 요한과 예수님의 제자들은 오순절 성령강림사건을 통해 성령을 경험하고 엄청난 부흥을 경험했습니다. 그런데 오늘 말씀을 보면 이들은 오순절과 같은 뜨거운 예배만 찾는 것이 아니라, 매일의 삶에서 하나님을 만나고 하나님의 음성을 듣는 일을 쉬지 않았습니다. 삶의 자리에서 한결 같은 모습으로 하나님을 사랑하고 경외한 것입니다.

2) 오늘 말씀은 베드로와 요한 말고도, 매일 성전에 오는 한 사람을 소개하고 있습니다. 그는 누구일까요? (2절)
답 : "나면서 못 걷게 된 이를 사람들이 메고 오니 이는 성전에 들어가는 사람들에게 구걸하기 위하여 날마다 미문이라는 성전 문에 두는 자라"(2절).

- 나면서부터 못 걷는 이, 성전 미문에서 구걸하는 사람

Tip _ 나면서부터 못 걷게 된 이는 헬라어 원문을 보면, 엄마의 자궁(코이리아)에서부터 걷지 못했다고 표현되어 있다. 그는 날마다 그 문이 아름다워 '미문'이라는 이름이 붙여진 성전 문 앞에서 구걸하며 살았다. 그는 누구보다 성전 곁에 가까이 머무는 자였지만, 스스로 성전에 들어갈 수 없었다.

오늘 말씀 2절을 보면, 날마다 성전에 간 또 한 사람을 소개합니다. 그러나 그는 성전 문 앞에 있을 뿐, 성전 안에 들어가지 못했습니다. 왜냐하면 그는 태어나서 단 한 번도 걸어본 적 없는 장애가 있는 사람이었기 때문입니다. 그는 매일 성전 문 앞까지 사람들의 도움을 받아 옮겨지면, 그곳에서 구걸을 하며 살았습니다.

3) 나면서부터 걷지 못하는 사람은 성전 미문 앞에서 지나가던 베드로와 요한에게 구걸을 하였습니다(3절). 그 다음 어떤 일이 일어났나요? (4절, 6-7절)

4절 : "베드로가 요한과 더불어 주목하여 이르되 우리를 보라 하니"

6절 : "베드로가 이르되 은과 금은 내게 없거니와 내게 있는 이것을 너에게 주노니 나사렛 예수 그리스도의 이름으로 일어나 걸으라 하고"

7절 : "오른손을 잡아 일으키니 발과 발목이 곧 힘을 얻고"

- 베드로와 요한이 그를 주목하였고, 우리를 보라고 말했다. 베드로는 그에게 나사렛 예수 그리스도의 이름으로 일어나 걸으라고 선포하고, 그의 오른손을 잡아 일으켰다. 그의 발과 발목이 곧 힘을 얻게 되었다.

Tip 1 _ 베드로와 요한은 항상 성전에 올라가던 사람들이다. 그동안 이들이 매일 성전 앞에서 구걸하던 사람을 보지 못 했을 리 없다. 걷지 못하는 사람이 성전 문 앞에서 구걸하는 것은 늘 있는 일이었고, 별로 특별한 일이 아니었다. 그러나 오늘 4절 말씀을 보면, 베드로와 요한은 그를 "주목"하였다. 만약 그가 불쌍하여 바라본 것이라면, 동전 몇 닢을 주고 가면 될 일이었다. 그러나 베드로와 요한은 걷지 못하는 자에게 "우리를 보라"라고 말을 건넸다. 이것은 베드로와 요한이 그와 인간적인 교류를 했다고 말하는 것이 아니다. 베드로와 요한은 그곳에 앉아 있는 사람을 향한 성령 하나님의 지시하심에 집중하고 있다.

Tip 2 _ 성전은 사도들에게 기도하는 자리였지만, 걷지 못하는 자에게는 구걸하는 자리였다. 하나님을 예배하는 자리에서 자신의 하루 먹을 양식을 위하여 구걸을 해야 하는 것이 안타깝게 느껴진다. 과연 걷지 못하는 자에게 필요한 본질적인 것은 무엇인가? 하루의 먹을 양식이었을까? 그는 하루하루 먹고 사는 것을 생각하느라 자신의 궁극적인 소망인 '일어서는 것'을 잊고 있었다. 그래서 그는 베드로와 요한에게 무엇을 얻을까 하며 바라보았다(5절).

성전 미문 앞에 앉아 있던 사람은 지나가던 베드로와 요한에게 늘 하던 대로 구걸했습니다. 그는 날마다 이곳에서 구걸하던 사람이었으므로, 아마 베드로와 요한도 그 사람을 본 적이 있었을 것입니다. 따라서 베드로와 요한에게 이 사람이 구걸을 한 행동은 특별히 주목해야 할 일은 아닙니다.

그러나 베드로와 요한은 멈춰 서서 그를 "주목"했습니다. 그리고 그에게 "우리를 보라"라고 말했습니다. 이것은 단순히 베드로와 요한이 구걸하는 사람을 불쌍히 여겨 한 행동처럼 보이지 않습니다. 만약 인지상정의 마음으로 그를 긍휼히 여긴 것이라면, 그저 동전 몇 닢을 나누어주면 될 일입니다. 그런데 베드로와 요한은 그를 유심히 바라보고, 나아가 "우리를 보라"라고 청했습니다.

우리는 베드로와 요한이 그를 보면서 무슨 생각을 했는지 정확히 알 수는 없습니다. 다만 사도행전 전반에 나타나는 성령님의 역사를 기억할 때, 베드로와 요한이 걷지 못하는 자를 주목하여 본 것은 그들의 의지가 아니라 성령님의 개입하심이라는 것을 알 수 있습니다. 또한 베드로와 요한은 그 순간 말씀하시는 성령님의 음성을 민감히 듣고, 순종할 준비가 되어 있었습니다.

그날, 성령님은 베드로와 요한의 '눈을 열어' 매일 그 자리에 있던 구걸하는 자를 보게 하셨습니다. 또 그를 주목하여 봄으로써 그의 내면에 있는 깊은 갈망을 '읽게' 하셨고, 베드로의 '입술을 열어' "나사렛 예수 그리스도의 이름으로 일어나 걸으라!"라고 외치게 하셨으며, 마지막으로 베드로가 '손을 내밀어' 걷지 못하는 자의 오른손을 잡아 일으키게 하셨습

니다. 이 놀라운 역사는 결코 베드로와 요한에게 있는 개인의 능력으로 일어난 일이 아니었습니다!(12절)

4) 삶의 자리에서 민감하게 성령님의 음성을 들으며 교통하는 것, 매일 반복되는 일상 속에서 숨겨진 하나님의 뜻을 발견하고 순종하는 것은 일회적인 성령체험으로 가능한 일이 아닙니다. 한결 같이 하나님을 경외하고 하나님의 뜻대로 살아가려는 삶의 자세를 가질 때 나타나는 일입니다. 이러한 삶의 자세를 무엇이라고 부르나요?

답 : 경건

디모데전서 4장 8절을 보면 이런 말씀이 있습니다. "몸의 훈련은 약간의 유익이 있으나, 경건 훈련은 모든 면에 유익하니, 이 세상과 장차 올 세상의 생명을 약속해 줍니다"(새번역). 이 말씀은 경건한 삶이 그리스도인에게 얼마나 값지고 유익한 것인지 가르쳐 줍니다. 또한 우리가 경건한 삶을 살기 위해서는 연단의 과정이 필요하다는 것도 가르쳐 줍니다.

날마다 하나님을 경외하고 사랑하는 것, 그분의 기뻐하시는 뜻대로 살아가는 '경건'은 훈련되어야 합니다. 그것이 우리 삶에 자연스럽게 스며들어 거룩한 습관이 되어야 합니다. 마치 베드로와 요한이 항상 성전에 올라가 기도했던 것처럼 말입니다. 그러할 때, 우리는 하나님이 말씀하시는 찰나를 분별하고, 그분께 순종할 수 있을 것입니다.

5) 오늘 말씀을 통해 받은 은혜를 나누어 봅시다. 그리고 경건의 훈련을 위한 개인의 결단을 이야기해 봅시다.

Tip 1 _ 결단의 내용은 추상적이지 않도록 하고, 삶에서 실천할 수 있도록 격려하고 기도하며 마친다.

Tip 2 _ 경건의 훈련을 위해 소그룹에서 함께 실천할 것을 정해도 좋다(예: 큐티, 성경통독, 중보기도, 새벽예배 등).

작은 물 한 방울은 결코 큰 바위를 깎아 낼 수 없습니다. 그러나 꾸준히 떨어지는 물 한 방울은 거대한 돌에 구멍을 만들어 냅니다. 우리도 우리에게 주어진 매일의 삶을 경건하게 살아갑시다. 하나님께서 여러분을 통하여 위대한 구원사역을 펼쳐 가시도록!

 오늘의 은혜

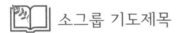 소그룹 기도제목

1-3 고백의 노래 (15분)

- 함께 이 찬양을 마음으로 고백하고, 기도로 마칩니다.

두 번째 음

정직하게 살아가다

"나의 하나님이여
주께서 마음을 감찰하시고
정직을 기뻐하시는 줄을
내가 아나이다…"

역대상 29:17

♪ 두 번째 음 정직하게 살아가다

본과의 목적: 정직의 의미를 깨닫고, 정직하게 살기
(Key word - 정직, 선택)

2-1 '테이스트 테스트' 게임 (15분)

여러분 앞에는 여러 가지 과자가 섞여서 담겨 있는 그릇이 있습니다. 팀을 나누어 과자를 맛보고, 어떤 과자가 들어 있는지 맞추어 보세요.

Tip 1 _ 팀별로 각각 3-4가지 종류의 과자를 준비하고, 몇 개의 과자를 부수어 가루를 맛볼 수 있도록 한다. 상대편 팀의 가루를 맛보고, 과자의 이름을 맞추면 그 과자를 선물로 준다. 만약 팀을 나누기 어려울 경우에는, 인도자가 여러 종류의 과자를 섞어 부순 것을 준비한다. 1분 동안 가장 많은 과자의 종류를 맞추는 팀이 승리한다. 이긴 팀에는 간단한 선물을 주도록 한다. 이 게임의 의도는 보이지 않을지라도 그 맛과 본질은 숨길 수 없다는 것을 깨닫게 하는 것이다.

Tip 2 _ 게임 후에는 팀별로 과자를 나누어 먹으며, 한 주 동안 실천했던 경건의 훈련에 대해 나누어 보도록 한다. 자연스럽게 지난주에 배운 말씀을 잠깐 되짚어 보는 시간이다.

2-2 '정직하게 살아가다' 말씀 나눔

들어가며 (15분)

영국 속담 중에, "하루를 행복하려면 이발소에 가고, 일주일을 행복하려면 결혼을 하고, 한 달을 행복하려면 말을 사고, 일 년을 행복하려면 집을 사라. 그러나 평생을 행복하려면 정직해야 한다."라는 말이 있습니다. 이 속담은 우리의 선택에 따른 행복의 유통기한에 대해 말해 줍니다. 또한 그 어떤 선택보다 정직을 택하는 것이 참된 행복의 비결이라고 말합니다. 오늘은 이토록 중요한 '정직'에 대해서 함께 이야기를 나누어 볼까요?

말씀 속으로 (45분)

성경 곳곳에도 정직에 대한 하나님의 말씀이 기록되어 있습니다. 시편 7편 10절에 따르면 하나님은 마음이 정직한 자를 구원하신다고 말씀하시고, 시편 11편 7절은 정직한 자가 하나님의 얼굴을 뵙게 된다고 말합니다. 이처럼 정직은 하나님께서 귀하게 여기는 삶의 자세(attitude)입니다. 그렇다면, '정직'이란 무엇일까요? 오늘의 말씀을 통해 성경이 말하는 정직이 무엇인지 함께 알아봅시다.

* 사도행전 5:1-6절의 말씀을 함께 읽고 아래의 질문에 답해 보세요.

1) 사도행전 5장에는 한 부부가 등장합니다. 그들의 이름은 아나니아와 삽비라입니다. 오늘 말씀 1-2절에 따르면 그들은 어떤 행동을 했나요?

답 : "아나니아라 하는 사람이 그의 아내 삽비라와 더불어 소유를 팔아 그 값에서 얼마를 감추매 그 아내도 알더라 얼마만 가져다가 사도들의 발 앞에 두니"(1-2절).

- 아나니아와 삽비라는 소유를 팔아 그 값의 얼마를 감추고, 얼마만 가져다가 사도들의 발 앞에 두었다.

Tip 1 _ 아나니아와 삽비라 부부가 자신의 소유를 팔아 사도들의 발 앞에 둔 것은, 사도행전 4장 32-37절의 말씀을 함께 읽어야 이해할 수 있다. 당시 예루살렘 교회는 성령의 역사를 통하여 큰 은혜를 받고 부흥하는 때였다. 교회의 무리는 함께 예배만 드린 것이 아니라, 서로의 삶을 나누고 섬기는 일에 적극적으로 나섰다. 이들은 모든 물건을 서로 통용하였고 자기의 재물을 자기 것이라 주장하지 않았다. 이들이 이렇게 할 수 있었던 이유는 자신의 소유가 하나님의 것이라는 철저한 신앙고백이 있었기 때문이다.

Tip 2 _ 당시 유대 사회에서 '아나니아'라는 이름은 흔한 이름이었고, '여호와는 은혜로우시다'라는 뜻이다. 또 그의 아내였던 '삽비라'는 '청옥'이라는 뜻으로, '아름다움'을 의미한다. 둘 다 신앙인에게 꼭 필요한 가치를 담고 있는 좋은 이름을 갖고 있었다(옥스퍼드 원어성경대전 참고).

사도행전 5장의 말씀은 아나니아와 삽비라 부부가 자신의 소유를 팔아, 얼마는 감추고 얼마는 사도들 앞에 내놓았다는 내용으로 시작됩니다. 그들이 이러한 행동을 한 이유는 당시 예루살렘 교회 안에서 일어났던 나눔 운동 때문입니다. 사도들을 통해 나타난 성령의 역사로 예루살렘 교회는 큰 은혜를 받았고, 믿는 자들은 한 마음과 한 뜻이 되어 모든 물건을 나누어 쓰기 시작했습니다. 또한 교회 안에 있는 가난한 자들을 위하여, 밭과 집을 가진 사람들이 자발적으로 그것을 팔아 어려운 이들에게 나누도록 했습니다. 아나니아와 삽비라도 이 일에 동참하기 위하여 소유를 팔고, 아나니아가 받은 땅 값의 얼마를 교회의 리더십인 사도들에게 가져온 것입니다.

2) 아나니아가 내어놓은 재물을 보고 베드로는 뭐라고 말했나요? (3-4절)

답 : "베드로가 이르되 아나니아야 어찌하여 사탄이 네 마음에 가득하여 네가 성령을 속이고 땅 값 얼마를 감추었느냐 땅이 그대로 있을 때에는 네 땅이 아니며 판 후에도 네 마음대로 할 수가 없더냐 어찌하여 이 일을 네 마음에 두었느냐 사람에게 거짓말 한 것이 아니요 하나님께로다"(3-4절)

- 베드로는 아나니아에게 네 마음에 사탄이 가득하다고 꾸짖는다. 베드로는 아나니아의 행동이 성령을 속인 것이고, 사람이 아니라 하나님께 거짓말 한 것이라고 지적한다.

Tip 1 _ 아나니아가 소유의 얼마를 감추고, 얼마를 가져온 것은 아나니아와 그의 아내 삽비라만 아는 사실이다. 그러나 베드로는 아나니아가 땅을 판 값의 일부를 감추었다는 사실을 이미 알고 있다. 이것은 성령님께서 베드로에게 아나니아가 한 행동에 대해 미리 알게 하셨기 때문이다. 따라서 아나니아를 향한 베드로의 지적은 단순히 베드로의 생각이 아니라, 성령님의 말씀을 전하는 것과 같다.

Tip 2 _ 교회를 위하여 자신의 소유를 드리는 행동은 결코 악한 것이 아니다. 그러나 베드로는 아나니아의 마음 가운데 사탄이 가득하다고 말한다. 왜냐하면, 그가 성령님을 속이고 하나님께 거짓말을 했기 때문이다. 아나니아는 모든 재물을 나누기에는 아깝다는 생각을 한 것 같다. 그러나 교회 안의 사람들에게 모든 것을 나누는 신앙심이 깊은 사람으로 보이고 싶었을 것이다. 결국 그는 사람들에게 잘 보이고 싶어서, 소유의 얼마를 감추었으면서도 하나님께 전부를 드린 척했다. 안타까운 것은 교회 안의 그 누구도 소유를 나누는 일을 강요한 적이 없으며, 자신이 나누고 싶은 만큼만 나눈다고 해서 그것을 비난하지는 않았을 것이라는 사실이다.

Tip 3 _ 하나님의 심판은 아나니아와 삽비라의 죽음이라는 엄중한 결과로 나타난다. 혹자는 이 심판이 너무 가혹하다고 여길 수 있다. 그러나 당시 예루살렘 교회의 상황을 생각해 보면, 이때는 교회의 모범과 기준이 세워지는 때였다. 철저하게 성령님의 인도하심 속에서 거룩한 교회를 이루어 가는 중요한 시기였으므로, 공동체 전체에 퍼질 수 있는 죄는 허용될 수 없었다. 누가복음 12장 10절에도, 성령을 모독하는 죄는 사하심을 받지 못한다고 기록되어 있다.

베드로는 교회를 위하여 예물을 가져온 아나니아를 보고 크게 꾸짖었습니다. 왜냐하면 베드로는 그가 거짓말 하고 있다는 것을 알았기 때문입니다. 베드로가 독심가도 아니고 도대체 어떻게 아나니아의 거짓말을 알았을까요? 오늘 본문에 성령님이 직접 언급되어 있지는 않지만 사도행전에 전반에 나타나는 성령님의 강권적인 역사하심을 기억할 때, 우리는 성령님께서 베드로에게 아나니아가 죄 지은 것을 말씀해주셨다는 사실을 알 수 있습니다.

베드로를 통하여 성령님께서 지적하신 아나니아의 죄는 바로 성령을 속인 죄, 곧 하나님께 거짓말 한 죄입니다. 다시 말해 아나니아가 소유의 일부만 하나님께 드리면서, 전부를 드린 것처럼 말하고 행동했다는 것입니다. 4절을 보면 베드로는 "땅이 그대로 있을 때에는 네 땅이 아니며 판 후에도 네 마음대로 할 수가 없더냐?"라고 말하며, 결코 자신의 소유를 드리는 일이 강압적인 것이 아니었음을 밝히고 있습니다. 그저 자신이 드리고 싶은 만큼 드리면 될 일이었습니다. 그러나 아나니아는 자신의 전부를 드린 사람처럼 보이고 싶었습니다. 결국 아나니아는 사람에게 잘 보이고 싶어, 정작 하나님을 속이는 미련한 선택을 하고 말았습니다. 그리고 이 일로 인하여 아나니아와 삽비라는 하나님의 심판을 받았습니다(5절, 10절).

3) 아나니아가 사람에게 잘 보이고 싶어서 선택한 것은 거짓말이었습니다. 만약 아나니아가 사람이 아닌 하나님께 인정받고 싶었다면 어떤 결정을 했을까요? 여러분의 생각을 자유롭게 나누어 보세요.

답 : 정해진 답은 없다. 다양한 생각을 나누게 한다.

Tip _ 아나니아는 사람의 인정이 아니라, 하나님께 인정받는 삶을 택할 수 있었다(갈 1:10). 그러나 아나니아가 그렇게 하지 않은 것은 보이지 않는 하나님보다 보이는 사람을 중시했기 때문이다. 성경에는 아나니아처럼 보이지 않는 하나님보다 보이는 사람을 두려워하여 잘못된 선택을 한 사람들이 종종 등장한다. 대표적인 예는 이스라엘의 첫 번째 왕 사울이다. 사울은 백성을 두려워하여 하나님께서 금하신 일을 행했다(삼상 13장-제사장 대신 제사를 드린 일, 삼상 15장-아말렉을 온전히 멸하지 않은 일). 그리고 이 일에 대해 추궁하는 사무엘에게 거짓말을 늘어놓았다.

공통적으로 하나님의 존재를 무시하고, 사람에게 잘 보이고 싶어 하는 사람은 거짓말을 하게 된다. 때로는 거짓말이 당장의 유익을 준다고 생각할 수 있다. 그러나 근시안적인 거짓말은 또 다른 거짓말을 낳고, 결국 수습할 수 없는 죄에 이르게 한다. 이런 관점에서 볼 때, 역으로 정직은 '하나님께서 내 앞에 계시다는 코람데오의 마음으로 거짓 없는 선택을 하는 것'이라 하겠다.

아나니아는 어쩔 수 없이 거짓말을 한 것이 아니었습니다. 그는 재물에 대한 욕심과 사람들에게 인정받고 싶은 마음 때문에 스스로 거짓말을 선택했습니다. 만약 그가 하나님께 인정받기를 원했다면 거짓말을 할 수 없었을 것입니다. 나아가 하나님께서 지금도 나와 함께하시고 항상 내 앞에 계신다는 것을 그가 믿었다면, 절대로 하나님을 속일 수 없었을 것입니다. 다시 말해 그가 하나님께서 내 앞에 계시다는 '코람데오'의 신앙을 갖고 있었다면, 전혀 다른 선택을 했을 것입니다.

아나니아는 하나님께 솔직하게 자신의 상태를 이야기하고 도우심을 구할 수 있었습니다. 그는 예루살렘 교회의 사람들에게 자신의 문제를 고백하고 함께 기도해달라 청할 수 있었습니다. 그는 하나님 앞에서 거짓 없는 옳은 선택을 할 수 있었습니다!
여기에서 말하는 '하나님 앞에서 행하는 옳은 선택'은 곧 성경이 말하는 '정직'입니다. 정직은 단순히 거짓말을 안 하는 것보다 더 큰 개념입니다. 정직은 '우리의 모든 삶 속에서 하나님을 인정하며 옳은 것을 선택하는 마음가짐(attitude)'인 것입니다. 따라서 정직한 삶은 세상이 말하는 윤리도덕을 실천하는 수준이 아니라, 신앙에 합당한 선택을 하며 살아가는 것을 의미합니다.

4) 오늘의 말씀을 통해 배운 '정직'에 비추어 보았을 때, 나의 삶 속에서 정직하지 못했던 경험이 있다면 나누어 봅시다. 또는 지금 중요한 선택을 앞두고 고민하고 있는 것이 있다면 솔직히 나누어 봅시다.

Tip _ 정답은 없다. 새롭게 배운 정직의 개념을 삶과 연결 짓고, 스스로의 삶을 성찰하도록 한다.
(예: 직장생활을 하면서 상사의 결정이 옳지 않은 것을 알면서도, 해를 입는 것이 두려워 침묵했다. 정직하지 못했던 삶을 회개하고 싶다.)

 오늘의 은혜

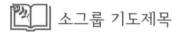 소그룹 기도제목

2-3 고백의 노래 (15분)

- 함께 이 찬양을 마음으로 고백하고, 기도로 마칩니다.

세 번째 음

절제하며 살아가다

"내가 이르노니
너희는 성령을 따라 행하라
그리하면 육체의 욕심을
이루지 아니하리라"

갈라디아서 5:16

♪ 세 번째 음 절제하며 살아가다

본과의 목적: 절제의 의미를 깨닫고, 절제하며 살기
(Key word - 절제, 자유, 성령)

3-1 오프닝 토크 (15분)

최근에 가장 가지고 싶은 것이 있다면 어떤 것인지, 왜 갖고 싶은지 나누어
봅시다. 또 그것을 통해 느끼게 될 만족감에 대해서 말해 봅시다.

Tip 1 _ 가지고 싶은 것에 대해 이야기하면서, 그것이 나에게 어떤 의미
인지를 나눠 본다(소유욕 또는 과시하고자 하는 것인지, 그것이 삶에 꼭
필요한 것인지 등). 또 가지고 나서 그것이 정말 나에게 만족을 줄 것인
지 생각해보게 한다.

Tip 2 _ 오늘날 사람들의 소비 욕구를 부추기는 사회 분위기에 대해 나
누어도 좋다. 그러한 분위기에 휩쓸려 살지는 않았는지 돌아봐도 좋다.

3-2 '절제하며 살아가다' 말씀 나눔

들어가며 (15분)

18세기 미국 보스턴에서 태어난 벤자민 프랭클린 (Benjamin Franklin, 1706~1790)은 그리스도인으로서 초기 미국사회를 위하여 많은 공로를 세운 사람입니다. 그는 평생 13가지 덕목을 적어 두고, 자신의 삶에 이러한 덕목들이 채워지도록 애썼다고 합니다. 그렇다면 그의 목록에서 가장 먼저 적혀 있는 것은 무엇이었을까요? 바로 '절제'였습니다. 벤자민 프랭클린은 삶에서 가장 중요한 것을 '절제'라고 여겼던 것이지요.
오늘 우리도 이 절제에 대한 이야기를 나누어 보려고 합니다. 함께 말씀 속으로 들어가 볼까요?

말씀 속으로 (45분)

신약성경에 나타나는 '절제'라는 단어는 본래 유대교나 구약성경에서 유래한 용어가 아니라, 헬라 세계의 단어를 차용한 것이라고 합니다. 헬라 세계에서 절제란, '자신의 주도권 안에서 모든 욕구를 자유롭게 통제할 수 있는 상태(under control)'를 의미했습니다. 그러나 성경에서 절제란, '예수 그리스도를 믿음으로 자유하게 된 사람이 자신의 정욕을 십자가에 못 박고 성령 안에서 행하는 삶의 자세(attitude)'를 의미합니다.[3] 그런데 절제의 개념만 보아서는 그 의미가 무엇인지 잘 와닿지 않으시죠? 그래서 고린도교회의 이야기를 소개하려고 합니다.

---

3) 장흥길, 『신약성경 용어해설집』 (서울: 한국성서학연구소, 2017), 39-45 요약 및 참고.

* 고린도전서 10:23-33절의 말씀을 함께 읽고 아래의 질문에 답해 보세요.

1) 오늘 우리가 함께 읽은 본문은 고린도교회를 향한 바울의 권면으로 시작합니다. 함께 23-24절을 읽어 볼까요?
답 : "모든 것이 가하나 모든 것이 유익한 것은 아니요 모든 것이 가하나 모든 것이 덕을 세우는 것은 아니니 누구든지 자기의 유익을 구하지 말고 남의 유익을 구하라"(23-24절).

Tip _ 사도 바울의 권면을 요약하면, 그리스도인에게는 자유가 있으나 그 자유로 자신의 유익을 구하지 말고, 남의 유익을 구하라는 것이다. 바울이 이러한 권면을 한 것으로 보아 고린도교회 안에는 그리스도인의 자유를 빌미 삼아 자신의 유익만을 구하고, 덕을 세우지 못하는 일이 생겨난 것 같다. 또한 이로 인하여 교회 전체에 분열과 갈등이 일어났을 것이다.

오늘 말씀에서 사도 바울은 그리스도인의 자유에 대해서 말합니다. 그리스도인에게는 모든 것을 할 수 있는 자유가 있다는 것입니다. 그러나 바울은 이 자유가 교회의 덕을 세우는 것인지, 다른 이의 유익을 구하는 것인지 반드시 살펴보아야 한다고 말합니다. 사도 바울이 이렇게 말한 것은 고린도교회 안에 그리스도인의 자유를 주장하며 절제하지 못하고, 교회를 어지럽히는 이들이 있었기 때문입니다. 도대체 고린도교회 안에 일어난 문제는 무엇이었을까요?

2) 아래의 말씀을 읽고, 구절 안에서 반복되는 동사와 대조되는 동사를 찾아 표시해 보세요. 그리고 고린도교회 안에 있었던 문제가 무엇인지 찾아보세요.

"무릇 시장에서 파는 것은 양심을 위하여 묻지 말고 먹으라 이는 땅과 거기 충만한 것이 주의 것임이라 불신자 중 누가 너희를 청할 때에 너희가 가고자 하거든 너희 앞에 차려 놓은 것은 무엇이든지 양심을 위하여 묻지 말고 먹으라 누가 너희에게 이것이 제물이라 말하거든 알게 한 자와 그 양심을 위하여 먹지 말라"(25-28절).

답 : "무릇 시장에서 파는 것은 양심을 위하여 묻지 말고 먹으라 이는 땅과 거기 충만한 것이 주의 것임이라 불신자 중 누가 너희를 청할 때에 너희가 가고자 하거든 너희 앞에 차려 놓은 것은 무엇이든지 양심을 위하여 묻지 말고 먹으라 누가 너희에게 이것이 제물이라 말하거든 알게 한 자와 그 양심을 위하여 먹지 말라"(25-28절).

- '먹으라'라는 동사가 반복되고, '먹으라'와 '먹지 말라'가 대조된다. 고린도교회 안의 문제는 '먹는 것'에 관련된 문제였다.

Tip 1 _ 23-24절의 권면 이후에 이어지는 25-28절의 내용을 읽어 보면, '먹으라'와 '먹지 말라'와 같은 동사가 계속 나타난다. 이를 통해 알 수 있는 것은 고린도교회 안에 먹는 것에 대한 문제가 있었음을 알 수 있다. 25-28절을 23-24절과 연결하여 생각해 보면, 고린도교회 안에는 어떤 음식을 먹을 수 있는 자유를 주장하는 사람들과 그것을 먹어서는 안 된다고 주장하는 사람들의 갈등이 있었던 것으로 보인다. 28절을 보면 그 음식은 '제물' 곧, 우상숭배에 사용되었던 제물이고, 25절에 따르면 그 제물은 우상제사를 지낸 후 종종 시장을 통하여 사람들에게 유통되었다. 따라서 시장에서 구입한 음식이 우상숭배에 사용된 것인지 아닌지 구분하기 어려울 때도 있었다.

Tip 2 _ 바울은 이스라엘의 역사를 들어 우상숭배가 분명한 죄임을 밝힌다(10:7; 14). 그는 출애굽 당시 이스라엘 사람들이 금송아지 우상 신을 섬긴 것을 이렇게 표현한다. "기록된 바 백성이 앉아서 먹고 마시며 일어나서 뛰논다 함과 같으니라"(10:7) 다시 말해, 우상제물을 먹고 마시는 것이 우상제사에 포함된 행위였다는 것이다(10:18). 그러므로 바울은 교회 안에서 나누는 예배와 성만찬의 자리에서는 우상숭배 때 사용한 제물을 먹지 못하도록 금했다. 그것은 거룩한 주의 만찬을 훼손하는 일이었기 때문이다(10:19-21).
정리하면, 바울의 권면은 다음과 같다. (1) 교회 예배 때에는 이방신과 귀신에게 올렸던 음식을 가져오지 말라 (2) 일상생활 중에는 음식을 준비한 자가 우상제물로 만든 것이라 말하지 않는 이상, 묻지 말고 먹으라.

고린도교회 안에는 몇 가지 문제가 있었습니다. 그것은 '먹는 것'에 대한 문제였습니다. 당시 고린도 지역은 많은 신전이 있었고, 이방신을 섬기는 지역이었기 때문에 우상제사가 빈번히 행해졌습니다. 그래서 제사에 드려진 음식이 너무 많은 경우에는 그것을 시장에 유통하여 판매했습니다. 그러다 보니, 그리스도인도 이것이 우상제물로 드려졌던 것인지 알지 못하고 먹게 되는 경우가 있었던 것이죠.

그런데 진짜 문제는 고린도교회 안에 있는 몇몇 사람이 우상제물인 것을 뻔히 알면서도 먹는 일이 생긴 것입니다. 심지어 교회의 모든 성도가 함께 모여 나누는 주의 만찬 때에도 절제하지 못하고 우상제물을 가져와 먹는 일이 발생했습니다. 이 일은 교회 안에 많은 분란을 일으켰습니다. 어떻게 그리스도인이 우상숭배에 드려졌던 음식을 먹을 수 있느냐는 입장과 음식은 음식일 뿐인데 무슨 상관이냐고 주장하는 사람이 생긴 것입니다. 그래서 바울은 이 문제에 대한 주님의 권면을 전하고자 했습니다. "누구든지 자기의 유익을 구하지 말고 남의 유익을 구하라"(24절).

3) 25-28절에서 바울은 우상제물에 대한 구체적인 지침을 말하며, '양심을 위하여'라는 말을 반복합니다. 여기에서 언급된 양심은 누구의 양심인가요? (29절)
답 : "내가 말한 양심은 너희의 것이 아니요 남의 것이니 어찌하여 내 자유가 남의 양심으로 말미암아 판단을 받으리요"(29절).

Tip _ 여기에서 말하는 '양심'은 헬라어 '쉰에이데시스'로 도덕의식 또는 '죄를 느끼는 마음'을 의미한다(롬 2:15; 고전 10:29; 고후 1:12). 바울이 이 문제를 해결하는 데 있어 계속적으로 고려하는 양심은, 나의 양심이 아니라 '타인의 양심'이다. 다시 말해 내가 우상제물을 먹는 것을 전혀 꺼리지 않고 이 또한 하나님께서 주신 것이라고 생각하여 감사히 먹으면 된다고 여길지라도(30절), 다른 이의 믿음을 실족시키지 않기 위하여 먹지 않을 수 있어야 한다는 것이다. 이것은 앞서 읽은 24절에서 "누구든지 자기의 유익을 구하지 말고 남의 유익을 구하라"라는 말과 일맥상통한다.

사도 바울은 25-28절의 권면에서 반복적으로 '양심을 위하여' 이렇게 하라 또는 하지 말라고 이야기합니다. 그럼 그가 말하는 양심은 누구의 양심일까요? 29절을 보면, 바울이 말하는 양심은 자신이 아니라 타인의 양심입니다. 다시 말해 바울은 나의 유익보다 다른 이의 마음을 배려해야 한다고 가르치는 것입니다. 누군가 나의 모습을 보고 그 양심에 거리낌이 없도록, 그 마음이 혼란스럽지 않도록 믿는 자들이 절제하며 행동해야 한다는 것입니다(32-33절).

특히, 바울은 아무리 사소한 것일지라도 믿음이 약한 자들에게는 시험거리가 될 수 있기에 그들을 배려하고, 그들의 입장에서 생각할 것을 권면합니다. 그리스도인은 모든 것을 할 수 있지만, 또한 모든 것을 하지 않을 수 있는 자유도 있는 것입니다.

4) 마지막으로 바울은 고린도교회에 어떤 권면의 말을 남기나요? (31절)

답 : "그런즉 너희가 먹든지 마시든지 무엇을 하든지 다 하나님의 영광을 위하여 하라"(31절).

Tip 1 _ 사도 바울은 최종적인 결론이자 권면을 남긴다. 그것은 너희가 무엇을 먹고 마시든지, 무엇을 하든지 다 하나님의 영광을 위해야 한다는 것이다. 우리의 모든 것은 오직 하나님의 영광을 목적으로 두어야 한다. 소요리문답 1643-1647년 웨스트민스터 회의 기간 중에 작성된 장로교회의 신앙문답서를 의미한다.
제1문의 사람의 제일 되는 목적도 하나님을 영화롭게 하는 것이다.

Tip 2 _ 고린도전서 10장에서 다룬 우상제물의 문제는 사실 그 당시 문화와 연결되어 있다. 문화는 시대에 따라 변하고 그 모습을 달리한다. 따라서 문화의 현상을 보고 그리스도인의 삶의 기준을 정하기는 쉽지 않다. 이럴수록 그리스도인은 가장 본질적인 가치에 집중해야 한다. 하나님의 영광이라는 궁극적인 목적이 바로 서 있어야, 변하는 가치들로부터 자유해질 수 있다.

사도 바울은 본문을 통해서 그리스도인의 자유는 궁극적으로 하나님의 영광을 위한 것이어야 한다고 말합니다. 다시 말해 우리의 행동과 삶이 하나님의 이름을 높이고 하나님을 만족하게 해야 한다는 것입니다. 우리에게 아무리 그럴싸한 명분이 있다 해도, 나의 유익만을 추구하는 삶은 결코 하나님 앞에서 합당한 삶이 될 수 없습니다.

하나님께서 우리를 구원하시고 자유를 주신 것은 그 자유로 '육체의 기회'를 삼으라는 것이 아닙니다(갈 5:13). 우리의 욕구만을 충족하며 살라는 것이 아닙니다(갈 2:20). 그러므로 우리는 육체의 정욕을 매일 매일 십자가에 못 박아야 합니다(고전 15:31). 그리고 우리 안에서 일하시는 '성령님의 다스림'을 따라, 우리의 삶에 '절제'라는 성령의 열매가 맺히도록 해야 합니다(갈 5:22-23). 오직 하나님의 영광을 위해서 말입니다.

5) 지금까지 내가 갖고 싶은 것, 먹고 싶은 것, 하고 싶은 것, 사고 싶은 것을 무분별하게 추구하는 삶을 살지 않았는지 돌아봅시다. 또 하나님의 영광과 다른 이의 유익을 위해 절제해야 할 것을 결단해 봅시다.

Tip _ 삶의 자리에서 구체적인 변화가 있도록 추상적인 나눔이 되지 않게 한다(절제가 필요한 예: 핸드폰 사용시간, 게임, 폭식, 쇼핑 등). 마지막으로 인도자가 성령님의 다스림을 구하는 기도를 하고 마친다.

 오늘의 은혜

 소그룹 기도제목

3-3 고백의 노래 (15분)

- 함께 이 찬양을 마음으로 고백하고, 기도로 마칩니다.

네 번째 음

성실하게 살아가다

"무슨 일을 하든지
마음을 다하여
주께 하듯 하고
사람에게 하듯
하지 말라"

골로새서 3:23

♪ 네 번째 음 성실하게 살아가다

본과의 목적: 성실의 의미를 깨닫고, 성실하게 살기
(Key word - 성실, 최선, 진실함)

4-1 오프닝 토크 (15분)

지금까지 만났던 사람들 중에 가장 성실한 사람은 누구였나요? 그 사람을 보면서 어떤 생각을 했었는지 이야기해 봅시다.

Tip _ 성실한 삶으로 깊은 인상을 주었던 사람을 떠올려 보는 시간이다. 그 사람의 삶을 통해 느꼈던 것들을 나누며 성실한 삶에 대한 긍정적인 마음이 생기도록 돕는다.

4-2 '성실하게 살아가다' 말씀 나눔

들어가며 (15분)

우리가 살아가는 이 시대는 '성실'이 위협받는 시대입니다. 왜냐하면, 성실했음에도 불구하고 실망을 겪은 일들이 많아졌기 때문입니다. 양극화된 사회에서 시작부터 불평등한 경제수준과 기회, 땀이 아닌 땅과 투기로 고액의 수입을 얻는 일이 비일비재하기 때문입니다. 성실한 이들을 낙심하게 하는 일들이 우리 주변에 만연합니다. 성실히만 살면, 꿈을 이룰 수 있다던 말도 다 옛말이 되어 버렸습니다.

그러나 또 다른 한편으로는 불평등한 사회를 탓할 뿐 정작 자신이 해야할 일을 미루고 무책임한 개인도 발견하게 됩니다. 불규칙한 취침 시간과 기상 시간으로 삶의 균형을 잃어버린 사람, 귀찮으면 연락도 없이 아르바이트를 가지 않는 사람, 약속한 시간에 항상 늦는 사람... 우리는 이러한 사람을 과연 신뢰할 수 있을까요? 성실하지 않은 사회와 성실하지 않은 개인이 서로에게 불신의 벽만 쌓아 가는 현실 속에서 그리스도인은 어떻게 살아가야 하는 걸까요?

말씀 속으로 (45분)

오늘 우리가 함께 살펴볼 골로새서에는 그리스도인들의 삶에 대한 덕목을 다루는 가훈표가 담겨 있습니다. 그리고 그 가훈표에는 우리가 맺고 있는 다양한 관계 속에서 드러나야 할 성실한 삶의 자세(attitude)가 기록되어 있습니다. 하나님께서 가르쳐 주시는 성실한 삶의 원리는 무엇인지, 함께 말씀 속으로 들어가 볼까요?

* 골로새서 3:17-4:1절의 말씀을 함께 읽고 아래의 질문에 답해 보세요.

1) 오늘 말씀에서 모든 일을 "주 예수의 이름으로" 행한다는 것은 무슨 의미일까요? (17절)

답 : 그를 힘입는 것(17절).

- 주 예수의 이름으로 행한다는 것은 주님을 힘입어, 주님의 권위로 모든 일을 행한다는 것을 의미한다.

Tip _ 골로새서 1장 16절을 보면 만물이 하나님에게서 창조되어지고, 보이는 영역과 보이지 않는 영역까지도 온 세상을 하나님께서 창조하셨다. 또한, 왕권들이나 주권, 통치자들, 권세들과 만물이 다 하나님으로부터 말미암았다고 기록되어 있다. 바울은 그 창조의 이유는 하나님을 위함이라고 말한다. 따라서 우리가 어떤 일을 할 때 주님의 이름으로 한다는 것은 다음 두 가지 의미로 살펴볼 수 있다. 첫 번째 의미로는 모든 권위가 하나님으로부터 나왔고, 우리의 최종 권위도 하나님이심을 드러낸다. 또 다른 의미로는 우리는 하나님을 위하여 창조되었고, 우리의 하는 일로서 하나님을 나타낸다는 것이다.

'주 예수의 이름으로' 행한다는 것은 우리가 어떠한 일을 하든지 그분을 힘입어, 그분의 권위로 모든 일에 임한다는 것을 의미합니다. 다시 말해 우리가 하는 모든 말과 일이 주님께 속한 일이 되고, 그분께 드려지는 일이 된다는 것입니다. 그래서 모든 일을 대하는 우리의 태도(attitude)는 '코람데오', 하나님 앞에서의 마음과 자세일 수밖에 없습니다. 또한 우리는 일의 높고 낮음을 나누어 최선을 다해야 할 일과 적당히 해야 할 일을 구분할 수 없습니다. 모든 일이 주님의 이름으로 행해질 때, 그것은 거룩하고 귀한 일이 됩니다.

2) 바울이 말하는 그리스도인의 일하는 마음과 자세는 무엇인가요? (22-23절)

마음 : 주를 두려워하여 성실한 마음으로(22절),
자세 : 무슨 일을 하든지 마음을 다하여 주께 하듯 하고(23절)

Tip 1 _ 그리스도인의 성실은 사람을 두려워하여 열심을 내는 척만 하는 것이 아니다. 모든 것을 아시고 다스리시는 주님을 경외함으로 무슨 일을 하든지 주님을 대접하듯 하는 것이다.

Tip 2 _ 모든 만물의 위계와 권력은 하나님으로부터 말미암고 하나님의 통치 아래에 있다. 그렇기 때문에 하나님의 통치 아래 있는 모든 존재는 하나님의 형상을 닮은 서로를 향해 상호존중의 마음을 가져야 한다. 남편과 아내의 관계, 부모와 자녀의 관계, 주인과 종의 관계에도 위계가 있지만, 그리스도인은 그 질서를 뛰어넘는 존중과 사랑을 가질 수 있다.

그리스도인은 모든 일을 행할 때 주를 두려워하여 성실한 마음으로 임해야 합니다. 여기에서 성실하다는 것은 22절 안에서 그 의미를 유추해볼 수 있는데, 22절에 아주 재미있는 표현이 등장합니다. 바로 "사람을 기쁘게 하는 자와 같이 눈가림만 하지 말고"라는 구절입니다. 아마 약 2천 년 전에도 주인 앞에서만 열심히 하는 척하고, 주인이 없을 때에는 열심히 일하지 않는 사람들이 있었나 봅니다. 결국 바울이 말하는 성실한 마음은 누가 볼 때에만 최선을 다하는 것이 아니라, 누가 보지 않을 때에도 동일하게 최선을 다하는 마음을 갖는 것입니다. 이 마음은 사람은 나를 보지 않을지라도, 하나님께서는 보고 계신다는 신앙에 기초한 것입니다.

이어서 23절을 보면, 바울은 일에 임하는 성실한 자세에 대해서도 이야기합니다. 그리스도인이 가져야 할 자세는 "무슨 일을 하든지 마음을 다하여 주께 하듯" 하는 것입니다. 여기에서 방점은 '주께 하듯'이라는 부분에 찍혀 있습니다. 한번 생각해 보십시오. 여러분, 그리스도인들에게 주님은 누구십니까? 온 세상을 창조하고 만물을 다스리는 분임에도 불구하고, 나 같은 죄인을 구하시려고 이 땅에 오신 분입니다. 십자가의 모진 고통을 당하시고 나를 구원해주신 분입니다. 한 마디로 주님은 우리 인생의 은인입니다. 그렇다면 모든 일을 주께 하듯이 하라는 말은 어떤 의미입니까? 무슨 일을 하든지 누구를 만나든지 귀한 은인을 대하듯이 하라는 것입니다. 대충, 적당히, 짜증 내거나 불평하지 말고 마음을 다해 진실하게 섬기라는 것입니다.

정리하면, 그리스도인의 일하는 마음과 자세는 '누가 보든지 안보든지 매사에 최선을 다하는 것이고, 또 누구를 대하든지 주님을 대하듯 진실하고 존귀하게 대하는 것'입니다. 우리는 이러한 삶의 태도(attitude)를 '성실'이라고 부릅니다.

3) 여기에 성실한 삶으로 하나님과 사람을 감동시킨 한 사람의 이야기가 있습니다. 아래의 이야기를 함께 읽어 보고 어떤 생각이 들었는지 나누어 봅시다.

미국의 한 도시에서 작은 커피점을 하는 사장님이 있었습니다. 커피점은 비록 규모가 크지는 않았지만, 가게 곳곳마다 사장님의 정성이 가득한 장소였습니다. 그런데 어느 날 그 커피점이 입점한 건물에 대형 프랜차이즈 커피점이 들어왔습니다. 심지어 그 프랜차이즈 커피점은 바로 그 도시에서 시작한 세계적인 브랜드였습니다. 작은 커피점을 운영하는 사장님에게 이 소식은 청천벽력과 같았습니다. '아... 나는 망했다'라고 생각할 수밖에 없는 상황이었습니다. 그런데 놀라운 일이 일어났습니다. 몇 년이 지난 후 사장님의 커피점이 망한 것이 아니라, 대형 프랜차이즈 커피점이 문을 닫고 나가게 된 것입니다. 도대체 어떻게 된 것일까요? 그 이유는 바로 사장님이 가게에 들어오는 손님 한 분 한 분을 예수님처럼 대했고, 그 성실한 마음이 찾아오는 모든 분들에게 감동을 주었던 것입니다.

여기에서 끝날 수 있었던 이 이야기는 후에 미국에 방문했던 한 목사님에게 들려졌고, 목사님은 하나님이 주신 감동을 따라 설교의 자리에서 이 분의 삶을 소개하게 되었습니다. 하나님께서 이 분의 이야기를 많은 그리스도인들에게 들려주고 싶으셨던 것은 아니었을까요?

4) 오늘 우리가 살아가는 삶의 자리에서 성실하게 살아가다 보면 늘 좋기만 한 것은 아닐 수 있습니다. 당장은 손해를 감수해야 할 때도 있습니다. 그럼에도 불구하고 우리가 성실한 삶을 포기할 수 없는 이유는 무엇일까요? (24절)

답 : "이는 기업의 상을 주께 받을 줄 아나니 너희는 주 그리스도를 섬기느니라"(24절).

성경에 의하면, 성실한 삶으로 우리가 얻을 수 있는 것은 이 땅에서의 수입이나 명예를 초월합니다. 오늘 말씀 24절을 보면 하나님께서는 우리에게 하나님 나라의 기업을 약속해 주십니다. 썩어져 없어질 것이 아니라 영원히 썩지 않는 하나님 나라를 선물로 주시는 것입니다. 그러므로 우리는 내가 원하는 결과를 얻지 못한다 해도, 번번이 손해를 본다 해도 요행을 바라지 않고 매 순간을 성실히 살아야 합니다. 누가 알아주지 않으면 어떻습니까? 우리 주님이 보고 계신데요. 누가 속이고 이용하면 어떻습니까? 나의 섬김은 주님께 드린 것인데요. 세상 사람들은 서로에게 실망하여 피차 성실하지 않은 삶을 살아간다 해도, 우리는 끝까지 성실하기를 바랍니다. 하나님 앞에서 성실한 삶, 그 여정을 함께 걸어갑시다.

5) 현재 내가 있는 삶의 자리에서 성실하게 살기 어려웠던 이유를 나누어 봅시다. 서로의 이야기를 경청하고, 성실한 삶을 살아갈 수 있도록 위로와 격려의 말을 나누어 보세요.

Tip _ 말씀이 가르치고 권면하는 것을 당장 해내려고 하거나 그렇게 하지 못해 자책하는 분위기로 흐르는 것을 지양한다. 성실한 삶을 살아가고 싶은 기대감과 용기를 서로에게 불어넣어 주도록 하고, 기도로 마친다.

 오늘의 은혜

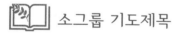 소그룹 기도제목

4-3 고백의 노래 (15분)

- 함께 이 찬양을 마음으로 고백하고, 기도로 마칩니다.

다섯 번째 음
책임지며 살아가다

"우리 안에 거하시는
성령으로 말미암아
네게 부탁한
아름다운 것을
지키라"

디모데후서 1:14

♪다섯 번째 음 책임지며 살아가다

본과의 목적: 책임의 의미를 깨닫고, 책임지며 살기

(Key word - 책임, 소명)

5-1 '만약에' 토크 (15분)

지금 내가 책임지고 있는 일이나 모임이 있나요? 어떤 마음으로 그것들을 맡고 있나요? 자유롭게 이야기해 봅시다.

Tip _ 무언가를 책임진다는 것은 누군가에게는 자랑스러운 일이 될 수도 있고, 누군가에게는 부담스럽고 피하고 싶은 일일 수 있다. 저마다 현재 책임지고 있는 일에 대해 느끼는 감정을 나누며, '책임'이라는 주제에 대해 생각해 보는 시간을 갖도록 하자.

5-2 '책임지며 살아가다' 말씀 나눔

들어가며 (15분)

마라톤은 기원전 490년, 그리스가 페르시아와의 전투에서 승리하고 그 기쁨의 소식을 전하기 위해 한 병사가 달려간 것에서 유래되었습니다. 병사의 이름은 필리피데스였는데, 그는 그리스 마라톤에서 아테네까지 약 40km 거리를 달려가 "이겼다"라는 한 마디를 남기고 그 자리에서 숨을 거두었습니다. 1896년 1회 아테네 올림픽에서는 필리피데스를 기념하며 마라톤을 올림픽 정식 종목으로 채택하였습니다. 그리고 마라톤을 완주하여 우승한 사람에게는 '영광'의 상징인 월계관을 씌워주게 되었습니다. 이 이야기는 오늘 우리에게 자신의 소명을 위해 끝까지 충성하는 것이 얼마나 귀한 일인지 가르쳐 줍니다. 또한 내가 맡은 일에 끝까지 책임을 다하며 산다는 것은 무엇인지 돌아보게 합니다.

말씀 속으로 (45분)

오늘의 말씀에도 소명을 위해 끝까지 충성한 한 사람이 등장합니다. 그의 이름은 바울입니다. 다메섹 도상에서 주님을 만난 이후로, 바울은 평생 맡겨진 일을 위해 살았습니다. 그리고 이제 바울은 자신의 삶이 얼마 남지 않은 것을 느꼈습니다. 그래서 바울은 자신의 뒤를 이어 갈 다음 주자를 세우려 합니다. 그 사람은 누구일까요?

* 디모데후서 1:1-2:2절의 말씀을 함께 읽고 아래의 질문에 답해 보세요.

1) 바울은 누구에게 편지하고 있나요? (1:2) 그리고 바울은 그를 어떻게 여기나요? (1:2-5)

누구에게 : 디모데(1:2)

바울이 대하는 모습 :

① 사랑하는 아들(1:2)

② 밤낮 간구하며 쉬지 않고 너를 생각하여(1:3)

③ 네 눈물을 생각하여 너 보기를 원함은(1:4)

④ 이는 네 속에 거짓이 없는 믿음을 생각함(1:5)

- 바울은 디모데에게 편지한다. 바울은 디모데를 사랑하는 아들로 여겼고, 밤낮 그를 위해 기도했다. 또한 디모데가 목회하며 겪는 어려움을 생각하며 그를 만나기를 원했다. 마지막으로 바울은 디모데가 거짓 없는 믿음으로 지낼 것이라 확신했다.

Tip _ 바울은 "믿음 안에서 참 아들 된"(딤전 1:2) 디모데의 목회를 격려하고 돕기 위해 서신을 보냈다. 디모데는 대대로 내려온 믿음의 유산을 계승하고 깨끗한 양심을 가진 자였다. 그러나 디모데의 상황은 연소함으로 업신여김 받는 위협(딤전 4:12)을 받았고 그의 몸은 유약했던 것으로 보인다(딤전 5:23). 그래서 바울은 두려움이 아니라 하나님이 주신 능력과 사랑, 절제하는 마음으로 설 것을 격려했다(딤후 1:7).

바울은 오늘 사랑하는 아들 디모데에게 편지하고 있습니다. 디모데는 바울의 친자녀가 아니라, 바울이 2차 전도여행 때 복음을 전하고 영적으로 낳은 아들입니다(행 16:1). 디모데는 바울을 통해 예수 그리스도를 믿은 뒤로, 늘 바울과 함께 복음을 전하고 교회를 섬겼습니다. 디모데는 누구보다 바울 가까이에서 복음을 위해 함께 고난을 받고, 그 복음의 능력을 목도한 사람입니다. 바울은 그런 디모데를 참 사랑했습니다.

그런데 지금, 바울은 디모데와 함께 있지 않습니다. 왜냐하면 바울은 복음을 전하다 다시 로마 감옥에 투옥되었고(8절, 16-17절), 디모데는 에베소교회를 책임지는 지도자로서 그곳에 머물러 있기 때문입니다(18절). 바울과 디모데는 하나님께서 각자에게 주신 소명을 위하여 떨어져 있었지만, 서로를 향한 사랑의 마음은 멀어지지 않았습니다. 바울은 밤낮으로 기도할 때마다 아들 디모데를 쉬지 않고 생각했습니다(3절). 또 디모데가 에베소교회를 위해 흘리는 눈물을 생각하며 바울은 언제나 디모데를 보고 싶어했습니다(4절). 바울은 복음으로 낳은 아들, 디모데를 기도와 사랑으로 끝까지 책임지는 영적 아버지였습니다.

2) 바울은 디모데를 아들로 여기며 사랑했습니다. 동시에 바울은 디모데를 자신의 동역자로 여겼습니다. 8-9절을 읽어보세요.

답 : "그러므로 너는 내가 우리 주를 증언함과 또는 주를 위하여 갇힌 자된 나를 부끄러워하지 말고 오직 하나님의 능력을 따라 복음과 함께 고난을 받으라 하나님이 우리를 구원하사 거룩하신 소명으로 부르심은 우리의 행위대로 하심이 아니요 오직 자기의 뜻과 영원 전부터 그리스도 예수 안에서 우리에게 주신 은혜대로 하심이라"(8-9절).

Tip 1 _ 8절에서 바울이 디모데에게 '나를 부끄러워하지 말고'라고 말한 것은 혹시라도 디모데가 감옥에 갇힌 바울을 부끄러워한다는 소식이 들렸기 때문이 아니다. 이것은 바울이 이 세상을 떠난 후에라도 디모데에게 복음으로 인해 받는 박해와 어려움을 수치스럽게 여기지 말라고 당부하는 말이다.

Tip 2 _ 바울은 오직 하나님의 능력을 따라 복음과 함께 고난을 받으라고 말한다. 이 말은 복음을 위하여 고난을 받고 인내하는 일이 인간의 힘과 능력으로 가능한 것이 아님을 밝히는 것이다. 복음을 위하여 고난을 받는 것은 오직 하나님께서 도우시고 힘 주실 때 가능하다.

9절에서 바울은 하나님의 구원과 거룩한 소명을 받은 사람을 '우리'라고 표현합니다. 여기에서 '우리'는 바울과 디모데입니다. 바울은 디모데와 자신을 '우리'라고 언급하며 그들이 단순히 인간적인 친밀함을 나눈 사이가 아니라, 하나님의 은혜로 말미암아 같은 소명에 부름 받은 영적 동역자임을 강조합니다.

그렇다면 바울과 디모데가 받은 거룩한 소명은 무엇일까요? 그것은 오직 하나님의 능력을 따라 복음과 함께 고난을 받는 것입니다(8절). 복음을 위하여 핍박을 받고, 복음을 위하여 죽는 것이 그들의 소명이었습니다. 남들에게는 부끄럽고 딱해 보이는 운명으로 보였겠지만, 바울은 이 소명을 받은 것이 하나님의 은혜라고 말합니다(9절). 바울에게 있어 복음을 위하여 고난을 받는 것은 그리스도 예수를 온전히 따르는 영광스러운 일이었고, 하나님께서 부르시고 허락하시지 않으면 결코 감당할 수 없는 일이었습니다. 바울은 이 귀한 사역에 디모데가 함께하는 것을 기쁘고, 자랑스럽게 여겼습니다.

3) 바울은 다시 한 번 자신이 복음을 위하여 세움 받았음을 선언합니다 (11절). 그리고 자신이 복음을 위해 고난을 받는 거룩한 소명을 감당하고 있음을 자랑합니다. 바울이 자신의 소명을 자랑스러워하는 이유는 무엇인가요? (12절)

답 : "이로 말미암아 내가 또 이 고난을 받되 부끄러워하지 아니함은 내가 믿는 자를 내가 알고 또한 내가 의탁한 것을 그날까지 그가 능히 지키실 줄을 확신함이라"(12절).

-바울이 고난 받는 것을 자랑스러워하는 이유는, 그가 이 소명을 주신 하나님을 알고 있기 때문이다. 또한 바울은 그날까지 주님께서 반드시 바울이 의탁한 모든 것을 지키심을 알았으므로 지금 받는 고난을 수치스러워하지 않았다.

Tip 1 _ 바울이 고난 받는 것을 부끄러워하지 않았다는 것은 그가 고난에 처하는 것을 자랑스러워했다는 의미이다. 바울은 왜 고난 받는 일을 자랑스러워했는가? 바울은 스스로 그 이유를 두 가지로 밝힌다.

첫째는 그가 자신이 믿는 하나님이 누구신지 알았기 때문이다. 하나님은 죄인 중의 괴수인 자를 구원하시는 은혜의 하나님(딤전 1:15; 딤후 1:9), 사랑의 하나님이다. 또한 하나님은 예수를 보내심으로 사망을 폐하시고 복음으로써 생명과 썩지 아니할 것을 드러내신 분이다(10절). 바울에게 하나님은 사랑 자체이다(롬 8:35-39). 그런 하나님께서 바울을 부르신 것은 바울을 사랑하기 때문이지, 바울을 이용하거나 괴롭히기 위한 것이 아니다.

하나님은 바울을 사랑하심으로 그를 그리스도의 고난에 참여하게 하셨다. 바울은 이 사실을 잘 알았다. 그래서 바울은 자신이 고난 받는 것을 부끄러워하지 않았다.

둘째로 바울은 주님께서 마지막 날까지 자신이 의탁한 것을 능히 지키실 것이라 믿었다. 그럼 바울이 의탁한 것은 무엇인가? 성서학자들은 '바울이 의탁한 것'을 크게 두 가지로, 곧 '내가 그분에게 맡긴 것'이라고 해석하거나 '그가 나에게 맡기신 것'으로 해석한다.

전자를 지지하는 입장은 바울이 자신의 죽음이 가까운 것을 알고(딤후 4:6) 자신과 디모데, 교회를 하나님께 의탁한 것이라 본다. 특별히 바울이 언급한 '그날까지'는 세상의 마지막을 의미할 수도 있고 바울의 생명이 끝나는 날을 의미할 수도 있다. 분명한 것은 바울이 세상과 개인의 종말과 관련하여, 지키고 '책임지시는 주님'을 지속적으로 언급한다는 것이다(딤후 2:10; 4:1, 18, 22).

후자로 해석하는 학자들은 바울이 자신보다 복음을 위하여 사는 것을 반복적으로 말하고 있음을 주장하며, '내가 하나님께로부터 위탁받아 가지고 있는 것', 곧 복음을 하나님께서 또 다른 사람의 손에 맡기실 줄을 믿는다고 해석한다. 다시 말해 바울이 확신하는 것은 하나님께서 복음의 전파가 멈춰지지 않고 주님의 재림 때까지 이어지게 하실 줄을 믿는다는 의미이다.

전자와 후자의 입장은 디모데후서 안에서 모두 충분히 설득력 있다. 어느 한쪽이 맞다 결론짓기보다 바울이 복음과 개인의 구원, 동역자와 교회의 구원, 영원한 영광(딤후 2:10), 천국의 소망(딤후 4:18)과 의의 면류관과 같은 하나님의 상(딤후 4:8)에 대하여 응답하시고 책임지실 하나님을 굳게 믿었다는 것이 중요하다. 결론적으로 바울은 끝까지 '책임지시는 하나님'을 자랑스러워했다.

Tip 2 _ 바울은 다메섹에서 그리스도와 만남으로써 회심한 후부터 기독교인들이 여러 가지를 오해하는 데에도 불구하고 복음전도에 자신의 목숨을 아끼지 않았다. 그는 어떤 어려움이 있다 해도 복음을 전하고 교회를 세우는 일을 멈추지 않았다(행 20:24; 빌 3:14; 딤후 4:7). 특별히 고린도후서 11장을 보면, 바울은 복음을 전하다 옥에 갇히기도 하고 매도 수없이 맞고 죽을 뻔하였다. 강도와 동족, 이방인, 거짓형제, 험한 지형의 위험을 당하며 여러 날 굶고 헐벗었다.

뿐만 아니라 교회 내적으로는 교회 지도자들과 의견 마찰로 갈등을 겪었고, 교회 외적으로는 유대사상과 헬라사상이 복음에 혼합되면서 거짓 교사들과 맞서 싸워야 했다. 그런데 이런 와중에 세상을 사랑해서, 믿음의 고난이 버티기 어려워서 떠나는 자들이 속출하였다. 디모데후서 1장 15절에서 아시아의 모든 사람뿐만 아니라 믿었던 이들로부터 버림받은 사도 바울이 처절하게 호소하고 있다(딤전 4:9-12; 딤후 4:10, 16).

바울이 복음을 위하여 고난 받는 것을 부끄러워하지 않은 이유는, 그가 믿는 '하나님' 때문입니다. 바울이 믿는 하나님은 죄인 중의 괴수였던 바울을 용서하시고 구원하시며 하나님 나라의 거룩한 소명을 주신 분입니다. 그가 경험한 하나님은 측량할 수 없는 은혜와 사랑으로 바울과 죄인에게 찾아가는 분이었습니다. 바울은 이 하나님을 믿었습니다. 바울에게 하나님은 가장 큰 자랑이었습니다. 그래서 바울은 하나님께서 맡기신 복음을 위하여 사는 것 또한 자랑스러워한 것입니다.

두 번째로 바울이 고난 받는 것을 자랑스러워한 이유는, 하나님은 반드시 바울이 의탁한 것을 마지막 날까지 지키시고 책임지실 분이기 때문입니다. 하나님은 바울을 이용하기만 하고 버리시는 분이 아닙니다. 하나님은 세상 사람이 다 그를 떠난다 해도 결코 그를 떠나지 않으셨습니다.

실제로 바울은 복음을 전하는 과정에서 많은 배신을 당했습니다. "아시아에 있는 모든 사람이 나를 버린 이 일을 네가 아나니 그 중에는 부겔로와 허모게네도 있느니라"(딤후 1:15). 4장 10절에도, "데마는 이 세상을 사랑하여 나를 버리고 데살로니가로 갔고…"라고 기록합니다. 바울이 그들의 이름을 구체적으로 언급한 것을 보면, 교회 안에서 잘 알려진 사람들이었음이 분명합니다. 교회와 복음을 위해 함께 수고하고 섬기던 동역자들이 하나하나 바울을 버리고, 복음을 버리고 떠나갔음을 알 수 있습니다. 고난이 왔을 때 서로가 힘이 되어주어도 견디기 힘들었을 텐데, 눈 앞에서 자신을 버리고 배신하는 사람들을 지켜봐야 했던 바울의 마음이 어땠을까요? 바울도 포기하고 싶지 않았을까요? 그러나 바울은 주님이 주신 거룩한 소명을 끝까지 책임졌습니다. 왜냐하면, 주님이 바울을 끝까지 책임지셨기 때문입니다. 바울은 이런 주님을 자랑스러워했습니다.

4) 바울이 디모데를 끝까지 사랑하고, 복음 전도의 소명을 죽는 날까지 감당할 수 있었던 것은 끝까지 책임지시는 하나님이 계셨기 때문입니다. 이제 바울은 주님과 자신을 본받아(13절) 디모데가 거룩한 소명을 이어 나가기를 부탁합니다. 1장 14절과 2장 2절 말씀을 함께 읽어봅시다.
답 : 1장 14절 - "우리 안에 거하시는 성령으로 말미암아 네게 부탁한 아름다운 것을 지키라."
2장 2절 - "또 네가 많은 증인 앞에서 내게 들은 바를 충성된 사람들에게 부탁하라 그들이 또 다른 사람들을 가르칠 수 있으리라."

바울은 디모데에게 우리 안에 거하시는 성령을 힘입어 '복음 전도'의 소명을 이어 가라고 당부합니다. 여기에서 바울은 다시 한 번 '우리'라는 표현을 사용함으로써, 이 책임을 디모데 홀로 짊어져야 한다고 말하지 않습니다. 디모데가 앞으로 걸어갈 길은 반드시 주님이 책임지시고(롬 8:35-39), 바울이 함께할 길입니다. 또한 그 길은 예수님이 먼저 가신 좁고 험한 십자가의 길이지만, 비교할 수 없는 영광을 누리는 아름다운 길입니다(딤후 2:10; 롬 8:18). 바울은 디모데가 끝까지 함께 이 길을 걷기를 간절히 원했습니다.

그런데 디모데에게 맡겨진 책임은 단순히 자신의 믿음만을 지키고 혼자서 복음 전도의 소명을 완수하면 되는 것이 아니었습니다. 디모데에게는 복음 전도의 소명이 끊어지지 않고 지속될 수 있도록 또 다른 이를 세워 가야 할 책임이 있었습니다. 주님 오시는 그날까지 영광스런 복음이 전파되고, 그 복음을 위하여 살아가는 사람과 교회를 세우는 것이 디모데에게 맡겨진 일이었습니다.

그렇다면 디모데는 자신에게 주어진 거룩한 소명을 끝까지 완수했을까요? 전해지는 이야기에 따르면, 디모데는 에베소에서 복음을 전하다가 죽음을 맞이했다고 합니다. 디모데 역시 주님이 부르신 길에서 돌이키지 않고 책임을 다 한 것입니다.

순교할지라도 주님이 주신 소명을 끝까지 완수한 바울과 디모데의 모습을 보면서 어떤 생각이 드시나요? 우리는 주님이 주신 소명을 끝까지 책임질 수 있을까요? 분명한 것은 우리는 결코 내 의지와 노력만으로 소명을 감당할 수 없다는 것입니다. 우리에게는 하나님이 필요합니다! 우리를 끝까지 책임지시는 하나님, 우리를 끝까지 붙드시는 하나님, 우리를 고아와 같이 버려두지 않으시고 죽는 그날까지 함께하시는 하나님이 있어야 합니다. 그럴 때 우리는 소명의 걸음을 완주할 수 있습니다. 결국 책임지는 삶이란, '우리를 끝까지 책임지시는 하나님으로 인해 그분이 부르시는 곳까지 완주하는 것'입니다. 한 방향으로의 오랜 순종이 바로 그리스도인의 '책임'입니다.

5) 오늘 말씀을 통해 받은 은혜를 나누어 봅시다. 복음 전도뿐 아니라 우리가 살아가는 삶의 모든 자리에서 우리에게 주신 주님의 소명은 무엇입니까? 교회, 직장, 가정, 세상과 자연 속에서 '책임지며 살아가는' 삶의 모습은 어떠해야 할지, 우리가 지속가능하게 실천할 수 있는 일들은 무엇인지 함께 나누어 봅시다.

Tip _ 공적으로 우리 사회의 지속가능한 발전에 대해서도 고민할 수 있기를 바란다. 탐욕과 이기심으로 인한 무분별한 발전과 사업이 생태계를 파괴하고 인간을 포함한 모 든 피조물에게 어떻게 위협이 되고 있는지 우리는 이미 그 결과를 경험하고 있다. 바로 변하는 기후, 환경파괴, 자연재해, 전염병 대유행 등이 우리가 맞이한 현실이다. 따라서 인도자는 한 방향으로의 오랜 지속성에 대하여 포괄적인 고민과 기도가 될 수 있게 한다. 복음사역뿐만 아니라 인간관계, 지속가능한 발전 등 인간사회에 대한 기도는 창세기 1장 27-28절에 나오는 하나님의 창조와 복 주심을 믿는 데서 나오는 책임적 응답이다.

 오늘의 은혜

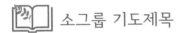 소그룹 기도제목

5-3 고백의 노래 (15분)

- 함께 이 찬양을 마음으로 고백하고, 기도로 마칩니다.

살아가다 메모리

살아가다를 통해 만났던 이들의 이름과 함께 했던 때를 적어보세요. :-)

언제	누구와

✦ 들어가는 말

하나님은 사랑이십니다.
그리고 우리는 하나님의 형상대로 지음 받았습니다.
그렇기 때문에 우리에게 사랑하는 일은
선택사항이 아니라,
우리의 삶의 목적입니다.

우리가 발을 딛고 살아가는
삶의 자리마다
사랑의 흔적들이 남겨지길 기도합니다.
하나님의 사랑,
그 놀라우신 사랑이
우리에게 사랑하며 사는 기쁨을
가르쳐 주시길 소망합니다.

사 랑 하 다

로드앤로드 미니스트리 성경공부 ⑦

B코드 Be love 편

첫 번째 음
신뢰하며 사랑하다

"사자가 이르시되
그 아이에게 네 손을 대지 말라
그에게 아무 일도 하지 말라
네가 네 아들 네 독자까지도
내게 아끼지 아니하였으니
내가 이제야 네가
하나님을 경외하는 줄을 아노라"

창세기 22:12

♪ 첫 번째 음 신뢰하며 사랑하다

본과의 목적: 흔들림 없는 신뢰 속에서 사랑하기
(Key word - 신뢰, 사랑)

1-1 오프닝 토크 (15분)

지금까지 살면서 가장 신뢰했던 사람은 누구인가요? 왜 그 사람을 신뢰했었는지 나누어 보세요.

Tip _ '신뢰'라는 본과의 주제에 자연스럽게 접하도록 하는 것이 나눔의 목적이다. 처음부터 너무 깊은 나눔으로 들어가지 않도록 한다.

1-2 '신뢰하며 사랑하다' 말씀 나눔

들어가며(15분)

미국 하버드 대학교에서 무려 75년에 걸친 연구를 통해 '행복의 비밀'이라는 책을 출판했습니다. 75년이라는 긴 시간 동안 이 연구를 진행해 그 결과를 세상에 소개했다는 것이 참 놀랍기만 합니다. 그들이 발견한 행복의 비밀은 바로 '관계'에 있었습니다. 관계를 통해 사랑받고 사랑을 나눌 수 있는 사람은 어려움과 시련이 찾아온다 해도 결국 행복을 느끼며 살았다는 것이 연구진의 결론이었습니다.

그렇다면 이와 같은 사랑의 관계를 이루어가는 데 있어 반드시 필요한 요소는 무엇일까요? 그것은 다름 아닌 '신뢰'입니다. 서로 신뢰할 때, 우리는 사랑하며 살 수 있습니다.

말씀 속으로 (45분)

진실한 사랑은 어둠 속에서 빛을 발합니다. 또 참된 사랑의 관계는 시련과 고난이 있어도 끊어지지 않습니다. 왜냐하면 서로를 향한 신뢰가 그 사랑의 토대이기 때문입니다. 오늘 우리가 함께 살펴볼 말씀에도 '신뢰'라는 기초 위에서 깊은 사랑을 나눈 이야기가 담겨 있습니다. 누구의 이야기일까요? 함께 말씀 속으로 들어가 봅시다.

* 창세기 22장 4-14절의 말씀을 함께 읽고 아래의 질문에 답해 보세요.

1) 오늘 말씀에서 이삭은 어디에, 누구와 함께 있나요?
(2절, 5-6절)

어디 : 모리아 땅

누구 : 아버지 아브라함, 두 종

Tip _ 창세기 22장 1절은 하나님께서 아브라함을 '시험하시려고' 부르셨다고 기록되어 있다. 하나님의 시험은 아브라함에게 그의 사랑하는 아들, 독자 이삭을 데리고 모리아 땅으로 가서 그를 번제로 드리라고 한 것이었다(2절). 아브라함은 하나님의 말씀에 순종하여 아침 일찍 이삭과 종들을 데리고 모리아 땅을 향하여 갔다.

지금 이삭은 모리아 땅에 서 있습니다. 그는 아버지 아브라함과 하나님께 예배하기 위해 삼일 길을 걸어 왔습니다(4절). 예배하는 곳에 이르러, 아버지 아브라함은 그의 종들에게 예배하는 곳에 따라오지 말고 기다리라고 말합니다(5절). 이삭은 아버지 아브라함과 단둘이서만 예배의 자리로 나아갔습니다(6절).

2) 아버지와 동행하는 길에서, 이삭이 아브라함에게 한 질문은 무엇인가요? 그리고 아브라함은 어떻게 대답했나요? (7-8절)
이삭의 질문(7절) : "내 아버지여, 불과 나무는 있거니와 번제할 어린 양은 어디 있나이까"

아브라함의 대답(8절) : "내 아들아 번제할 어린 양은 하나님이 자기를 위하여 친히 준비하시리라"

Tip _ 아브라함은 번제에 사용할 나무를 이삭에게 지우고, 불과 칼을 손에 들고 모리아 산을 오른다. 산을 오르던 이삭은 번제물이 없다는 것을 이상히 여기며, 아버지 아브라함에게 묻는다. 아브라함은 이삭의 질문에 "하나님이 자기를 위하여 친히 준비하시리라"라고 대답한다. 아브라함은 지금 아들 이삭을 번제물로 바치라는 하나님의 명령을 들었음에도 불구하고, 하나님을 향한 신뢰를 굳게 지킨다. 하나님을 향한 아브라함의 신뢰는 선행절인 5절에도 나타난다. 아브라함은 종들에게 기다리라고 말하면서, "내가 아이와 함께 저기 가서 예배하고 '우리가' 너희에게로 돌아오리라"라고 고백했다. 아브라함에게는 하나님 아버지를 향한 강한 믿음이 있었다.

이상한 일입니다. 하나님께 예배하기 위해 먼 곳까지 왔는데, 정작 하나님께 드릴 번제물은 준비가 되어 있지 않으니 말입니다. 번제물을 태울 나무를 지고 가는 이삭은 아버지 아브라함의 생각을 알 길이 없었습니다. 이삭은 궁금함을 참지 못하고 번제할 어린 양에 대해 아버지께 물었습니다. 이 질문을 듣는 아브라함의 마음은 어떠했을까요?

사실 아브라함이 이 먼 곳까지 온 이유는 하나님의 명령 때문이었습니다. 하나님께서 아브라함에게 모리아 땅에 가서, 그의 독자 이삭을 번제물로 바치라고 말씀하셨기 때문이지요. 너무나 사랑하는 그의 아들, 하나뿐인 아들, 아이가 태어났을 때 그 기쁨을 주체할 수 없어 이름마저도 '기쁨'(이삭)이라고 지었던 이삭을 자기 손으로 죽여 하나님께 드려야 하는 아브라함의 마음은 감히 상상하기도 어렵습니다.

그러나, 이러한 상황 속에서도 아브라함은 하나님을 원망하지 않고 이렇게 고백합니다. "내 아들아, 하나님께서 자기를 위하여 친히 준비하실 것이란다." 아브라함의 대답에는 하나님 아버지를 향한 굳은 신뢰가 담겨 있습니다. 그리고 하나님 아버지를 향한 아브라함의 고백은, 아들 이삭으로 하여금 아버지 아브라함을 더욱 신뢰하게 하였을 것입니다.

3) 하나님이 일러 주신 곳에 이르러 아브라함은 제단을 쌓고 그 아들을 결박하여 칼로 그 아들을 잡으려 했습니다. 절체절명의 순간에, 이삭의 말과 행동을 찾아보세요. (9-10절)
답 : 이삭은 어떠한 말과 행동도 하지 않았다.

번제할 곳에 이른 아브라함은 제단을 쌓았습니다. 그리고 그곳에 번제물을 태울 나무를 펼쳤습니다. 이제 번제물을 올릴 차례입니다. 아브라함은 그의 사랑하는 아들 이삭을 결박했습니다. 그런데 이삭은 저항하거나 도망가지 않았습니다. 아버지가 하는 대로 자신을 내어 맡깁니다.

이삭은 나무 위에 누웠습니다. 사랑하는 아버지가 자신을 향하여 칼을 들었습니다. 이삭은 울부짖거나 소리치지 않습니다. 자신을 사랑하는 그 아버지에게 자기 생명을 맡깁니다. 이 모습은 마치 십자가에 달리던 예수 그리스도를 떠올리게 합니다. 도살장에 끌려가나 아무런 저항도 하지 않았던 어린양 그리스도처럼(사 53:7), 이삭도 아버지 아브라함의 뜻에 순종하였습니다. 이삭의 순종은 온전한 순종이었습니다.

4) 아브라함도, 이삭도 그들의 아버지에게 온전히 순종했습니다. 비록 죽게 된다 해도, 죽는 것과 같은 고통을 겪는다 해도 원망하거나 저항하지 않았습니다. 이들이 그럴 수 있었던 이유는 무엇일까요? (히 11:17-19절)
답 : "아브라함은 시험을 받을 때에 믿음으로 이삭을 드렸으니 그는 약속들을 받은 자로되 그 외아들을 드렸느니라 그에게 이미 말씀하시기를 네 자손이라 칭할 자는 이삭으로 말미암으리라 하셨으니 그가 하나님이 능히 이삭을 죽은 자 가운데서 다시 살리실 줄로 생각한지라 비유컨대 그를 죽은 자 가운데서 도로 받은 것이니라" (히 11:17-1)
- 하나님은 반드시 약속을 지키시는 분임을 믿었기 때문이다. 즉, 아브라함은 하나님을 '신뢰'했다. 그리고 이삭은 그런 아버지 아브라함을 '신뢰'했다.

Tip _ 바로 정답을 이야기하기보다, 자유롭게 답하는 것을 먼저 들어보고 함께 말씀을 찾아서 읽어보도록 한다.

아브라함이 '믿음의 조상'이라 불리게 된 것은 하나님의 강권적인 선택하심 때문입니다. 그것은 부인할 수 없는 사실입니다. 그러나 하나님께서는 일방적으로 그를 세우신 것이 아니었습니다. 하나님께서는 아브라함을 믿음의 조상이라는 이름에 걸맞은 그릇으로 빚어 가셨습니다. 때로 그가 넘어지고 실패할지라도, 하나님께서는 다시 아브라함을 찾아가 일으켜 주시고 성숙의 길로 이끌어 가셨습니다. 아브라함은 그의 인생을 통하여 좋으신 하나님을 경험했습니다. 그래서 이삭을 바치라는 납득하기 어려운 명령을 받고도 하나님께 순종할 수 있었던 것입니다. 아브라함은 하나님을 온전히 신뢰하였습니다.

한편, 이삭은 이런 아버지 아브라함을 보며 자랐습니다. 이삭은 아버지로부터 하나님 이야기를 얼마나 많이 들으며 자랐을까요? 이삭은 하나님을 신뢰하고 있는 아버지 아브라함을 신뢰했습니다. 이삭은 누구보다도 나를 사랑하는 아버지 아브라함을 굳게 믿었습니다. 사랑하는 여러분, 이처럼 흔들림 없는 신뢰는 죽음조차도 뛰어넘는 힘을 갖는 것입니다. 이삭과 아브라함, 하나님의 관계 속에는 결코 끊을 수 없는 강력한 신뢰의 끈이 묶여 있었습니다.

5) 아브라함과 이삭의 모습을 보시고 하나님의 사자는 무엇이라 말하였나요? (11-12절)

11절 : "아브라함아 아브라함아"

12절 : "그 아이에게 네 손을 대지 말라 그에게 아무 일도 하지 말라 네가 네 아들 네 독자까지도 내게 아끼지 아니하였으니 내가 이제야 네가 하나님을 경외하는 줄을 아노라"

Tip 1 _ 하나님의 사자는 이삭을 죽이려 하는 아브라함을 다급히 불러 세웠다. 그리고 이삭에게 손을 대지 말라 명령한다. 하나님은 아브라함의 굳은 신뢰를 확인하셨으므로, 그 시험을 통과한 아브라함에게 멈추라 명령하신 것이다. 아브라함을 향한 하나님의 시험은 그가 하나님을 진실로 경외하는지 확인하고자 하는 것이었다. 여기에서 말하는 경외는 단순히 두려운 마음으로 존경하는 것을 의미하지 않는다. 여기에는 신뢰와 사랑의 마음을 포함한다. 즉, 하나님은 아브라함이 하나님을 온전히 신뢰하고 그 무엇보다 하나님을 사랑하는지 알아보신 것이다. 하나님의 시험은 아브라함을 통제하고 공포심을 갖게 하는 시험이 아니라, 믿음의 조상으로 그를 세워 가는 과정에서 필요한 훈련이었다.

Tip 2 _ 하나님께서는 아브라함에게 아들을 대신해 번제물로 드릴 숫양을 주신다. 아브라함은 미리 번제물을 예비하신 하나님의 은혜를 기억하며 그 땅에 '여호와 이레'라는 이름을 붙였다(14절). 또한 하나님께서는 아브라함에게 다시 한 번 번성과 축복의 약속을 주신다(16-18절). 아브라함이 믿음의 조상으로서 세워졌음을 다시 한 번 확증해주신 것이다.

아브라함과 이삭의 신뢰를 확인한 하나님께서는 하나님의 사자를 통하여 아브라함을 급히 불러 세웠습니다. 그리고 아브라함을 향하여 말씀하셨습니다. "네가 네 아들 네 독자까지도 내게 아끼지 아니하였으니 내가 이제야 네가 하나님을 경외하는 줄을 아노라"(12절). 하나님께서 아브라함에게 이 시험을 명령하셨던 이유가 밝혀지는 순간이었습니다.

하나님께서는 아브라함이 하나님을 경외하는지 알기 원하셨습니다. 여기에서 '경외한다는 것'은 하나님을 온전히 신뢰하는 것, 그리고 그 신뢰를 바탕으로 하여 하나님을 온전히 사랑하는 것을 의미합니다. 이날, 하나님께서는 아브라함의 온전한 신뢰와 사랑의 마음을 받으셨습니다. 또한 이삭이 보인 신뢰와 사랑도 함께 받으셨습니다.

이제 하나님께서는 이들에게 예배를 완성할 번제물을 선물로 주십니다. 여호와 이레! 하나님께서 준비하신 숫양으로 이들은 감사와 기쁨의 예배를 드립니다. 이어서 하나님께서는 다시 한 번 축복의 약속을 주심으로 (16-18절) 아브라함과 이삭의 가문과 영원한 사랑의 관계를 약속해 주셨습니다. 신뢰하며 사랑하는 변치 않는 그 길을 약속하셨습니다.

6) 진정한 신뢰 관계는 환경과 상황으로 인해 깨어지는 것이 아닙니다. 도리어 시험과 연단을 통해 더욱 굳건해집니다. 하나님과의 관계도, 인간관계도 결국 흔들리지 않는 신뢰가 가장 중요합니다. 이 시간 우리에게도 그러한 신뢰가 자라날 수 있도록 하나님께 구하며 나아갑시다.

 오늘의 은혜

📖 소그룹 기도제목

1-3 고백의 노래 (15분)

- 함께 이 찬양을 마음으로 고백하고, 기도로 마칩니다.

두 번째 음

섭리 속에 사랑하다

"이삭이 리브가를 인도하여
그의 어머니 사라의 장막으로 들이고
그를 맞이하여 아내로 삼고 사랑하였으니
이삭이 그의 어머니를 장례한 후에
위로를 얻었더라."

창세기 24:67

♪ 두 번째 음 섭리 속에 사랑하다

본과의 목적: 하나님의 섭리 속에서 사랑하기
(Key word - 섭리, 발견)

2-1 오프닝 게임 : "이상형 월드컵" (15분)

오늘은 서로의 이상형을 알아보는 시간을 가지려고 합니다. 이상형 월드컵을 통해 내가 갖고 있는 이상형에 대해 나누어 보세요.

Tip 1 _ 이상형 월드컵은 축구 대진처럼, 여러 이성을 토너먼트 형식으로 선택하게 하는 게임이다. 이상형 월드컵에 등장하는 인물은 청년들이 좋아하는 연예인으로 택할 수도 있고, 성경 속 인물 또는 '000한 스타일'처럼 캐릭터 설명으로도 진행할 수 있다.

Tip 2 _ 소그룹 조장이 조원들의 연령과 소그룹 분위기를 고려하여, 소그룹 시간 전에 미리 이상형 월드컵에 등장할 인물을 준비하도록 한다.

Tip 3 _ 기혼자 그룹과 성경공부를 할 경우, 배우자의 장점을 나누는 시간을 갖도록 한다. 또는 배우자의 어떤 모습에 결혼을 결심하게 됐는지 이야기해 보아도 좋다.

2-2 '섭리 속에 사랑하다' 말씀 나눔

들어가며 (15분)

미국의 발명가이자 사업가인 토머스 에디슨은 다음과 같은 명언을 남겼습니다. "천재는 1%의 영감(inspiration)과 99%의 노력(perspiration)으로 완성된다." 마찬가지로 작곡가에게도 하나의 곡이 완성된다는 것은, 한 순간의 영감에 의해서만 결정되는 것은 아닙니다. 오히려 작곡가가 그 곡을 위해 끊임없이 생각하고 노력하여 떠올린 99%의 악상들이 집약되고 정리되면서 오선지에 결과물로 나타나게 되는 것입니다.

그렇다면, 1%의 영감은 왜 필요한 걸까요? 그것은 99%의 노력을 어느 순간 통합하고 하나의 맥으로 꿰어 내는 역할을 담당합니다. 다시 말해, '영감'은 수많은 노력의 고리들을 연결시켜 특별한 의미를 가진 작품으로 완성하게 하는 힘인 것입니다. 이와 같이 우리 삶에도 1%의 영감이 필요한 순간이 있습니다. 바로 '사랑'이라는 작품을 완성할 때입니다.

말씀 속으로 (45분)

오늘의 말씀에도 한 사람과 또 다른 한 사람이 만나 사랑의 결실을 맺으려 합니다. 이 일을 위하여 많은 수고를 한 사람이 있습니다. 그런데 그의 수고만으로는 사랑의 이야기를 완성할 수 없습니다. 1% 영감처럼, 이 이야기를 완성할 결정적인 한 가지가 필요합니다. 그것은 무엇일까요? 함께 말씀을 통하여 그것을 발견해 봅시다.

* 창세기 24:28-49, 61-67절의 말씀을 함께 읽고 아래의 질문에 답
해 보세요.

1) 시간이 흘러 어느덧 이삭의 나이가 40세가 되었습니다. 어머니 사라는
죽었고, 아버지 아브라함도 이젠 많이 늙었습니다. 아브라함은 자신이 죽
기 전에 이삭을 위하여 아들의 배우자를 찾으려 합니다. 아브라함은 이
일을 어떻게 진행해 가나요? (34, 37-38절)
답 : 아브라함은 그의 종에게 명령하여 자신의 친척들이 사는 땅에 가서
이삭의 아내를 택하여 오라고 했음.

Tip _ 아브라함은 이삭의 배우자를 지금 살고 있는 가나안 땅에서 찾으
려 하지 않았다. 왜냐하면 이삭이 가나안 족속의 딸들과 결혼하여 이방
종교의 영향을 받게 될까 염려했기 때문이다(옥스퍼드 원어 성경대전 참
고). 아브라함의 모든 선택의 우선순위는 신앙의 순수성을 지키는 것, 즉
하나님을 믿는 신앙을 지키는 것이었다.

아브라함에게 있어서 아들 이삭의 배우자를 찾는 기준은 하나였습니다. 바로 아브라함과 사라를 이어 하나님의 약속을 이어 갈 가정을 세우는 것이었습니다. 그래서 아브라함은 자신이 신뢰하는 종을 불러 이삭의 배우자를 찾아오라고 명령합니다. 아브라함이 종에게 가라고 명한 곳은 그들이 살고 있는 가나안 땅이 아니었습니다. 왜냐하면 가나안 땅의 딸들은 하나님이 아닌 우상을 섬기는 사람들이었기 때문입니다. 아브라함은 종에게 반드시 그의 아버지와 친척의 집으로 가서 이삭의 배우자를 찾아오라고 말하였습니다.

2) 아브라함의 명령을 받은 종은 먼 곳까지 가야 하는 수고를 감당해야 했습니다. 그러나 그 수고보다 걱정되는 것은 이삭의 배우자를 어떻게 발견해야 할지, 또 그 여인을 어떻게 설득해서 데리고 와야 할지 였습니다. 두려워하는 종에게 아브라함은 어떻게 말했나요? (40절)

답 : "주인이 내게 이르되 내가 섬기는 여호와께서 그의 사자를 너와 함께 보내어 네게 평탄한 길을 주시리니 너는 내 족속 중 내 아버지 집에서 내 아들을 위하여 아내를 택할 것이니라"(창 24:40).

오늘의 말씀 40절을 보면, 아브라함은 두려워하는 종에게 하나님께서 함께하시고 인도하실 것이라 말해 줍니다. 아브라함의 마음에는 하나님을 향한 굳은 확신이 있었습니다. 첫 번째 시간에 살펴봤던 것처럼 이미 아브라함은 '여호와 이레'의 하나님을 경험한 사람이었기 때문에, 그는 이 과정 속에서 하나님께서 분명히 역사하실 것을 믿고 있었습니다.

3) 드디어 아브라함의 종은 메소포타미아 나홀의 성에 도착했습니다. 그는 성의 우물가에 도착하자마자 무엇을 하였나요?
(12, 42-44절)

답 : 아브라함의 종은 하나님께 기도했다. 특별히 그는 이삭의 배우자를 발견할 수 있는 하나님의 사인(sign)을 구했다. 그 사인은 그가 물을 구했을 때, 그와 낙타들에게 물을 주는 여인을 하나님께서 정하신 짝으로 분별하겠다는 것이었다.

Tip _ 종은 하나님께 기도할 때, 하나님을 의도적으로 "내 주인 아브라함의 하나님 여호와여"라고 불렀다(42절). 그가 아브라함의 믿음을 통해 하나님의 살아계심을 경험해 왔다는 것을 읽을 수 있는 대목이다.

목적지에 도착한 아브라함의 종은 그 성 입구에 있는 우물가에 멈추어 섰습니다. 그리고 아브라함의 하나님께 이삭의 배우자를 순조롭게 발견하게 해달라고 간절히 기도했습니다(12, 42절). 종은 자신의 수고만으로는 하나님께서 예비하신 배우자를 찾을 수 없다는 것을 잘 알고 있었습니다. 그래서 그는 그 모든 수고를 헛되지 않게 하실 하나님의 인도하심을 구했습니다.

하나님의 인도하심을 다른 말로 표현하면, '섭리'입니다. '섭리'란, 하나님께서 하나님의 도우심을 구하는 자들에게 친히 개입하셔서 이끌어 가시는 은혜를 의미합니다. 아브라함의 종은 바로 하나님의 섭리를 발견하게 해달라고 기도한 것입니다. 이제 모든 상황을 하나님께 맡긴 종에게 과연 어떤 일이 펼쳐질까요?

4) 성경은 아브라함의 종이 기도를 마치기도 전에 리브가가 나타났다고 기록하고 있습니다(45절). 그리고 리브가가 종이 기도한 대로 모두 행동하였다고 말합니다(46절). 뿐만 아니라 리브가는 종이 그토록 찾던 아브라함의 친척이었습니다(47절). 당신이 아브라함의 종이라면 어떤 마음이었을 것 같나요? 자유롭게 이야기해 봅시다.

답 : 정해진 답은 없다. 기도를 통해 하나님의 섭리를 경험한 종에게 감정을 이입하여 감격스러운 상황을 보다 생생히 느껴보도록 한다.

Tip 1 _ 아브라함의 종은 단지 물을 달라고 요구만 했을 뿐인데, 24장 46절의 표현을 보면 리브가는 '급히' 물동이를 어깨에서 내리며 물을 주었을 뿐만 아니라 낙타에게도 물을 주었다. 이는 도움이 필요한 사람에게 즉각 도움을 준 리브가의 성품을 엿볼 수 있는 대목이다. 또한 리브가는 혼자서 낙타 열 필(10절)에게 일사천리로 물을 줄 수 있는 가업을 담당할 능력도 갖추고 있었다.(옥스퍼드원어성경대전 참조)

Tip 2 _ 48절을 보면, 종은 이 모든 것을 인도하신 분이 하나님이라고 고백하며 찬양한다. 하나님께서 이토록 세심하게 일하신 것은 아브라함의 아들, 곧 '이삭을 위함'이다(48절). 하나님의 섭리는 하나님을 믿고 따르는 자들에게 행복을 주시는 것이다.

오늘 말씀을 보면 아브라함의 종에게 영화 같은 일이 일어났습니다. 남들이 보면 서울에서 김서방 찾기처럼 보일 수 있는 상황이었으나, 아브라함의 종은 낯선 마을에서 하나님께서 정하신 짝, 리브가를 발견했습니다! 어떻게 이런 일이 가능했을까요?
성경은 일관되게, 이 과정에서 하나님의 섭리를 구한 사람들이 있었다고 고백합니다. 그리고 하나님께서는 신실하게 그들의 간구에 응답하셨다고 말합니다. 여기에서 하나님의 인도하심은 놀라운 사랑 이야기를 완성하는 가장 중요한 요소였습니다. 오늘 말씀에 등장한 종의 수고도 하나님의 섭리로 말미암아 비로소 가치 있는 것이 되었습니다.

5) 아브라함의 종은 리브가를 이삭에게로 데리고 왔습니다. 종은 그간의 모든 일을 이삭에게 말해 주며 하나님의 섭리로 인해 발견한 배우자를 소개했습니다(66절). 이후 이삭과 리브가는 어떻게 되었을까요? (67절)

답 : 이삭은 리브가를 인도하여 그의 어머니 사라의 장막으로 들였다. 그리고 리브가를 맞이하여 아내로 삼고 사랑했다. 이삭은 어머니 사라의 죽음 이후, 리브가를 통하여 위로를 얻었다.

종종 사랑의 결실을 맺어 결혼에 이르는 사람들의 이야기를 들어 보면 "이 사람이 나의 배우자임을 알 수 있었다."라고 이야기합니다. 그러나 때로는 그 확신이 실망으로 변하기도 하고, 좋지 않은 결말에 이르기도 합니다. 분명한 것은 인간의 확신은 아름다운 행복을 담보할 수 없다는 것입니다. 그러나 하나님의 섭리 속에서 사랑을 발견한 사람들은 풍성한 관계를 누리며 살아갑니다. 하나님께서 주시는 안정감 속에서 서로를 통해 깊은 위로와 사랑을 경험합니다. 이삭과 리브가처럼 말입니다.

그러므로 하나님의 섭리 속에서 사랑하는 삶을 추구하는 것은 너무도 중요한 일입니다. 여러분은 여러분의 결혼과 결혼생활을 위하여 하나님의 섭리를 구하고 있나요? 함께 이야기를 나누어 봅시다. 그리고 함께 배우자를 위한 기도제목을 나누어 봅시다.

 오늘의 은혜

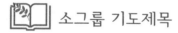 소그룹 기도제목

2-3 고백의 노래 (15분)

- 함께 이 찬양을 마음으로 고백하고, 기도로 마칩니다.

세 번째 음

넓어지며 사랑하다

"이삭이 거기서 옮겨 다른 우물을 팠더니
그들이 다투지 아니하였으므로
그 이름을 르호봇이라 하여 이르되
이제는 여호와께서 우리를 위하여 넓게 하셨으니
이 땅에서 우리가 번성하리로다 하였더라"

창세기 26:22

♪ 세 번째 음 넓어지며 사랑하다

본과의 목적: 넓은 마음으로 선을 행하며 사랑하기
(Key word - 관용, 선대)

3-1 오프닝 토크 (15분)

- 지금까지 살아오면서 나의 것을 빼앗긴 경험, 또는 남의 것을 강제로 빼앗아 본 경험이 있다면 함께 나누어 보세요. 그때의 감정과 그로 인한 결과는 어떠했는지도 나누어 봅시다.

나의 것을 빼앗기거나 남의 것을 빼앗아 본 경험:

그로 인한 결과와 감정의 변화들:

Tip _ 어떠한 해답이나 지침을 주기보다는 스스로 그 사건을 돌아보면서, 성찰할 수 있는 시간을 준다. 또한 서로의 이야기를 들으면서, 다양한 상황과 입장들 속에서 일어나는 생각의 확장들을 경험하게 해 준다.

3-2 '넓어지며 사랑하다' 말씀 나눔

 # 들어가며 (15분)

중국의 4대 사막 중 하나인 마오우쑤(毛烏素) 사막에 위치한 '징베이탄'은 사막화의 영향으로 폐허가 되어 버린 도시였습니다. 사람들은 더 이상 그곳에서 살 수가 없어서 도시를 떠나 버렸습니다. 그러나 폐허가 된 그곳에, 인위쩐(殷玉進) 부부가 살고 있었습니다. 그 부부는 사막에서 살아남기 위해 할 수 있는 모든 것을 해 보았지만 그들의 시도는 실패로 돌아갔습니다.

그러던 중 그 척박한 땅에서도 뿌리를 내린 한 그루의 나무를 보게 되었습니다. 부부는 그 나무를 보며 희망을 발견하고, 그때부터 나무 심기를 계획했습니다. 가난한 부부였지만 정성껏 묘목을 구해서 심고 적은 물이라도 구해서 주변에 뿌려 주었습니다. 점점 심해지는 사막화 영향으로 나무를 키우는 것은 쉽지 않았습니다. 심지어는 나무가 자라면 몰래 베어 가는 도벌(盜伐)꾼들 때문에 어려움을 겪기도 했습니다. 그러나 부부는 20년이라는 세월 동안 꾸준히 나무를 심고 키우는 일에 집중했습니다. 후에 이 소식이 중국 정부에 알려져, 그들은 환경상을 받게 되었습니다. 또한 부부는 '사막을 숲으로 가꾼 위대한 영웅'이라 불렸습니다. 인위쩐 부부의 인내를 보면서, 어떤 생각이 들었는지 잠시 나누어 봅시다.

말씀 속으로 (45분)

오늘 본문 말씀 속에 등장하는 이삭은 아버지 아브라함 때에 있었던 것과 같은 큰 흉년을 만났습니다. 이삭은 살고 있던 땅을 떠나 먹을 것이 있는 곳으로 이주해야 했으며, 함께하는 가족들을 부양해야 하는 책임도 있었습니다. 이런 불안한 삶의 환경 속에서 이삭은 어떻게 그 상황들을 이겨냈는지 말씀을 통해서 함께 살펴봅시다.

* 창세기 26장 12-33절의 말씀을 함께 읽고 다음 질문에 답해 보세요.

1) 이삭은 흉년이 들어 블레셋 사람들이 살던 그랄 지역으로 이주하게 되었습니다(6절). 이삭은 그곳에서 농사를 지었는데, 그 결과는 어떠했나요? (12-14절)

답 : 이삭은 그 땅에서 농사해서 그 해에 100배나 되는 소출을 얻었다. 그리고 하나님께서 복을 주심으로 창대하고 왕성하여 마침내 거부가 되었다. 이삭의 양과 소는 떼를 이루었으며 종을 심히 많이 거느리게 되었다.

이삭은 그랄 땅에 살면서 농사를 지었습니다. 그리고 그는 그 해에 100배나 되는 소출을 얻었습니다. 이것은 하나님께서 이삭에게 복을 주셨기 때문입니다(12절). 흉년으로 위기에 처했었지만, 하나님의 함께하심으로 말미암아 이삭은 상황과 환경을 초월하는 은혜를 누릴 수 있었던 것입니다. 그런데 이런 이삭을 보며 시기하는 사람들이 있었습니다(14절).

2) 이삭을 시기한 사람들은 누구이며, 그들은 이삭을 어떻게 대했나요? (14-16절)

답 : 그랄 땅을 차지하고 살았던 블레셋 사람들이 이삭을 시기했다. 그들은 이삭을 쫓아내기 위하여 아브라함 때에 종들이 판 모든 우물을 흙으로 막았다. 또한 블레셋 왕(아비멜렉)은 이삭을 찾아와 이곳을 떠나라고 강요했다.

Tip 1 _ 그 당시 팔레스타인 지역은 강수량이 적고 큰 강이 없었다. 때문에 물을 구할 수 있는 우물은 생존에 절대적이었다. 우물을 가진다는 것은 그 만큼 자신의 세력이 커진 것을 말하며, 그것을 강제로 메웠다고 하는 것은 블레셋 사람들이 이삭이 번성하는 것을 견제하고 시기했음을 보여 준다.

Tip 2 _ 블레셋 왕(아비멜렉)이 직접 나서서 이삭을 찾아가 그 지역을 떠나라고 명령한다. 이삭은 그 명령을 거부할 수 없었고, 결국 더 척박한 곳인 그랄 골짜기로 이주한다. 이삭의 입장에서는 하나님의 복을 누리면서, 동시에 블레셋 사람들로부터 시기와 질투를 받게 되었다. 점점 더 하나님을 의지하지 않고는 난관들을 이겨 내기가 어려운 상황으로 변해 갔다.

블레셋 사람들은 이삭을 시기했습니다(14절). 그래서 아브라함 때에 파 두었던 이삭의 우물을 모두 메워 버리며 이삭에 대한 불편한 감정을 직접 표현했습니다. 그리고 블레셋 왕, 곧 아비멜렉을 앞세워 이삭에게 이 땅을 떠나라 경고합니다. 사실 경고라기보다는 선전포고에 가까운 것이었습니다. 이삭은 블레셋 사람들의 괴롭힘에 억울해하거나 일일이 대응하지 않았습니다. 그는 온유한 마음으로 그곳을 떠나 그랄 골짜기에 이르렀습니다(17절).

3) 그랄 골짜기로 옮겨서 새롭게 정착한 이삭이 가장 먼저 한 일은 무엇인가요? 그리고 그 일의 결과는 어떠했나요?
(18-19절)

가장 먼저 한 일 : 이삭은 가장 먼저 아버지 아브라함 때에 팠던 우물을 다시 팠다. 블레셋 사람들은 아브라함의 우물을 메워 두었는데, 이삭은 그 아버지의 우물을 다시 파기 시작했다.

그 일의 결과 : 이삭의 종들이 골짜기를 파서 샘 근원을 얻었다.

Tip 1 _ 이삭은 시비를 걸어오는 블레셋 사람들과 다투지 않고, 온유한 마음으로 그랄 땅을 떠났다. 그가 새롭게 이른 곳은 그랄 골짜기였다. 골짜기로 왔다는 것은 그가 더 이상 농사를 지을 수 없게 된 것이다 (창 26:12). 농사로 100배의 수확을 얻었던 이삭에게 농사를 포기하는 것은 엄청난 경제적 손실이었다. 그러나 이삭은 분쟁보다 손해 보는 것을 택했다.

Tip 2 _ 새로운 삶을 시작한 이삭은 가장 먼저 아버지 아브라함의 우물을 팠다. 당시 아브라함의 우물은 흙으로 메워져 있었는데, 이는 블레셋 사람들이 아버지의 우물을 메웠기 때문이다(18절). 블레셋 사람들은 아브라함 때에도 아브라함의 족속이 강성해지는 것을 견제하고 두려워했음을 알 수 있다. 아버지와 동일한 일을 겪은 이삭은 흙으로 덮여 있는 아버지의 우물을 다시 파면서, 아버지로부터 자신에게 이어지는 하나님의 약속과 축복을 굳게 붙들었을 것이다.

이삭은 그랄 골짜기라는 새로운 터전에 정착하였습니다. 그는 그동안 이뤄 놓은 것을 한순간에 뺏겼지만, 좌절하거나 낙심하지 않고 새로운 일을 시작했습니다. 그것은 우물을 파는 일이었습니다. 비가 적은 팔레스타인 지역에서 우물은 생존을 위해 꼭 필요한 것이었습니다. 그래서 이삭은 우물을 먼저 파기로 합니다.

이삭은 그곳에서 오래전 아버지 아브라함이 파 두었던 우물을 발견하였습니다. 이 우물은 흙으로 메워져 있었습니다. 누가 메운 것일까요? 이것은 아브라함이 죽은 후에 블레셋 사람들이 메운 것이었습니다(18절). 블레셋 사람들이 아브라함 때부터 아브라함의 가정과 족속을 견제하고 시기했음을 짐작해볼 수 있는 대목입니다. 이제 한 가정의 가장이 되고, 히브리 족속의 수장이 된 이삭은 그 우물을 보면서 아버지 아브라함을 떠올렸을 것입니다. 누가 방해하고 훼방해도, 하나님의 축복이 마르지 않았던 아버지 아브라함의 삶을 기억하며 그는 아버지의 우물을 파기 시작합니다. 그리고 그곳에서 샘의 근원을 얻었습니다. 이삭이 '근원'을 얻었다는 것은 다함이 없는 하나님의 은혜가 아브라함에 이어 이삭에게도 임했다는 것을 보여 줍니다.

4) 평안도 잠시, 그랄의 목자들과 이삭의 목자들은 우물로 인해 또 다투게 됩니다. 이 분쟁에 대한 이삭의 대응방식은 어떠한가요? (20-22절)

답 : ① 그랄의 목자들은 이삭의 우물이 자신들의 것이라고 우기기 시작한다. ② 이삭은 그 다툼으로 인해 그 우물을 '에섹'(뜻: 다툼)이라고 이름 짓는다. ③ 이삭은 에섹을 내어주고 다른 우물을 판다. ④ 그랄의 목자들은 새로 판 우물도 뺏으려 한다. ⑤ 이삭은 그 우물의 이름을 '싯나'(뜻: 대적함)라고 짓고, 다시 다른 곳으로 간다. ⑥ 이삭은 다시 우물을 팠는데, 더 이상 다툼이 생기지 않아 그 우물을 '르호봇'(뜻: 장소가 넓음)이라고 이름 지었다.

- 이삭은 그랄의 목자들에 대하여 끝까지 참으며 우물을 계속 팠다. 이삭은 싸움에서 번번이 지는 것을 선택한 것이다.

이삭을 향한 시기와 질투는 그랄 골짜기에서도 일어났습니다. 그랄 지역 목자들은 이삭의 우물이 자신들의 것이라며 우겼습니다. 그래서 그랄의 목자와 이삭의 목자들 간에 다툼이 생기기 시작했습니다. 이삭의 입장에서는 황당하고 억울한 일이었습니다. 그러나 이삭은 종들에게 싸움을 명한 것이 아니라, 우물을 내어 주고 우리가 다른 곳에 가자고 이야기합니다. 이삭이 힘이 없어 그런 선택을 한 것일까요? 오늘 말씀을 보면 이삭은 부유했고, 종도 심히 많은 유력한 사람이었습니다. 그는 힘이 없기 때문에 참은 게 아닙니다.

이삭은 지는 것처럼 보일지라도, 우물을 거저 내어 줍니다. '에섹', '싯나'라는 이름의 우물을 내어 준 이삭은 다시 우물을 팠습니다. 그리고 더는 그랄의 목자들이 따라오지 않자, 그 우물을 '르호봇'(뜻: 장소가 넓음)이라 명했습니다. 이름을 지은 이삭은 이렇게 고백합니다. "이제는 여호와께서 우리를 위하여 넓게 하셨으니 이 땅에서 우리가 번성하리로다"(22절). 여러분, 여기에 이삭의 신앙의 정수가 담겨 있습니다. 이삭은 계속된 억울한 상황, 관계의 어려움 속에서 그랄의 목자들을 주목한 것이 아니었습니다. 이삭은 자신에게 주어진 반복되는 어려움의 시간을 하나님께서 자신을 넓히시는 과정이라고 보았던 것입니다. 인내하고, 인내하고, 또 참아야 했던 이삭의 여정은 그를 넓히셔서 많은 사람을 품게 하시는 하나님의 계획 속에 있었습니다. 하나님께서 이삭을 넓은 사람, 큰 사람으로 빚으셨습니다.

5) 시간이 흘러, 블레셋 왕은 이삭을 찾아옵니다. 그들이 찾아온 이유는 무엇일까요? (28-29절)

답 : 아비멜렉은 친구 아훗삿과 군대 장관 비골을 데리고 이삭을 찾아온다. 그리고 이삭을 향하여 '너는 여호와께 복을 받은 자'(29절)라고 부르며, 블레셋과 이삭 사이에 평화의 맹세를 하자고 먼저 제안을 한다. 이삭은 그들의 모든 일들을 용서하고, 제안을 받아들인다.

Tip 1 _ 블레셋 왕이 자신의 친구와 군대장관을 데리고 와서 이삭을 만났다는 것은 이삭을 족장의 대표 정도가 아니라 왕과 같이 대했다는 것을 말해 준다. 지금까지와는 상황이 완전히 반대가 된 것이다. 먼저 이삭을 찾아온 것 역시 그들의 태도에 변화가 있음을 반영해주고 있다.

Tip 2 _ 블레셋 왕은 '여호와께서 너와 함께 계심을 우리가 분명히 보았'다고 말한다(28절). 또한 '너는 여호와께 복을 받은 자'라고 말한다(29절). 이는 이삭의 삶을 통하여 살아계신 하나님을 보게 되었고, 그 하나님이 이삭에게 복을 주신다는 것을 부정할 수 없음을 말해 준다. 이들은 이삭을 향해 시기의 마음이 아니라, 존경과 경외의 마음을 갖게 되었다.

시간이 흘러, 블레셋 왕은 친구 아훗삿과 군대 장관 비골을 대동하여 이삭을 찾아옵니다. 그리고 하나님께서 이삭과 함께하고 계시며 복을 주신다는 사실을 인정하고, 먼저 평화의 맹세를 요청합니다. 한 족장의 대표에게 블레셋의 왕이 먼저 찾아온 것은 이례적인 사건이었으며, 심지어 서로를 공격하지 않기로 하는 평화의 맹세를 요청한 것도 그러했습니다. 이삭은 다시 한 번 넓은 마음으로 지금까지의 일들을 용서하고, 그들을 선대하기로 결정합니다. 그리고 그들을 위하여 잔치를 베풀고, 그들이 평안히 가도록 하였습니다. 그리고 그때, 이삭의 목자들이 파고 있던 우물에서 물을 얻게 되었다는 소식도 전해 들었습니다. 그 우물이 바로 '브엘세바', 이스라엘의 최남단 경계인 브엘세바입니다.

6) 사랑하는 여러분, 하나님께서는 선으로 악을 이긴 이삭의 모든 삶을 지켜보고 계셨습니다. 그리고 그로 하여금 마르지 않는 샘이 되게 하셨습니다. 하나님께서는 오늘 우리가 제 2의 이삭, 제 3의 이삭이 되기를 원하십니다. 이삭이 보여 주었던 용서와 베풂은 우리 삶에 어떤 모습으로 적용될 수 있는지 서로의 삶을 관련지어서 나누어 봅시다.

Tip _ 치열한 삶의 자리에서 나의 것을 내어 주는 것은 쉽지 않다. 하지만 선대함으로 하나님의 선하신 뜻을 이루어 가는 이들에게 하나님께서는 분명히 함께해 주신다. 때로는 어리석어 보이는 것일지라도 하나님께서는 사용하셔서, 선한 도구로 사용하시고 하나님의 뜻을 이루신다. 선으로 악을 이기는 사람을 통해서, 더 큰 하나님의 사람으로 성장해 갈 수 있도록, 서로의 삶의 영역에서 선대함을 이루어갈 수 있도록 격려하는 시간을 가진다.

 오늘의 은혜

 소그룹 기도제목

3-3 고백의 노래 (15분)

- 함께 이 찬양을 마음으로 고백하고, 기도로 마칩니다.

네 번째 음

동행하며 사랑하다

"에서가 달려와서
그를 맞이하여 안고 목을 어긋맞추어
그와 입맞추고 서로 우니라"

창세기 33:4

♪ 네 번째 음 동행하며 사랑하다

본과의 목적: 경쟁심을 버리고 동행하며 사랑하기

(Key word - 경쟁, 동행)

4-1 오프닝 토크: 우리 가족 이야기 (15분)

가족 안에서 여러분은 몇 번째 자녀인가요? 그 사실이 내 삶에 특정한 영향을 끼친다고 느낀 적이 있나요? 함께 이야기를 나누어 보세요.

출생 순위:

내 삶에 미친 영향:

4-2 '동행하며 사랑하다' 말씀 나눔

들어가며 (15분)

인간은 누구나 태어나면서부터 타인과 경쟁하는 상황 속에 처하게 됩니다. 가정 안에서, 또 사회생활 속에서 우리는 끊임없이 경쟁의 요구를 받고 있습니다. 사실 어느 정도의 경쟁은 우리 삶에서 매우 자연스러운 일인지도 모릅니다. 그러나 문제는 인간관계를 파괴하고 사랑하며 살아가는 삶을 멈추게 만드는 과도한 경쟁입니다.

이 과도한 경쟁은 외부적 요소뿐 아니라 나의 내면에 의해서도 일어날 수 있습니다. '내 앞에 있는 누군가를 경쟁의 대상으로 여길 것인가, 아니면 사랑의 대상으로 여길 것인가?' 우리가 무엇을 선택하느냐에 따라 우리 삶은 다른 결과를 맞이하게 됩니다.

말씀 속으로 (45분)

오늘 우리가 살펴볼 말씀 속에는 치열한 경쟁구도로 관계가 깨어지고 오랜 시간을 아파했던 두 형제가 등장합니다. 엄밀히 말하면 이들은 쌍둥이였습니다. 간발의 차로 형과 아우가 된 에서와 야곱의 사이는 인생의 결정적인 순간마다 심각한 상황에 이르곤 했습니다. 이들에게는 어떤 문제가 있었던 것일까요?

* 창세기 27:30-45절의 말씀을 함께 읽고 다음 질문에 답해 보세요.

1) 오늘의 말씀은 아버지 이삭이 축복하기를 마쳤다는 구절로 시작합니다. 이삭은 누구에게 축복했나요? (30절)

답 : 아버지 이삭은 쌍둥이 동생 야곱에게 축복했다.

그러나 이삭은 야곱이 아니라 형 에서에게 축복했다고 생각했다(27:21-27).

Tip 1 _ 이삭은 축복이 에서에게 돌아가기를 바랐다. 그는 에서의 호기로움을 사랑했고, 또한 장자로서 에서가 축복을 받는 것은 이삭의 관점에서 지당한 일이었다. 그래서 이삭은 에서에게 사냥을 하여 별미를 만들어 오면 하나님 앞에서 그를 축복하겠다고 약속하였다(27:7). 그러나 리브가는 에서가 아닌, 야곱이 이삭의 축복을 받기 원했다. 그녀는 야곱을 에서처럼 꾸미고 아버지 이삭 앞에 나아가 축복을 받게 하였다(27:9-16).

Tip 2 _ 나이가 많은 이삭은 앞이 잘 보이지 않았다(27:1). 그러나 분장하고 들어온 야곱의 목소리를 듣고 에서가 아니라고 생각했다. 이삭은 자신에게 나아온 이가 에서인지 확인하기 위하여 만져도 보고(27:21), 재차 묻기도 하였으며(27:24), 입 맞출 때 채취를 확인하기도 하였다(27:27).

여러 차례의 의심을 통해 에서라고 확신한 이삭은 하나님께서 아버지 아브라함과 자신에게 주셨던 축복을 야곱에게 부어 주었다(27:27-29). 이후 모든 사실을 알게 된 이삭은 부당함을 느끼며 "네 아우가 네 복을 빼앗았다."라고 고백했다(35절). 이삭은 상황이 이렇게 된 것에 대해 하나님의 뜻이 무엇인지 묻거나 확인하지 않았다.

나이가 든 이삭에게도 생을 마무리할 날이 다가오고 있었습니다. 그래서 이삭은 아버지 아브라함부터 자신에게 이어져 온 하나님의 축복과 약속을 그의 후계자에게 물려주어야겠다고 생각했습니다. 당연히 이삭이 생각하는 후계자는 쌍둥이 자녀 중, 형이었던 에서였습니다. 이삭의 입장에서는 에서가 형이기도 했고, 조용한 성격의 야곱보다는 용맹하고 믿음직스럽다고 여겼을 것입니다.

그러나 이삭의 아내 리브가는 다른 생각을 갖고 있었습니다. 리브가는 에서가 아닌 야곱에게 그 축복이 흘러가기를 바랐습니다. 왜냐하면 에서가 가나안 족속의 딸들과 결혼을 했기 때문입니다. 그것은 하나님을 믿고 따르는 이삭과 리브가 모두에게 근심이 되었던 일이었습니다(26:34-35). 결국 리브가는 남편 이삭을 속이고, 야곱을 에서로 변장시켜 하나님의 축복을 받게 하는 데 성공합니다.

2) 사냥을 마치고 돌아온 에서는 야곱이 자신의 축복을 가로챘다는 것을 알게 되었습니다. 이 일에 대하여 에서는 어떻게 반응했나요? (34, 36, 38, 41절)

답 : 에서는 간절히 울며 축복해 달라고 간구했다. 결국 이 축복을 다시 돌이킬 수 없다는 것을 알고, 야곱을 미워하며 아버지가 돌아가시면 야곱을 죽이기로 결심했다.

34절 - 에서는 소리 내어 울었다. 그리고 아버지를 향해 자신에게도 축복해 달라고 간구했다.

36절 - 야곱의 이름을 들어 그가 속이는 자임을 피력했다. 야곱이 에서를 속인 것이 두 번째임을 아버지에게 말하며 자신의 억울함을 호소했다.

38절 - 에서는 다시 소리 높여 울며 아버지에게 축복을 간구했다.

41절 - 에서가 야곱을 미워하고 아버지가 돌아가시면 야곱을 죽이기로 결심했다.

Tip _ 이미 빌어 준 축복을 물릴 수 없다는 아버지의 말이 에서에게는 다소 소극적으로 들렸을 수도 있다. 에서는 빌 복이 하나뿐이겠냐며 어떤 방식으로든, 어떤 내용으로든 이삭에게서 복을 받고자 다소 공격적인 태도를 취한다. 이에 어쩔 수 없이 복의 예언을 시작한 이삭의 입에서는 그리 달갑지 않은, 그러나 장차 실현될 에서의 미래가 그려진다(39-40절). 쌍둥이 아우와의 경쟁구도에서 밀린 에서는 분을 참지 못하고 살인의 복수를 계획하게 된다(41절).

에서는 장성한 어른이었습니다. 그러나 아버지가 주기로 한 축복을 야곱에게 뺏겼다는 것을 알았을 때, 그는 소리 높여 울며 고통스러워했습니다. 아버지를 간절히 부르며 자신에게도 축복하여 달라고 그는 매달리고 매달렸습니다. 그러나 이삭이 더 이상 할 수 있는 것이 없었습니다. "내 아들아 내가 네게 무엇을 할 수 있으랴"(37절). 울부짖는 에서를 보며 이삭의 마음도 아프고 속상했겠지만, 이삭은 하나님의 신실하신 이름을 거스르며 축복을 번복할 수 없었습니다. 하나님의 이름으로 이미 준 것을 물리거나 취소하는 것은 구하는 바를 주시고 약속한 바를 지키시는 하나님의 신실하심에 위배되는 것이기 때문이었습니다. 더 이상 이 일을 돌이킬 수 없다는 것을 받아들인 에서는 아버지가 돌아가시면 야곱을 죽이겠노라 다짐하게 됩니다.

태어날 때부터 쌍둥이로 태어났지만 근소한 차이로 형, 아우가 된 에서와 야곱. 그들의 경쟁구도와 갈등은 드디어 클라이맥스로 치닫게 된 것입니다. 아버지의 사랑과 축복을 받기 위해 혼신을 다한 노력, 그리고 당연히 내 몫이라고 생각했던 것이 홀연히 사라진 에서의 마음은 어땠을까요? 또한 수단과 방법을 가리지 않고 부정직하게 결과물을 얻어 내느라 아버지와 형을 잃어버린 야곱의 마음은 어땠을까요? 경쟁으로 인해 남보다도 못한 사이가 되어 버린 이 형제는 다시 사랑의 관계를 회복할 수 있을까요?

3) 야곱을 향한 에서의 미움과 복수의 계획이 어머니 리브가의 귀에 들립니다. 리브가는 야곱에게 무엇을 명하나요? (42-44절)

답 : 리브가는 야곱에게 하란으로 가서 외삼촌 라반의 집에서 잠시 머물라고 말하였다. 그리고 에서의 화가 풀리면 어머니 리브가가 사람을 보내어 야곱을 부르기로 하였다.

리브가는 야곱을 피신시키며 한 아들은 살인으로부터, 한 아들은 죽음으로부터 지키고자 했습니다(45절). 리브가는 야곱에게 에서의 화가 풀릴 때까지만 외삼촌 라반의 집에 머물라고 말했습니다. 아마도 리브가는 그 기간이 그리 길지 않을 것이라 생각했던 것 같습니다(44절). 그러나 야곱과 에서가 다시 만나기까지 20년의 시간이 흘러야 했습니다. 그만큼 그들은 감정의 골이 깊었던 것입니다. 20년 후, 이들의 관계는 어떻게 변했을까요?

4) 20년 만에 고향으로 돌아오는 야곱은 이제 혼자의 몸이 아닙니다. 그는 가족과 라반의 집에서 이룬 많은 재산을 이끌고 돌아오고 있습니다. 에서와 야곱이 재회하는 성경의 본문을 읽고, 에서와 야곱의 얼굴을 상상하며 그려 보세요. (창 33:1-10)

야곱은 20년 만에 고향집으로 돌아오게 되었습니다. 하나님께서 그에게 이젠 본래의 집으로 돌아가라고 말씀하셨기 때문입니다(창 31:13). 하나님의 음성을 듣고 돌아온 걸음이었지만, 그에게는 형 에서와의 관계가 두려움으로 남아 있었습니다. 게다가 에서가 사백 명의 사람을 거느리고 오고 있다는 소식은 야곱으로 하여금 이루 말할 수 없는 답답함을 갖게 하였습니다(창 32:7). 야곱은 이 관계를 회복하실 수 있는 유일한 분, 하나님께 밤새 간절히 기도했습니다(창 32:24).

다음 날이 밝고, 야곱은 드디어 형 에서를 마주하게 되었습니다. 야곱은 에서 앞에 엎드려 일곱 번 굽히며 그에게 진심으로 잘못을 빌었습니다. 에서는 그런 야곱에게 달려와 그를 안고 목을 어긋맞추어 입 맞추며 울었습니다(창 33:4). 미움과 경쟁의 관계가 하나님의 때에 하나님의 방법으로 회복되는 감동적인 순간입니다.

또한 우리는 야곱의 태도가 이전과 같지 않다는 것을 발견하게 됩니다. 그는 지금까지 형 에서에게 제대로 된 사과를 한 적이 없었습니다. 그러나 이제 야곱은 자신의 잘못을 뉘우치며, 진심으로 에서에게 사죄하고 있습니다. 진실한 사과를 통해 두 사람은 비로소 화해를 이루고 깊은 사랑의 관계로 나아가게 되었습니다. 더 가지려 싸우던 이들의 마음은 이제, 서로에게 더 주고 나누고 싶어 하는 마음으로 바뀌었습니다(창 33:9, 11). 나아가 에서는 동생 야곱에게 동행을 약속합니다. "에서가 이르되 우리가 떠나자 내가 너와 동행하리라"(창 33:12) **경쟁의 관계가 동행의 관계로 바뀌는 은혜가 임한 것입니다.**

5) 본래 하나님이 주신 형제와 자매의 관계는 사랑과 동행의 관계여야 하지만, 현실에선 경쟁과 욕심과 비교로 인해 그 관계가 깨어져 있는 경우가 많이 있습니다. 이 시간 여러분에게도 경쟁심으로 깨어진 관계가 있다면 나누어 보고, 그 관계가 어떻게 회복되기를 바라는지 나누어 봅시다.

Tip _ 우선은 형제자매의 관계를 돌아보게 하되, 조원이 다른 경쟁관계에 대해 이야기하고자 하는 경우 자유롭게 나누도록 한다. 또한 이 시간의 목적은 해결방법을 나누는 것이 아니라, 깨어진 관계를 직면하고 하나님의 도우심이 필요하다는 것을 인식하게 하는 데 있다.

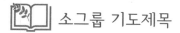 오늘의 은혜

소그룹 기도제목

4-3 고백의 노래 (15분)

\- 함께 이 찬양을 마음으로 고백하고, 기도로 마칩니다.

그리스도인의 데이트 베이직

최병화 목사

그리스도인으로서 우리는 세상에서 말하는 데이트와 어떻게 다른 데이트를 해야 하는 것일까요? 그리고 데이트에 앞서 꼭 기억해 두어야 할 것이 있다면 무엇인지 함께 알아볼까요?

Ⅰ. 먼저, 자신을 알고, 준비되어야 합니다.

1. 자신에 대한 이해가 선행이 되어야 합니다.
    : 누군가를 만나기 위해서는 우선 자신의 성격, 기질, 특성을 기반으로 한 건강한 자존감 형성하는 것이 중요합니다.

2. 이성교제를 시작할 준비가 되어있어야 합니다.
    : 자신이 이성교제를 하기에 충분한 준비가 되어 있는지, 지금 책임감 있게 교제에 임할 수 있는지 시기와 상황에 대한 고려가 필요합니다.

Ⅱ. 사랑에 대한 의미를 다시 점검해 보아야 합니다.

1. 이 시대는 사랑에 대해서 TV, 영화, 인터넷, 유투브, 소셜 네트워크 등과 같은 아주 다양한 방식으로 정보를 접하게 되며, 시각적, 감각적, 본능적, 상업적인 메시지에 노출되어 있다 보니, 사랑에 대한 의미를 깊이 있게 생각해보지 못하는 경우가 많습니다.

2. 우리가 살아가는 시대는 사랑에 대한 의미도 문화적인 코드와 상황에 따라 다르게 해석합니다. 세대가 변하면서 빠르게 그 의미와 가치들이 변해가고 있음을 기억하며 진정한 사랑이란 무엇인지 성찰해야 합니다.

Ⅲ. 사랑에 대한 함정들!

1. 매력과 사랑은 구별되어야 합니다.

   : 매력은 상대방으로 하여금 끌림을 느끼고 반응하게 하지만, 그것은 사랑
   은 아닐 수도 있습니다.

2. 나와는 다른 사람을 향한 막연한 동경을 사랑이라고 착각할 수도 있습니다.

   : 나와는 다른 어떤 기질이나 성품, 가치관 등으로 인한 모험과 같은 신비감
   은 자신을 위험에 빠뜨릴 수 있습니다.

3. 일방적인 희생은 사랑이 아닙니다.

   : 상대방을 위해서 내가 무언가를 해 줄 수 있기 때문에, 또는 반대로 상대방
   으로부터 무언가를 받을 수 있기 때문에 맺어진 관계는 사랑이 아닙니다.

4. 욕망이 사랑은 아닙니다.

   : 성적인 욕망을 충족하기 위한 만남, 즉, 자신의 외로움을 해결하기 위하여
   육체적인/본능적인 관계를 맺는 것은 사랑이 아닙니다. 사랑한다면 서로를
   더욱 소중히 여겨야 합니다.

5. 상대방으로 인하여 행복해지기 위한 것은 사랑이 아닙니다.

   : 상대방이 자신의 결핍을 채워주고, 자신의 기대와 행복을 채워주기 위한 관
   계는 사랑이 아닙니다.

Ⅳ. 자매와 형제에게 필요한 실질적인 조언!

1. 자매들에게 필요한 조언!

   1) 인생의 목표가 존경할 만하고, 그와 함께 그 길을 갈 수 있는 형제를 찾
   으라!

   2) 도덕적으로 건전하고 당신의 순결을 존중하는 형제를 찾으라!

3) 그 사람 자체 그대로를 존경할 만한 형제를 찾으라!

4) 여성으로서의 아름다움을 인정하고, 그에 적절한 매너를 지키는 형제를 찾으라!

2. 형제들에게 필요한 조언!

1) 나를 신뢰하고 존경할 수 있는 자매를 찾으라!

2) 이기적인 인격의 자매를 경계하라!

3) 신앙적인(영적인) 일에 진정 관심이 있는 자매를 찾으라!

4) 상대방의 입장을 이해할 수 있는 마음과 언행에 절제가 있는 자매를 찾으라!

Ⅴ. 모두에게 필요한 핵심 조언!

1. '상대방의 가능성'에 주목하세요!

1) 현재의 모습으로 평가하는 것이 아니라, 그 사람의 가능성이 기대되는 사람을 찾으세요!

2) 그의 인생 속에 주님을 모시고 주님께서 기뻐하시고 원하시는 삶을 살기를 사모하며, 주님의 뜻에 기꺼이 자신을 순종시키는 사람, 즉 성령에 의해 지배를 받는 사람을 볼 수 있는 안목을 가져야 합니다. 이런 사람은 점점 자라가는 사람입니다. 끊임없이 자기의 허물과 잘못을 인식하며 그것을 고쳐나가고 다듬어 가는 사람입니다.

2. '좋은 사람을 찾는'데 보다는 나 자신이 먼저 '좋은 사람이 되는'데 더 집중하세요!

1) 당신이 '좋은 사람'이 되어가고, 당신이 만나게 될 바로 그 상대방이 '좋은 사람'이 되어갈 때 하나님께서는 당신과 그 사람을 비로소 이끌어 내어 만나게 하실 것입니다.

2) 자신을 준비하는 일에 소요되는 시간들을 아까워하지 말고, 성장의 과정을 거치세요!

3. 급하게 서두르는 것은 금물입니다.
  1) 급하고, 초조한 마음으로 선택을 하는 것은 더 좋은 상대를 만날 수 있는 기회를 버리는 것입니다.
  2) 당신이 원하는 상대에 어울리는 사람이 먼저 되어보세요. 그러면 결국은 하나님께서 예배해 두신, 서로에게 가장 알맞은 상대를 만나게 됩니다.

사랑하다 메모리

언제	누구와

사랑하다를 통해 만났던 이들의 이름과 함께 했던 때를 적어보세요. :-)

언제	누구와

로드앤로드 미니스트리

새로운 제자훈련 시리즈 가이드북

발행   서유진, 최병화
편집   서유진
기획   로드앤로드 미니스트리
집필   서유진, 전효성, 최병화
디자인   한빛애드프린원 이유진
일러스트   이미진
교정   서유경
음악해설 및 작곡   전효성
제작섬김이   정연숙, 김명희, 김현기, 신태섭, 김경숙, 이소영
인쇄   한빛애드프린원
감수   장흥길, 서원모, 임창복, 유영식, 이진원
추천   서원모, 김병년, 강성희
2024년 7월 25일 1판 1쇄 펴냄

펴낸 곳   로드앤로드 미니스트리
등록번호   제559-2022-000022
주소   경기도 양주시 옥정동로7다길 12-13 폴리타워 402호
전자우편   biblebeingbelong@gmail.com

ISBN 979-11-988399-1-6
      979-11-988399-0-9 (세트)

✦이 책을 사랑하고 보고픈 언니, 서유경님께 바칩니다. 하나님나라와 복음 전파를 위해 살았고 마지막 순간까지
 천국소망으로 영원한 생명을 노래했던 서유경님을 사랑하고 존경합니다.